汽车消费心理学

总主编　吴光强

主　编　裴文才

副主编　罗子华

编　者　庞敬礼

华东师范大学出版社

图书在版编目（CIP）数据

汽车消费心理学／裘文才主编. —上海：华东师
范大学出版社，2014.7
ISBN 978-7-5675-2366-1

Ⅰ.①汽… Ⅱ.①裘… Ⅲ.①汽车—消费心理学—高
等职业教育—教材 Ⅳ.①F766②F713.55

中国版本图书馆CIP数据核字（2014）第173119号

汽车消费心理学

主　　编	裘文才
项目编辑	吴　余
审读编辑	彭泽蔚
特约编辑	刘翠平
封面设计	顾　欣
责任印制	张久荣

出版发行	华东师范大学出版社
社　　址	上海市中山北路3663号 邮编 200062
网　　址	www.ecnupress.com.cn
电　　话	021-60821666 行政传真 021-62572105
客服电话	021-62865537 门市（邮购）电话 021-62869887
地　　址	上海市中山北路3663号华东师范大学校内先锋路口
网　　店	http://hdsdcbs.tmall.com

印刷者	上海竟成印务有限公司
开　　本	787×1092 16开
印　　张	13
字　　数	271千字
版　　次	2014年9月第一版
印　　次	2014年9月第一次
书　　号	ISBN 978-7-5675-2366-1/U·022
定　　价	39.80元

出 版 人　　王　焰
（如发现本版图书有印订质量问题，请寄回本社客服中心调换或电话021-62865537联系）

前　言

　　《汽车消费心理学》是消费心理学在汽车消费和营销领域的具体应用。经济的快速发展和民生的不断改善，使我国的汽车市场迅速发展，2013年，我国汽车全年销售达到2198.41万辆，同比增长13.87%。这种增长的趋势使这些年经常听到的"微增长"的判断黯然失色。由于工业化和城镇化的推动，我国汽车的快速增长，还可能延续许多年。中国汽车的普及期，至少还需要走上几十年。

　　我国汽车市场的快速发展，也使两个方面的矛盾日益突出。一是汽车发展与道路交通、环境保护、能源消耗的矛盾；二是经销商数量的扩张大大超过汽车市场发展的矛盾。第一个矛盾会倒逼我国汽车行业调整结构和发展模式；第二个矛盾则直接导致竞争更加激烈，倒逼汽车经营企业及时调整思路，加大营销创新的力度。

　　汽车营销的课题重心，已经从工厂移至市场；由市场移向消费者的内心世界。消费者评价汽车、选择汽车、购买汽车、使用汽车的标准也从"好"与"坏"、"喜欢"与"不喜欢"，发展到了"满意"与"不满意"。谁不能理解消费者的真实需求，谁就无法获得真正的市场价值。而要真正理解消费者的真实需求，就必须掌握消费者消费活动的心理过程；研究消费者的个性心理和群体心理；分析消费者的成长经历和社会文化背景；确认消费者的购买能力和决策权力。所有这些都离不开对消费者消费心理的分析和研究。

　　本书紧密结合我国汽车市场的实践，全面阐述了汽车消费心理学涉及的汽车消费与汽车消费心理学的基本理论；汽车消费者的心理活动过程、汽车消费者的个性心理特征、汽车消费者的购买心理、汽车消费环境与消费者心理、汽车销售与服务过程中的心理策略、以及汽车营销人员心理素质的修炼等基本问题。

　　本书由汽车营销领域研究员级高级工程师裘文才编著。作者长期从事汽车营销企业的经营管理，汽车类院校的教学和教师指导，以及汽车厂商的咨询、培训等工作。在编著本书时，作者尽力结合产业需求和一线营销人员的工作实际和知识需求，充分考虑课程内容与职业标准、教学过程与生产过程"三对接"，对汽车营销人员在面对消费者消费活动中可能出现的心理学问题和应对策略作了尽可能详尽的介绍，真切希望能够对汽车类院校教师的教学工作和学生的学习活动有所帮助，特别是对正在从事汽车营销领域汽车销售和服务人员的工作有所推动。

　　为了使读者便于学习，本书在每章开始例举了相关案例，在每章结束后又安排了相关的实训项目和一定数量的思考题，目的在于提高学生的学习兴趣，提高学生结合实际解决问题的能力。本书最后提供了许多的思考题，目的不仅是为教师布置课后作业提供参考，更重要的是为学生课后自学提供指引。

　　本书教学时间建议安排为每周3课时。成绩评定建议采取1+X的模式（其中1是考试，X是平时作业和实训的成绩），将学习过程的控制和学生能力的培养放到突出位置。

　　本书可以作为应用型技术类院校汽车专业学生的教学用书，也可以作为汽车营销人员自学教材。

　　限于水平，疏漏之处，恳请指正。

编　者

2014年6月于上海

目 录

第一章　汽车消费与汽车消费心理学

学习目标

1. 知识目标：
 （1）掌握汽车消费、汽车消费者、汽车消费心理的基本涵义。
 （2）了解消费心理学的发展历史。
 （3）明确汽车消费心理学与精准营销的关系。
2. 能力目标：
 （1）提高用发展的观点分析事物的能力。
 （2）逐步培养自学能力和运用计算机收集、整理、分析资料的能力。
3. 情感目标：
 （1）建立对消费心理学学科知识的学习兴趣。
 （2）养成在职业活动中重视消费者心理研究的职业意识。

导入

《2013年中国汽车消费行为调查》发布

2013年11月20日，《每日经济新闻》、新华信和腾讯汽车联合发布了《2013年中国汽车消费行为调查》，对新一代消费者的购车需求与偏好进行了深入解读。

调研结果显示，80后、90后已经成为中国汽车市场的消费主力，伴随这一局面的出现，汽车消费车型、品牌和模式等都发生了明显变化。

除了消费主力的变化，2013年中国汽车市场的热点，如新能源汽车、汽车金融以及车联网，同样发生了新的变化。

在过去十年间，中国的汽车消费者发生了巨大变化，从60后消费者到70后、80后为主，再到90后，每一次新的消费群体出现以后，汽车营销都要面对巨大的挑战，"如何与这些新一代消费者沟通，是当下汽车从业者正面临的问题"。

消费者更加关注品质

在本次调查中，回收有效问卷4929份，其中80后受访者占比超过50%，70后占比31.0%，90后占比9.3%。

从购车人群年龄占比可以看出，80后消费者的购车特点在现阶段成为汽车企业最需要关注的消费模式。根据调查数据可以看出，这一消费者年龄结构的变化，使得车型需求、产品卖点，以及消费模式等多方面都发生了明显改变。

在车型需求上，紧凑型轿车是购车首选，SUV则成为选购的另一大目标。除紧凑型轿车外，70后更青睐SUV车型，而90后则对中型轿车表现出较大兴趣。

在购车时，质量、油耗、安全性和价格是受访者最看重的四大要素。相比70后、85后，90后更加看重外形设计、内饰、颜色等外在因素，同时对品牌档次和排量的看重程度也较高。

对比前几年的调查结构，价格处于关注首位的情况已经发生改变。对此，林雷表示，目前，车辆质量和安全性的地位高于价格，这反映出消费者对品质关注度的提升。

最明显的一点是：越年轻的受访者对车辆装饰的需求越大。相对而言，90后对装饰LED车灯表现出明显的兴趣，个性化轮毂也更受85后和90后青睐。

贷款购车方式受关注

随着80后成为汽车消费的绝对主力，汽车的消费模式已经发生了明显变化。

在消费模式的选择上，近一半的受访者表示会贷款购车，可见汽车消费信贷的市场空间较大。从年龄结构看，80后已成为社会消费的中坚力量，但又承担着较大的经济压力，因此，他们选择贷款购车的可能性更高。

目前汽车信贷在中国市场的比例仍旧较低，大概10%左右。但是，在发达国家，汽车信贷规模一般超过50%。在与我国同属发展中国家的印度，信贷购车同样超过50%。

在本次调查中，选择贷款购车的消费者比例明显增加。受访者选择贷款购车的最主要原因是为了分摊经济压力，其次是节省资金用于其他消费或投资。

值得注意的是，在选择车型时，若所选择车型提供贷款，受访者并不一定会采取贷款方式购买；但是，如果不提供贷款服务，则会对受访者的购买造成一定影响。这是一个非常有意思的情况。如果汽车企业对于一款车型提供消费信贷服务，目前只有10%的消费者会使用信贷购车；但是，如果一款车型不提供这一服务，25.3%的消费者可能会推迟购买时间，而17.6%的消费者会改选其他提供贷款服务的车辆，接近10%的消费者甚至会放弃购买该车。

在贷款比例方面，33.5%的被访者选择三至四成的首付比例，25.4%的被访者选择二至三成；有一半受访者会选择三年期贷款。

在本次调查中，超过50%的消费者不会选择网络购车，最重要的原因是不能看到实物。此外，售后服务、高价值产品仍不习惯网购、提车地点不方便等也是制约网络购车的因素。

另外，14.4%的消费者表示会选择网络购车，而33.4%的消费者对于这一消费方式表示不确定。在会考虑网络购车的被访者中，84.9%的消费者表示更多促销优惠是其选择网购的主要原因。

新生代人群偏好新技术

对于当下备受关注的新能源汽车以及车联网技术，市场调查显示，随着这两项技术的普及，消费者对于新能源及车联网技术的了解已经不再局限于概念，开始进入尝试期。

调查发现，42.9%的受访者表示会考虑购买节能与新能源汽车。在有意向购买节能与新能源汽车的受访者中，混合动力汽车最受关注，其次为两用燃料和插电式混合动力，90后选择购买混合动力汽车的比例最高。

燃料费用更低、节能效果明显和清洁环保，是吸引大多数受访者购买新能源汽车的主要原因。然而，面对新能源汽车哪些方面有待提升这一问题，受访者的选择则非常分散。总体来看，价格、质量、技术和续航能力，是节能与新能源汽车最亟待解决的问题。

车联网概念在2013年广受关注，众多汽车企业也在这一领域投入重金进行尝试。林雷告诉记者，车联网还是一个新概念，对于车联网技术，77.5%的人并不了解。不过，通过消费者体验可以发现，有半数以上的受访者愿意了解车联网技术，关键是是否机会和能得到什么样的机会去体验。

在调查结果中，61.9%的受访者认为车联网带来的最大便利是使驾驶者可以获取实时路况信息；42.3%认为定位车辆位置及周边服务设施很有用处；此外，具备语音识别能力的导航功能及呼叫中心远程协助的功能也受到了一定关注。

(本文摘自2013年11月28日《每日经济新闻》，引用时有所删减)

阅读以上内容，思考以下问题：

1. 以上案例反映出的当前汽车消费者的消费行为发生的新变化有哪些？

2. 根据你的观察，当前汽车消费者的消费行为又有哪些新变化？

第一节 汽车消费与汽车消费心理

一、汽车消费

1. 汽车消费的基本含义

汽车消费是消费者通过对汽车产品的购买、使用，并体验与此相关的一系列服务，满足自身欲望的一种经济行为。汽车消费，是指消费者出于满足自己日益增长的物质与精神需要的目的，有意识地消耗汽车产品，包括有形的物质产品和无形的精神产品的能动行为。

2. 汽车消费的研究内容

汽车消费的主要研究内容包括：消费者汽车产品消费需求产生的原因；消费者满足汽车产品消费需求的方式；影响消费者选择汽车产品的相关因素。

3. 劳动价值和消费价值

劳动创造价值。劳动是人类为了自身生存和发展，以获得与此相适应的消费为目的而进行的必要的活动方式。人只有投身到生产过程中、创造劳动价值后才能取得消费其成果的资格。

（1）劳动价值

劳动价值是人的劳动能力的价值体现。人要维持与发展自己的劳动能力，必须以消费一定数量、一定质量、一定形式的生活资料的使用价值为前提。劳动者劳动量的耗费与社会必要的补偿性生活资料使用价值消费量之间存在着一定的对应关系。

（2）消费价值

消费价值是指消费者对于商品所带来的效用的需求程度，是消费者面临某一商品时决定是否购买、购买何种产品、选择什么品牌的主要原因。1991年希斯（Sheth）、纽曼（Newman）和格罗斯（Gross）通过研究提出了一种消费价值理论，即：消费者面临某一商品时，决定其是否购买、购买何种产品、选择什么品牌的主要决定性因素是功能价值、社会价值、情感价值、认知价值、条件价值等五种消费价值（如图1-1）。

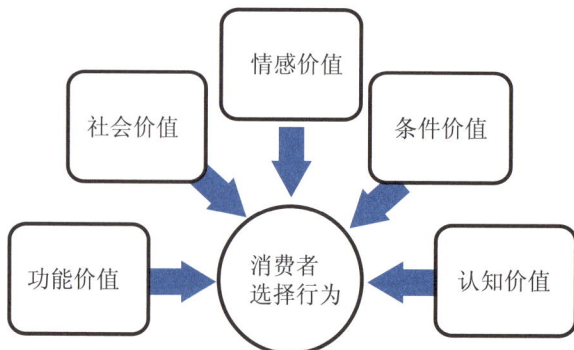

图 1-1 消费者产品选择的主要原因

功能价值是指一个产品或品牌具有的功能上的属性。

社会价值是指包括产品能否提供提升自身的社会地位、社会形象等使消费者与其他社会群体连结的效用的属性。

情感价值是指产品能够引起消费者的感觉或情感倾向，从而使消费者愿意选择这种产品的属性。

认知价值是指产品能够满足消费者的好奇心、新鲜感和获得新知识的属性。

条件价值是指消费者面临特定情况时，产品能和消费者的前序状态相连结，暂时提供较大的功能或社会价值的属性。

4. 两类消费行为

马克思认为，人类的消费行为主要包括生产消费和生活消费两大类。

广义的消费包括生产消费和生活消费，狭义的消费则专指生活消费。

（1）生产消费

生产是劳动者与其他生产要素相结合而创造出新的使用价值的活动，这种行为就其全部所需的要素来讲，同时也是一种消费行为。生产过程中，对劳动者及其生产要素的使用、消耗及磨损，就是生产过程的消费，即生产消费。例如，物流企业利用商用汽车创造新的使用价值的同时，必须消耗与其劳动形式相匹配的汽车产品。

（2）生活消费

生活消费是消费者在生活过程中为满足某种物质和精神需要，在消耗社会产品的过程中表现出来的行为。消费心理学的主要研究对象即为消费者生活消费中的行为表现和心理活动。

二、汽车消费者

1. 汽车消费者的定义

汽车消费者是指为满足个人或组织的需求，购买、使用汽车和接受汽车服务的个人或组织，是指实际参与消费活动某一过程或全部过程的人。从消费过程的角度来看，汽车消费者可分为汽车需求者、购买者和使用者；从消费品的角度来看，汽车消费者可以分为现实消费者、潜在消费者和永不消费者；从消费单位的角度来看，汽车消费者又可以分为个体消费者、家庭消费者和集团消费者（如图1-2）。

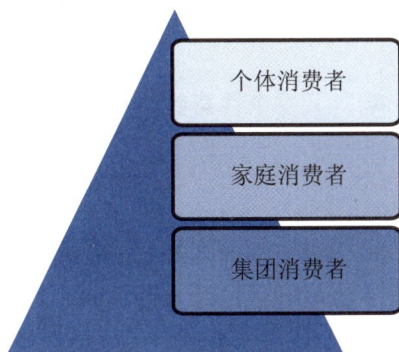

图 1-2 汽车消费者的分类

2. 汽车消费者的特征

汽车消费者的生活消费可分为两类：一是物质资料的消费，如衣、食、住、行、用等方面的消费；二是精神消费，如旅游、文化教育等方面的消费。汽车消费者的消费既要满足出行工具等物质方面的需求，又要满足文化享受、造型色彩、价值实现等精神方面的需求。

3. 汽车消费者的消费客体

汽车消费者的消费客体既包括汽车商品本身，又包括围绕汽车使用过程的全部服务。汽车商品指的是与汽车消费有关、并通过流通过程推出的各类汽车产品；汽车服务指的则是与汽车消费有关的、有偿提供的、可供消费者利用的一切种类的服务，包括汽车金融服务、汽车维修服务、二手车服务、智能交通服务、停车服务等一系列服务。

4. 汽车消费者的消费方式

汽车消费者的消费方式大体上可分为两类：一是购买、使用汽车商品，包括购买汽车产品与它的所有权；二是接受汽车购买和使用过程中的各种服务，包括售前、售中和售后服务。

5. 汽车消费者的维权

我国目前的私家车数量已经接近1亿，占到我国汽车总保有量的四分之三以上。关于汽车质量问题和售后服务的投诉也随之增多。如何避免消费误区和陷阱、维护汽车消费者的权益，已经成为广大消费者非常关心的问题。为了切实保护汽车消费者的权益，我国已经出台了一系列相关法规。除了消费者权益保护法以外，2013年10月1日，国家质检总局又出台了汽车三包规定（包修、包换、包退），即《家用汽车产品修理更换退货责任规定》。汽车三包规定已经成为消费者维权的重要法律文件。

三、汽车消费心理

1. 汽车消费心理的含义

汽车消费心理是指消费者在社会总体消费环境的影响下，在购买、使用、消耗汽车产品（包括有形的物质产品、无形的精神文化产品、以及各种汽车劳务）的过程中调节、控制自身消费行为的一系列心理现象。

2. 汽车消费心理的分类

人的消费行为既受环境影响，又受个性影响，汽车消费也概莫能外。汽车消费心理可以分为本能性消费心理和社会性消费心理两类。

（1）本能性消费心理

本能性消费心理是由人的生理因素所决定的、是人在自然状态下心理需要的反映。本能性消费心理是人类生存与发展的基础，也是人类全部消费活动的基础。本能性消费心理的强度与方式主要取决于人的个性心理，如人的气质、性格、能力等方面的特质。汽车设计师在设计汽车产品时，会在汽车产品上烙下鲜明的个性印记；而具有不同个性的人在选择汽车产品时，往往会选择具有鲜明个性特征且与其个性特征相符的汽车产品。

（2）社会性消费心理

社会性消费心理是由人所处的社会环境因素决定的，它是人类特有的、高级的、以社会因素为基础和载体进行的、具有某种社会意义的心理活动。社会性消费心理受消费者所处的社会、政治、经济、文化环境的影响，受消费者自身经济水平的制约，同时又以其自身的本能性消费心理为基础。

（3）两种消费心理的关系

本能性消费心理与社会性消费心理的关系并不是平行、对等的，而是相互依存、相互联系的。本能性消费心理表现为基础的、初级的心理活动。社会性消费心理表现为发展的、高级的心理活动。本能性消费心理是社会性消费心理的前提与基础，社会性消费心理是本能性消费心理的发展与提高。随着消费的升级，我国汽车消费者的社会性消费心理比过去任何时候都更加强烈，心理满足与精神享受在汽车消费中已经成为越来越多汽车消费者共同追求的目标（如图1-3）。

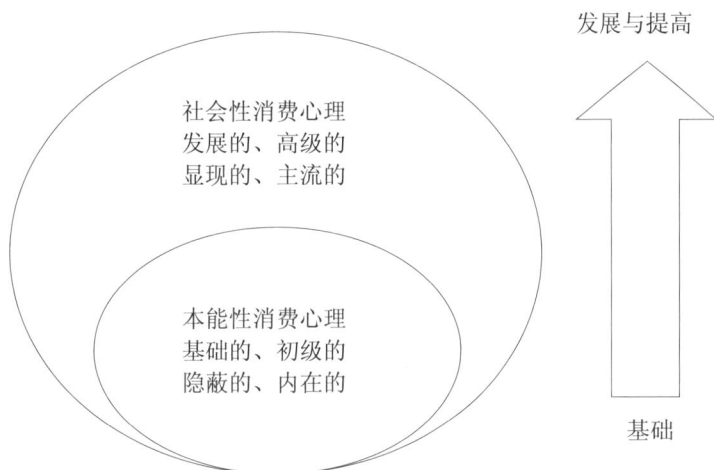

图 1-3 两种消费心理的关系

第二节　心理与心理学

一、心理与大脑

汽车营销的本质是将合适的产品与服务，在合适的时间与地点，通过合适的营销人员，运用合适的营销工具，采取合适的方法，卖给合适的消费者。人心所向，众望所归，得人心者才能得市场。研究汽车消费心理学的根本意义在于了解消费者的心、打动消费者的心、满足消费者的所思所想，最终实现有效销售。然而，人们对于"心"的正确认识，却经历了漫长的历史发展过程。

1. 传统哲学关于心的观点

传统的中国哲学认为：人的一切意识活动，都是出自于心脏，心才是思维的器官。孟子说："心之官则思，思则得之，不思则不得也。"荀子说："人何以知道？曰心。心何以知？曰虚壹而静。"宋明理学认为：人对客观理性的认知，也是由于心知理的原因。心与理相通，所以心即理。王阳明则完全否定客观世界，更加夸大心的能动作用。他认为："身之主宰便是心，心之所发便是意，意之本体便是知，意之所在便是物。"因此他断言："心外无物，心外无事，心外无理，心外无义，心外无善。"

2. 心脑不分的文化现象

中国传统的语言文化思想中，心与思、想、情、意、志等语辞是紧密相联系的。表现在思维上，即人们经常使用的"用心思考"、"心想事成"、"心事重重"、"计上心来"等词语；表现在情感上，即人们经常使用的"心花怒放"、"心烦意乱"、"心情沉重"、"心急如火"等词语；表现在意志上，即人们经常使用的"下定决心"、"坚定信心"、"雄心壮志"等词语。很明显，在这些词语里，心的功能代替了脑的功能。当然，中国语言文化中并非完全没有脑的位置，如"用脑子想想"、"你没有脑子"、"伤脑筋"等。但从总体上看，中国传统语言文化中的思想表述，主要还是偏向"心"这一表述方式。

3. 现代哲学关于心和脑的明确观点

现代哲学已经认识到意识是人脑的机能。人的思维能力的产生、人的精神活动、人与动物的根本区别，都得益于人的大脑的独特作用，大脑机能是人具有意识的物质原因。

4. 大脑各部分的主要功能

大脑由大约140亿个细胞构成，重约1400克；人的大脑皮层厚度约为2-3毫米，总面积约为2200平方厘米；一个人的大脑能够储存1000万亿的单位信息（10的13次方bit），储存信息的容量相当于1万个藏书为1000万册的图书馆的总和；人的大脑在学习时像电子计算机一样，对外界信息的输入、编码、储存、提取等过程都有一定的程序和规律性。恩格斯说，意识是地球上最美丽的花朵，意思是说人的意识是地球上最高级、最珍贵的东西。

大脑各部分承担着不同的的主要功能。脑干控制着心跳、呼吸、呕吐和体温等功能；小脑主要协调身体的平衡。大脑是身体的司令部，掌管着身体的感觉和运动，并直接控制着思维、情感、记忆等意识。大脑上面有许多褶皱，外面包裹着一层皮质，叫作大脑皮层。右半脑控制左侧的身体，左半脑控制右侧的身体。思维和感情，诸如喜、怒、哀、乐，是由大脑前面的额叶管理的，同时，它还使人具有意识，能够进行思考。在大脑的两侧都有管理语言的大脑皮层，语言的组织和表达都是由这一部位控制的；人们能听到外界的各种声音，也是这一部分大脑皮层的作用。大脑上面有一大部分皮层叫做运动区。每当人们进行各种运动时，它就会向身体的各部位肌肉发出指令，指挥其做出各种动作。当人们的鼻子舌头接收到味觉信息后，就会通过神经传递到大脑，使人感受到味道。大脑最后面的部位则主要负责视觉（如图1-4）。

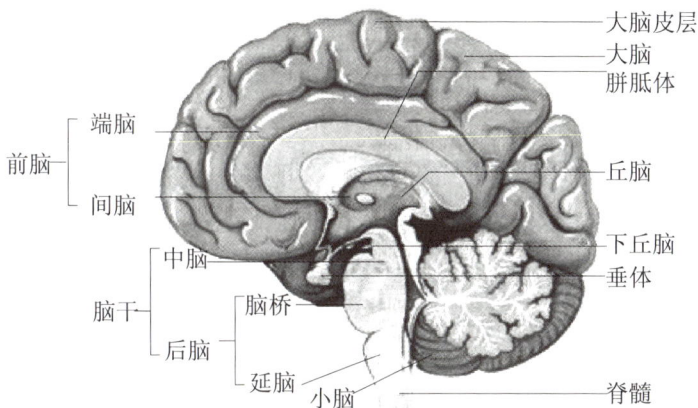

图 1-4　大脑的基本结构

二、心理学概述

1. 心理学的基本概念

心理学是"阐述灵魂的学问"，是研究人的心理现象、心理活动及其规律的科学，它研究的对象是人的心理活动如何产生和发展、表现形式及相互关系等。

2. 心理学的历史演变

（1）哲学的心理学

苏格拉底、柏拉图、亚里士多德等哲学家是哲学的心理学的代表人物。在他们的哲学研究中，他们已开始对人类自身的心理现象以精神、灵魂等方式加以思索，并在哲学领域加以讨论，但还没有建立起客观的心理学研究方法和系统理论。

（2）作为独立科学的心理学

1879年，德国生物学家冯特建立了世界上第一个心理学实验室，对感觉、知觉、情感和联想等心理现象进行系统研究，这标志着心理学正式脱离哲学成为一门独立的科学。

3. 心理学研究的内容

心理学是研究人的心理现象的科学。心理学主要研究的内容是人的心理过程和个性心理特征。心理过程包括：认知过程、情感过程、意志过程。个性心理特性主要包括；个性倾向性和个性心理特征（如图1-5）。

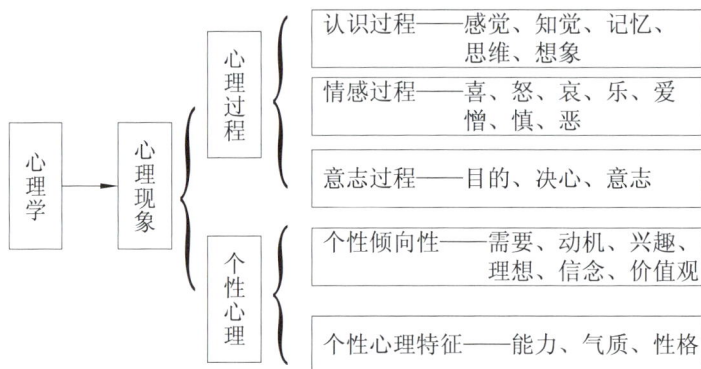

图 1-5 心理学研究的内容

4. 心理学的学科性质

心理学处于哲学、自然科学、社会科学的结合点上，因此在学科性质上属于边缘科学范畴。这是因为：人的心理的产生，必须依靠大脑的运作及客观事物信息的输入，要透彻的研究这类问题，就必须求助于自然科学；人的心理产生的根源及其内容都取之于社会中的事物，要深入研究这类问题，又必须求助于社会科学。然而，研究心理学的方法论基础则是哲学。

第三节 汽车消费心理学的基本问题

一、消费心理学的基本问题

1. 什么是消费心理学

消费心理学是心理学的一个重要分支。消费心理学研究的是消费者在消费活动中的心理现象和行为规律，同时研究消费者在消费过程中体现出的心理活动规律及个性心理特征。汽车消费心理学则是消费心理学在汽车营销活动中的科学应用。

2. 消费心理学的形成与发展

消费心理学经历了三个发展阶段：

（1）早期萌芽阶段

19世纪末到20世纪30年代，由于工业革命导致生产力普遍提高，生产能力开始超过市场需求的增长速度，出现商品供大于求的情况了。在此情况下，推销应运而生，广告开始应用，一些学者也开始就消费者对商品的态度与看法进行研究。1901年12月20日，美国心理学家斯科特在美国西北大学作报告时，提出广告应当发展成为一门科学，而且第一次提出了消费心理学的概念。1903年，斯科特汇编了十几篇论文，出版了《广告理论》一书，该书的出版标志着消费心理学的诞生。该书讨论的主要问题是在商品广告中应如何利用心理学原理，以引起消费者的注意和兴趣。由于这种研究刚刚起步，研究重点只是企业如何促进产品销售，而不是如何满足消费者的需求；另外研究也仅仅局限在理论方面，没有具体地应用到市场营销活动中来，因而并没有引起社会的广泛重视。

（2）中期应用阶段

20世纪30到60年代，消费心理学被广泛应用于市场营销活动，并得到了迅猛发展。这是因为在这一时期资本主义发生了经济危机，生产严重过剩，商品销售十分困难，原来的卖方市场变成了买方市场。在这种形势下，企业经营观点发生了重大改变，刺激消费作为一种反危机的手段被提出。这一阶段，市场学、管理学、广告学、推销学在市场营销活动中得到广泛应用，极大地丰富了消费行为理论的研究，使消费心理学从其他学科中分离出来，成为一门独立的学科。消费心理学的研究和应用取得的重大成就，促使更多的心理学家、社会学家、经济学家转入这一领域的研究，提出了许多理论，消费心理学的学科体系基本形成。比较典型的是1951年美国心理学家马斯洛提出的需求层次理论。1960年，美国正式成立了"消费心理学会"。

（3）后期变革阶段

20世纪70年代直到现在是消费心理学的变革阶段。这个阶段，消费心理学的研究成果十分显著，质量越来越高，研究方法也更加科学。计算机、经济数学、行为科学先后都被运用到消费行为的研究中来。现在，消费心理学已经成为心理学的一个重要分支，成为现代经济科学中比较重要的学科之一。

3. 消费心理学的研究对象

消费心理学的研究对象是消费者购买行为中的心理过程和心理状态，消费者的个性心理特征对其购买行为的影响和制约作用，消费者心理与市场营销的双向关系。

4. 消费心理学的研究原则

消费心理学研究贯彻以下四项原则：第一、客观性原则，反对主观臆断；第二、发展性原则，认为研究结果不可能一成不变；第三、个性研究中的分析综合原则，强调必须研究整体特点，找出稳定因素；第四、联系性原则，强调不能孤立研究。

5. 消费心理学的研究方法

消费心理学的研究方法主要有观测法、实验法和调查法。

（1）观测法

观测法是指通过外部表现，了解消费者的心理活动，其特点是直观、真实、切合实际。

（2）实验法

实验法是通过严格控制或创设一定条件来引起某些心理现象进行研究的方法，包括实验室实验法和自然实验法，特点是能够按照一定目的获取比较准确的材料。

（3）调查法

调查法是指利用各种形式或手段获取有关材料，对材料进行研究分析，间接地了解消费者的心理活动。

6. 消费者心理学研究的趋势

当前消费心理学的研究已经出现了研究角度多元化、研究参数多样化、研究方法定量化的趋势。

（1）研究角度多元化

当前消费心理学的研究角度已经从单一角度的消费者心理和行为研究，发展到了将消费者心理及行为置于宏观经济、自然资源、环境保护、消费者利益、生活方式等多种角度下进行研究，把消费心理学的研究与更广泛的社会问题联系起来。

（2）研究参数多样化

消费心理学的研究参数从利用社会学、经济学有关概念作为变量，发展到引入和社会心理因素有关的变量进行分析。

（3）研究方法定量化

研究方法定量化是指从事实性记述和定性分析，发展到运用统计分析技术、信息处理技术，以及运筹学、动态分析等现代科学方法和技术手段进行定量分析，揭示变量之间的内在联系，把消费者心理和行为的研究提高到了一个新的水平。

二、汽车消费心理学与精准营销

1. 汽车消费的鲜明特点

汽车是高关心度商品，客户及其相关的人物都很在乎，要求满意；汽车是多功能型主题商品，客户要求其满足自身的多样性需求，要求了解；汽车是生活日常型商品，使用过程具有较长的延续性，客户要求稳定可靠；汽车是高价贵重型商品，产品贵重，价格较高，客户要求有品牌、有名气；汽车是少次重购型商品，一个消费者一生的购买次数有限，客户决策更加慎重，更加看重厂商的信用度，要求负责可信；汽车是高信任度商品，客户要求产品与服务的可信任度，要求品牌保证；汽车是长期耐用商品，客户要求质量可靠；汽车是服务性商品，一旦购买，客户与厂商之间便需要建立长期关系，客户要求厂商有能力提供可靠的延伸服务；汽车又是高附加值商品，文化含量高，客户要求享受更高层次的礼遇和服务；汽车还是使用环境涉及面广的商品，使用环境变数多，客户要求有更完整的配套性，以保证使用放心。

由于汽车产品具有这些有别于与其他商品的鲜明特点，消费者在选购汽车产品时的心理活动往往会更加复杂。具体表现在认知要求更高、情感需求更强、决策过程更长。研究消费者在整个消费过程中的心理变化和个性特征就显得尤其必要。

2. 汽车消费心理学的涵义

汽车消费心理学属于消费心理学范畴，是汽车专业工作者运用消费心理学原理，根据心理现象，研究汽车消费过程中消费者行为产生的心理过程和个性心理特征，从而有针对性地为消费者提供汽车购买和使用服务的整体解决方案，保障消费者满意，实现精准营销的心理学工具。

3. 摸透消费者的心

（1）精准营销

精准营销是指在精准定位的基础上，建立个性化的顾客沟通服务体系，以实现企业可度量的低成本扩张的手段。其目的是使企业的营销传播更精准、沟通更有效、成本更经济。而达到这一目的前提是企业必须要摸透消费者的心，研究市场的变动，研究竞争对手的策略，做到以变制变（如表1-1）。

表1-1　精准营销的策略要点

要点	目的	做法
准	随需应变	端正战略方向，贯彻以人为本，重视顾客满意度，执行差异化策略
精	随敌应变	提高人员能力，积极应对竞争，强调执行管理，重视成本控制
快	随机应变	再造运营流程，重视创新营销，加快反应速度，专注焦点集中

（2）准确把握消费者的心理活动

准确把握消费者的心理活动，是准确理解汽车消费行为的前提。研究汽车消费心理，对于经营者来讲，可以使其准确把握消费者的个性心理特征和消费者在汽车消费活动中的心理过程，理解不同客户类型的汽车消费倾向，为每个消费者提供合适的产品与服务，实现精准营销。研究消费心理，对于消费者来讲，能够使消费者更加理智地把握自己的消费行为，实现更高的消费效益。

课后实训

1. 实训课题
未来汽车消费心理分析

2. 实训目的
通过实训使学生认识到，汽车购买行为形成背后复杂的心理因素，激发学生学习汽车消费心理学的兴趣。

3. 实训过程
（1）将学生分成两人一组的小组。

（2）根据教师提供的《未来汽车消费心理分析表》，小组成员相互提问、记录下对方的答案。

（3）根据下图，分析各项回答属于心理现象中的哪个部分、该心理现象的名称又是什么，填写《未来汽车消费心理分析表》。

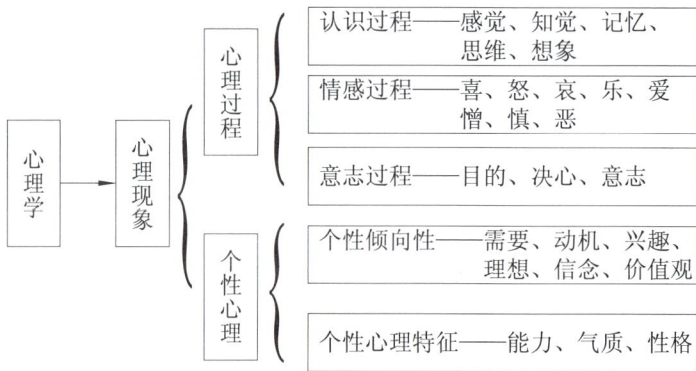

（4）组织学生交流，教师现场评价。

未来汽车消费心理分析表

提问	回答	心理现象名称
1. 买车前你要看一下现车或它的图片吗？	例：那是必须的。	例：感觉
2. 你怎么了解所需要购买的汽车？	例：主要是查资料和看现车。	例：认识过程
3. 看车后，你能记住汽车的外观等信息，并向家属描述吗？	例：能。	例：记忆
4. 看完车后，你怎么判断自己的认识？		
5. 买车前你会想到哪些问题？		
6. 如果你对某辆车很中意，你的内心会有什么反应？		
7. 怎样才能把想买车转化为正式买车？		
8. 你为什么要买车？		

（续表）

提问	回答	心理现象名称
9. 在什么情况下，你才会去买车？		
10. 买车遭遇障碍时，你怎样去排除？		
11. 你想买什么车？		
12. 你为什么喜欢这种车？		
13. 你怎样确认车的价值？		
14. 你能分辨车的好坏吗？		
15. 你喜欢买车过程简单点还是复杂点？		
16. 你洽谈时希望别人多说还是你自己多说？		

思·考·题

1. 什么是消费？汽车消费有什么特点？

2. 怎样理解消费者和消费心理的概念？

3. 消费心理学的研究内容主要有哪些？

4. 简述消费心理学的研究方法。

5. 为什么要学习汽车消费心理学？

6. 简述汽车消费心理与精准营销之间的关系。

第二章 汽车消费者的心理活动过程

学习目标

1. 知识目标：
   （1）掌握感觉、知觉、记忆、注意、想象与思维等心理学基本概念，了解它们在汽车消费活动中的作用。
   （2）了解汽车消费者心理活动的认识过程、情感过程和意志过程的主要内容及其相互关系。
   （3）掌握消费者的心理活动特征与汽车消费行为之间的关系。

2. 能力目标：
   （1）能够运用消费者的心理活动规律，分析消费者在购买活动各阶段的心理特征。
   （2）能够根据消费者在购买活动各阶段的需求重点，设计工作流程，有针对性地开展工作。

3. 情感目标：
   （1）将心比心，尊重消费者的认识过程。
   （2）诚信服务，确立以顾客为中心的情感倾向。

导入

汽车销售顾问小王对汽车销售核心流程的理解

在执行汽车销售核心流程的过程中，汽车销售顾问小王的体会是：必须以顾客为中心，把握消费者在汽车购买活动中的心理过程。小王认为：

1. 客户开发——通过了解潜在客户的购买需求，和顾客建立一种良好的关系。

2. 接待——在客户心中建立一个正面的第一印象，消除客户的负面情绪，为购买经历设定一种愉快和满意的基调。

3. 咨询——重点是建立客户对销售顾问及4S店的信心。客户的期望通常包括："我希望销售顾问诚实可信，并能听取我的需求和提供我所需要的信息"；"我希望销售顾问能帮助我选择适合我的车，因为这是我的第一辆车"。

4. 产品介绍——销售顾问必须通过直接针对客户需求和购买动机传达相关产品的特性，帮助客户了解一辆车是如何符合其需求的，只有这时客户才会认识到其价值。

5. 试车——在试车过程中，销售顾问应让客户集中精神对车进行体验，并针对客户的需求和购买动机进行解释说明，以获得客户的信任。

6. 协商——为了避免在协商阶段引起客户的疑虑，对销售顾问来说，重要的是要使客户感到他已了解到所有必要的信息并控制着这个重要步骤。

7. 成交——销售顾问对客户的购买信号应非常敏感，让客户采取主动，并允许客户有充分的时间做决定，一个双方均感满意的协议将为交车铺平道路。

8. 交车——交车步骤是一个令客户感到兴奋的时刻，如果客户有愉快的交车体验，那么就能为长期关系奠定积极的基础。

9. 跟踪——对客户来说，第一次维修服务是他亲身体验4S店服务流程的第一次机会。跟踪步骤的要点是在客户购买新车与第一次维修服务之间继续促进双方的关系，以保证客户会返回4S店进行第一次维护保养。客户期望通常为"在我离开之后仍能感受到4S店对我的关心"。

（资料节选自一线汽车营销人员的体会文章）

阅读以上内容，思考以下问题：

1. 小王在执行汽车销售核心流程的过程中是怎样理解客户的心理过程和帮助客户完成购买活动的？

2. 学习本章后，请你从消费者认识过程的理论出发为小王提出一些新的建议，以使小王对汽车销售核心流程的理解更加深入。

第一节 汽车消费者的认识过程

汽车消费者通过大脑对外界传递的各种信息进行加工、整理、储存，从而形成对汽车产品的认知过程，就是汽车消费者心理活动的认识过程。认识过程是汽车消费者心理过程的起点，也是汽车消费者消费行为的心理基础，离开认识过程不会有消费行为。

消费者的认识过程是由简单到复杂、由浅入深的一系列过程。消费者的认识过程主要通过感觉、知觉（错觉）、注意、记忆、联想、想象和思维来完成（如图2-1）。

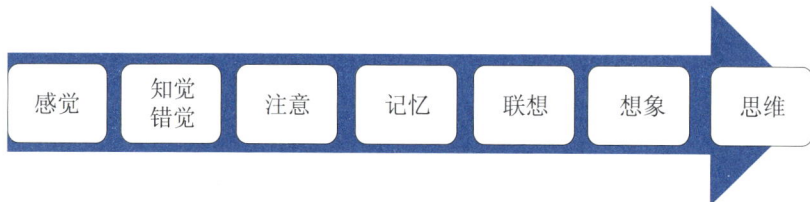

| 感觉 | 知觉 错觉 | 注意 | 记忆 | 联想 | 想象 | 思维 |

图 2-1 消费者的认识过程

一、汽车消费者的感觉

消费者认识汽车的开端是感觉。感觉是人脑对直接作用于感觉器官的外界事物个别属性的反映。

虽然感觉仅仅是人们对客观事物认识的一种简单形式，这种认识是个别的、孤立的、表面的，是一种简单的心理现象，但这却是一切复杂心理活动的基础。

1. 消费者的感受性和感觉阈限

（1）感受性

感受性是指个体感觉器官对刺激物的主观感受能力。消费者对汽车产品、广告、价格、服务等事物的感觉强度各有不同，即与消费者个体的感受性有关。

（2）感觉阈限

不同的消费者对汽车产品和购物环境等事物的感觉存在差别，这是由消费者的感觉阈限所决定的。感觉阈限是测量感受性大小的指标，是指能引起消费者某种感觉并使之保持一段时间的刺激量，分为绝对感觉阈限和差别感觉阈限两类。绝对感觉阈限测量的是感觉系统的绝对感受性；差别感受阈限则是人们刚能觉察到刺激物的最小差别量。

感觉阈限理论认为：

第一、不是所有的刺激物都能引起消费者感觉。例如，无关事物、无兴趣事物都不能引起消费者的感觉。

第二、不同的人面对相同刺激所引起的感觉是不一样的。要使消费者产生感觉，必须了解消费者的感觉阈限，使数量、声音、大小等刺激信号达到一定的数量和强度。例如：4S店背景音乐的设计；温度、湿度、空气纯度等微气候的营造；自然照明、基本照明、特殊照明的灯光设计：因地制宜、因时制宜、因物制宜的色彩设计，都是为了使消费者在更适宜的刺激条件下感受环境的舒适并对产品产生良好的感觉（如图2-2）。

图 2-2　温馨舒适的4S展厅

第三、不同汽车产品的功能、价格、色彩、造型等属性，具有不同的差别阈限，因此消费者对它也有不同的差别感受性。例如：某网站对六个城市的调查表明，品牌、价格和安全性是中国消费者购车首要的看重因素，但六个城市的消费者对这些看重因素的侧重点存在显著差异。其中，北京、深圳和成都的消费者对品牌更加看重；昆明、武汉消费者购车时则对价格更加敏感；而杭州消费者的看重因素比较分散，对品牌、价格和安全性三项的看重程度基本相当。这说明，了解消费者对不同汽车产品数量、价格、质量等方面的差别感受性，对合理调节消费者刺激量，促进汽车产品的销售有着重要的作用。

2. 消费者的感觉适应

消费者的感受性会随着消费者接触刺激物的作用时间增加而逐渐减小，这种现象称为感觉适应。感觉适应是推动消费者进行下次消费行为的动力之一，是商品市场不断发展的一种推动力。感觉适应会使消费者产生新的消费需求，从而转向其他车型的购买。例如，初次购买汽车的消费者往往选择轿车，而换购汽车的消费者则可能置换更高级别的轿车，或者选择购买SUV。这种现象的出现，可能与消费者收入变化、需求升级等诸多因素有关，但感觉适应始终是其中最重要的原因之一。

3. 消费者的联觉

人体感觉器官的感受性是相互影响、相互作用的，即一种感觉器官接受刺激产生感觉后，会对其他感觉器官的感受性产生影响。例如，汽车消费者在冬天倾向于选购红、橙、黄色的汽车，因为这会使人感到温暖；而在盛夏，消费者则可能更倾向于购买蓝、青、绿色的汽车，因为这会使人感到凉爽。又如，当消费者看到满腔热情的销售人员礼貌、规范地接待他们时，消费者可能会产生温暖、放心、舒适的心理感觉。这种现象就是联觉（如图2-3）。

图 2-3 礼貌规范的接待产生的联觉

二、汽车消费者的知觉

感觉反映的是刺激的个别属性，知觉则是选择、组织和解释感觉刺激，使之成为一个有意义的现实映象的过程（如图2-4）。例如，消费者在经过展厅接待、产品介绍、试乘试驾后，会对所有反映汽车个别属性的感觉，进行选择、组织和解释，最后在消费者大脑中形成一个完整的映象。每位消费者会从不同的角度，如汽车的颜色、造型、面漆、配置、特性等各个方面理解自己知觉的汽车。

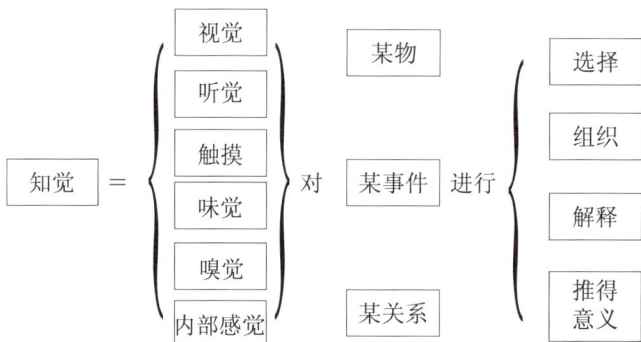

图 2-4 知觉的过程

1. 知觉的特征

知觉具有选择性、理解性、整体性和恒常性四大特征。

（1）知觉的选择性

知觉的选择性是指个体在知觉事物时，会对某些对象或对象的某个属性进行知觉，而忽略对另一些对象或该对象部分属性的知觉。如图2-5中反映的心理现象：如果关注柱子，你就看不见人物；反之，只关注人物，你就看不到柱子。同样，一个对汽车价格和外观特别关注的消费者，就可能忽视汽车的品牌文化；而一个对汽车的运动、时尚特点更有兴趣的消费者，则会减弱对轿车的关注。这种现象的产生是由知觉的选择性机制所决定的。

第一、知觉的超负荷。当外来刺激超过个体可以接受的能力范围时，这部分刺激就会受到消费者心理上的排斥。

第二、选择的感受性。个体对自己认为有价值的或感兴趣的对象会表现出较高的感受性，相反就会对其忽略不计。

第三、知觉防御。当某种带有伤害性或于己不利的刺激出现时，消费者会本能地采取防御姿态，关闭感觉通道，拒绝信息输入。

图 2-5　是柱子还是人物

（2）知觉的理解性

知觉的形成离不开知识和经验。消费者总是利用自己已经掌握的知识和相关经验，将这些"图式"作为参照系去加工信息和感知事物，最终形成概念，使被感知事物、情景的各个部分组成完整的映象。知觉过程中所体现的这种特性就是知觉的理解性。在汽车消费过程中，消费者对知觉对象的理解取决于消费者的知识经验。知识经验不足一定会导致消费者对汽车及服务产品知觉的迟缓和肤浅，进而影响消费者的购买行为。

汽车服务顾问的任务是按照客户的需求，为消费者提供完整且满意的解决方案。要达成这个目标，就必须运用自己的专业能力，选择适当的表达途径去补充消费者对汽车及服务产品认知上的不足，从而让消费者获得更多的知识和体验，在选购产品和服务的过程中作出正确的判断。

（3）知觉的整体性

任何一辆汽车都是由具备不同特性的各个部分组合而成的完整产品，抽掉其中的任何一个关键部分，汽车都无法使用。所以消费者在理解汽车产品时，不可能把汽车产品感知为相互独立的各个部分，而是通过组合各个部分的方式对汽车进行整体知觉。在知觉过程中，这种把事物各个部分有机地结合在一起的特征，被称为知觉的整体性。

但是，整体的知觉不等于各部分感觉之和。因为人们在认识或评价一个事物的特征时，对该事物的认识和评价会受到周围环境中的相关事物的影响，人的知觉也会因为关联环境不同而有所不同，这是格式塔心理学完形理论的基本观点。正如表2-1表明的那样，消费者总是从一个完整产品的意义上来理解汽车的。

表2-1 消费者从完整产品的意义上理解汽车

产品	服务	人员	渠道	形象
特色	订货方便	能力	专业化	品牌
性能	送货	资格	效能	标志
一致性	安装	谦恭	方便	覆盖面
耐用性	客户培训	诚实	维修点	文字及视听传媒
可靠性	维修	可靠	联络	事件
可维修性	多种服务	负责		诚信
风格		沟通		担保
		尽心		

（4）知觉的恒常性

当知觉的客观条件在一定范围内改变时，人们的知觉映象仍然保持相对不变，这就是知觉的恒常性。人的知觉的恒常性，并不是先天就有的，在知觉发生的过程中，有着显著的主观成分。人们在实际生活中建立了亮度、大小、距离、形状、声音等诸多方面的联系。当观察条件变化时，利用已建立的这些联系，就能保持对客观世界较稳定的知觉。知觉的恒常性对消费者认识汽车产品与服务有着重要的意义，如果知觉可以随着客观条件的变化而时刻变化，那么人就没有办法获得任何确定的知识。

2. 消费者的错觉

错觉是人们面对客观事物产生的不符合客观实际的知觉，是一种被歪曲了的知觉映象。人类的错觉包括几何图形错觉、时间错觉、运动错觉、空间错觉、整体影响部分的错觉、声音方位错觉、形重错觉、触觉错觉等等。错觉现象在人类生活中比比皆是，在错觉状态下眼见并不一定为实。

研究消费者的错觉，能使汽车厂商巧妙利用消费的错觉，刺激消费者的需求，引起消费者的购买欲望，对于促进销售具有一定的作用。例如，在商品的陈列中利用镜子、灯光丰富商品陈列，降低陈列成本，同时起到调节消费者的心情的作用；利用客户休息室，让客户一边看书、听音乐，一边等待修理，客户就会发现时间过得挺快。

三、汽车消费者的注意

消费者对商品或服务的认识是一个由现象到本质、由简单到复杂的系列过程。在汽车消费活动中，消费者把心理活动指向并集中于特定企业、品牌、产品与服务等范畴的心理状态就是注意。在汽车流通市场，注意心理规律的应用范围很广泛。为了获得良好的营销结果，在产品设计与介绍、展厅灯光及布置、广告设计与促销活动的安排等环节当中，汽车厂商都必须重视注意理论的运用。

1. 注意的特征

注意的特征主要表现在指向性和集中性两个方面：注意的指向性是指心理活动总是有选择、有方向地指向特定的客体，而不是同时指向一切对象；注意的集中性是指心理活动能对一切不相干的因素予以排除，在特定的选择和方向上保持并深入下去。在汽车营销活动中，经销商使用各种形式的产品陈列、推广活动，其目的就是为了引起消费者的注意，使消费者的注意力集中于自己的产品与服务，排除其他竞争因素。

2. 注意的功能

注意的功能表现在选择性、维持性和加强性三个方面。

（1）选择功能。消费者总是通过注意对作用于各种感受器官的刺激信息进行选择，选出那些重要的、有意义的、符合自己需求的信息。没有注意的选择功能，消费者不可能将与其需求有关的信息检索出来。有鉴于此，销售顾问首先必须清晰地了解消费者的真实需求，才能向消费者提供各种有针对性的信息，帮助消费者作出正确选择。无的放矢的信息、以及脱离消费者需求实际的过度信息，不仅不利于消费者作出正确选择，反而会模糊消费者的注意。

（2）维持功能。注意不仅使消费者的心理过程指向一定对象，而且使心理过程持续集中于这个对象，从而保持清晰、完善、准确的反映，最终完成购买活动。没有注意的维持功能，消费者不可能使感觉等级向知觉分析、信息储存转化，也不可能进行高层次的思维活动。

（3）加强功能。在消费活动中注意的加强功能表现在消费者为提高活动效率，对自己心理活动进行调节和监督，使自己注意集中，并使之向着一定的方向或目标进行，以减少错误，保证消费活动的顺利完成。

3. 注意的类型

消费者在认知汽车产品的过程中有不同的注意倾向，主要有无意注意、有意注意和有意后注意三种。三种注意紧密相联，在一定条件下能够互相转换。

（1）无意注意

无意注意是没有预定目标、不加任何意志努力而产生的注意。任何强烈、新异的刺激，以及刺激物之间的对比关系和运动变化，都容易引起人的无意注意。例如消费者对企业形象、 展厅布局、背景音乐的注意，以及对促销活动的创意设计的注意，这些注意事先并没有预定目标，也无需消费者作出意志努力。

（2）有意注意

有意注意是有预定目的、需要作出意志努力才能产生的注意。例如，消费者只有耐心地听取销售人员的介绍，并对相关产品进行对比，才能真正了解汽车的基本配置、特征，以及由此能够为自己带来的利益。明确的活动目的和任务，合理组织的活动，稳定的间接兴趣，以及坚强的意志力，都有利于消费者引起并保持有意注意。

（3）有意后注意

有意后注意指的是是事先有一定目的，但无需意志努力的注意，也叫随意后注意。一般来讲，感兴趣、熟悉过程的事，不需意志努力。只要活动程序非常明确，一旦熟练，就可以转化为有意后注意。

四、汽车消费者的记忆

1. 记忆的含义

记忆是过去经验在人脑中的反映。记忆使消费者在生活实践中获得的经验在大脑中形成印迹，并在一定条件影响下再现出来，再参加到后来的心理活动中去。

2. 识记及其分类

记忆是从识记开始的。识记可以分为无意识记和有意识记两大类。有意识记又可分为机械识记和意义识记两种。消费者的购买过程其实始于学习，识记在消费者的学习过程中具有重要的作用。

（1）无意识记与有意识记

识记按有无主观意志努力参与可以分为无意识记和有意识记两种。

无意识记是没有自觉目的、也不需要作出任何意志努力的一种识记。例如，消费者对某类汽车产品的市场表现的认识，并不一定会通过专门的学习过程去获得。

但是，消费者对汽车产品中某些重要事实的识记，却必须通过有意识记去获得。例如，对于汽车的主要配置、特征、可以为自己带来的利益等，消费者就会通过各自的努力，去尽可能多地主动识记。

（2）机械识记与意义识记

识记按识记过程中对客观事物的理解来分，可以分为机械识记和意义识记两种。

机械识记不强调对过去的知识经验的利用和对学习材料的意义的理解。例如，对汽车的型号、主要配置的名称等只要反复几次就能记住，这类识记称为机械识记。

意义识记需要理解识记对象的意义，利用过去的知识经验，采取多种有效的识记方法。因为这些识记对象具有一定意义，如什么是ABS、什么叫新能源汽车，需要运用已有的知识经验去理解，才能真正记住。这类识记称为意义识记。

消费者在产品知识的学习过程中，必须把机械识记和意义识记结合起来。机械识记需要意义识记帮助，而意义识记则需要机械识记加以支持。例如，消费者依靠意义识记掌握了ABS的科学原理后,还必须借助机械识记去保持。此外，若按照不同的识记心理特点来分，则记忆还可以分为运动识记、形象识记、情感识记和逻辑识记。

3. 记忆及其过程

记忆是一种大脑系统活动的过程，一般可分为识记、保持和重现三个阶段。

（1）识记

识记即通过感觉器官将外界信息保留在脑子里。对此，前文已有详细叙述。

（2）保持

保持是将识记下来的信息，在一定时间保留在脑子里。

（3）重现

重现包括再认和再现两种情况。再认指识记过的事物即使不在自己面前，大脑也仍能将它表现出来。再现指识记过的事物再次出现，感觉熟悉，并能明确辨认出来。重现就是指人们在需要时，把已识记过的材料从大脑里重新分辨并提取出来的过程。

4. 记忆的类型

根据记忆内容的变化，记忆的类型有形象记忆、抽象记忆、情绪记忆和动作记忆四种。

（1）形象记忆

形象记忆是以事物的具体形象为主要对象的记忆类型。例如：消费者对汽车外形、色彩的记忆。

（2）抽象记忆

抽象记忆又称词语逻辑记忆，是以文字、概念、逻辑关系为主要对象的抽象化的记忆类型。例如：消费者对汽车配置、技术指标以及汽车新技术的理解与记忆。

（3）情绪记忆

情绪记忆的基础是符合消费者需要而产生的态度体验，这种记忆深刻、牢固。在汽车销售中，汽车销售企业十分重视客户需求分析，并努力提供符合消费者特点的体验式营销，其重要目的之一，就是要让消费者牢固建立起与品牌及产品密切相关的情绪记忆。

（4）动作记忆

动作记忆是以各种动作、姿势、习惯和技能为主的记忆。动作记忆是最稳定和牢固的记忆，定型后不易忘记。例如，在试乘试驾中，让消费者亲自上手体验汽车的性能特征，由此形成的记忆，是消费者所难以忘怀的。

5. 记忆的品质

记忆品质的高低，它主要取决于消费者识记汽车与服务过程中记忆的速度、保持时间、准确性和重现能力。它不仅与消费者的记忆能力有关，同时也与汽车销售企业在执行销售与服务核心流程中的态度、技术、能力等诸多因素有关。为了提高消费者的记忆品质，经销商应当遵循心理规律，同时从技术与非技术两方面提升自己。

（1）记忆的敏捷性

记忆的敏捷性是指消费者在识记事物时的速度特征，具体表现为是否能够在较短的时间内记住更多的东西。

（2）记忆的持久性

记忆的持久性是指记忆保持时间方面的特征，具体表现为能够长期记忆相关信息。

（3）记忆的准确性

记忆的准确性是指识记、保持和提取记忆信息时精确性的特征，具体表现为从记忆中提取的内容与事物的本来面目相一致。

（4）记忆的准备性

记忆的准备性是指在实际需要时，能迅速、灵活地提取相关记忆信息的能力。记忆的准备性特征，是上述三种品质的综合体现。所有记忆的品质，只有与记忆的准备性结合起来，才具有实际价值。

6. 遗忘及其规律

遗忘是指对识记过的事物不能再认和回忆，或表现为错误的再认与回忆。遗忘可能是永久性的，也可能是暂时性的。遗忘有一定的规律，开始较快，随着时间的推移，遗忘的速度就会下降。充分运用遗忘规律对于汽车销售企业合理安排与消费者的沟通频率、提高与消费者沟通的质量有着重要作用。汽车销售企业一般规定，售后跟踪回访的时间安排为购车后的三天、一周，及一个月内，这与图2-6艾宾浩斯记忆规律曲线是一致的。

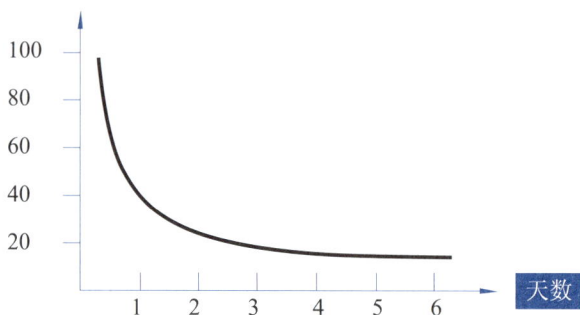

图 2-6 艾宾浩斯记忆规律曲线

必须指出的是，遗忘与记忆间存在辩证关系，没有遗忘，就不可能有记忆。在信息爆炸的大数据时代，人们每天都会面临大量信息。删除和遗忘某些无用的垃圾信息，是强化必要记忆的重要手段。在现实市场中，有些汽车营销企业为了促进销售，滥用广告、过度营销，不仅未能强化消费者对产品与服务信息的记忆，反而错乱了消费者的记忆，实在是得不偿失。

五、消费者的联想

1. 联想的涵义

联想是回忆的一种形式。联想是由一种事物的经验想起另一种事物的经验，或由想起的一种事物的经验又想起另一种事物的经验。联想在心理活动中处于重要的位置。尽量利用联想的形式进行记忆是增进记忆效果的有效方法，同时也是发展创造性思维的重要工具。

2. 联想的形式

联想有接近联想、类似联想、对比联想和因果联想四种形式。接近联想是指两种事物在位置、空间距离或时间上比较接近的联想；类似联想是指两种事物在大小、形状、功能、背景、时间等方面相类似的联想；对比联想是指两种事物在大小、形状、功能、背景、时间等方面的相反的联想；因果联想是指两种事物之间存在因果关系的联想。

六、汽车消费者的想象

1. 想象的概念

想象是一种特殊的思维形式，想象的基础是表象。表象是客观事物作用于人脑所形成的这一事物的形象。想象则是人在头脑里对已储存的表象进行加工，改造形成某种新形象的心理过程（如图2-7）。

图 2-7　想象中的未来编队出行的汽车

2. 想象的条件

想象不是无中生有，必须要以感知过的经验为基础。然而想象也是无中生有，经过创造性思维，可以创造出新的形象。想象与思维紧密相连，只有经过思维，人们才能认识事物之间的联系与关系。但想象与思维之间又存在区别：想象以具体形象的表象形式表达结果，而思维则以抽象概念的形式表达结果。

3. 想象的分类

想象在人类的创造性活动中具有重要的作用。想象可以分为无意想象和有意想象两类。

（1）无意想象

无意想象是没有特殊目的的不自觉的想象，也叫随意想象，是最简单的、初级的想象。例如，梦就是无意想象，而且是无意想象的一种极端表现形式，因为它完全不受意识的支配。

（2）有意想象

有意想象又可以分为再造性想象和创造性想象两类。再造性想象是指根据语言文字的描绘或条件的描绘在头脑中形成的有关事物的形象，它对理解别人的经验十分必要。创造性想象是不依赖现成的描述而独立创造出新形象。科学研究上的重大发现和创新，销售与服务流程的改造和再造，都离不开创造性想象。创造性想象是各种创造活动的重要组成部分。

七、消费者的思维

1. 思维的概念

思维是人脑对客观事物间接的、概括的反映，是消费者在感知的基础上对客观信息进行分析、综合、推理、判断的心理过程。思维是在感知的基础上产生和发展的，是人们对事物从感性认识到理性认识的复杂活动。思维以感知为基础，又超越感知的界限。思维离不开社会、语言和人类积累的知识与思考方式。

2. 消费者的思维过程

在消费过程中消费者的思维过程包括分析过程、比较过程和评价过程。在汽车购买和使用的过程中，消费者首先在感知的基础上进行分析，选出最能满足自己需要的目标。在此基础上，经过品牌、产品、服务等多方面比较，充分发掘自己可以获得和需要追求的利益。随后，消费者通过自己的思考并参考周边相关人员的评价，加深对消费活动的理性认识。只有在完成以上思维过程的基础上，消费者才可能作出自己的消费决策（如图2-8）。

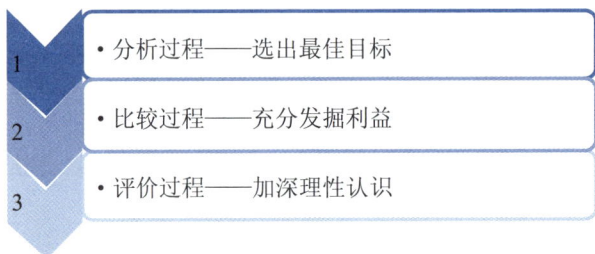

1	• 分析过程——选出最佳目标
2	• 比较过程——充分发掘利益
3	• 评价过程——加深理性认识

图 2-8 消费者的思维过程

第二节　汽车消费者的情绪过程

消费者的情绪过程是消费者通过判断客观事物是否符合自己的需要而产生的一种主观体验。消费者的情绪过程包括情绪和情感两个方面。

一、情绪、情感与感情

1. 情绪

情绪是人对客观事物需求态度的体验，是人脑对客观外界事物与主体需求之间关系的反映，是以个体需要为中介的一种心理活动。

情绪是一种独立的主观体验形式，其神经生理基础极为复杂，外部表现极为丰富。消费者的喜、怒、哀、乐都属于消费者的主观体验和感受，与消费者的心情、气质、性格和性情密切有关。

情绪涉及有意识的体验。满足消费者实际需求的体验，才能产生良好的情绪。情绪涉及身体内部与外表的变化，这种变化是情绪的表达形式，因此可以被察觉。情绪还包含了认知的成分，涉及消费者对外界事物的评价（如图2-9）。

销售人员可以通过消费者的情绪表现识别消费者对自己工作效果的评价。注意接待礼仪，创造良好的购车环境，营造"快乐一刻"，使消费者保持汽车购买过程中的良好情绪，这些都是达成销售成功的基本条件。

遇到好事		 高兴、愉快	 手舞足蹈
遇到坏事		 不高兴、伤心	 悲观失望
		正常情绪	如过分，即属不正常范围

图 2-9　不同境遇下的情绪

2. 情感

情感是人对客观事物是否满足自己的需要进行判断而产生的态度体验，对正在进行中认知过程起评价和监督作用。情感不仅与个体对基本需求欲望所持的态度有关，也与个体在社会需求欲望上的态度有关。情绪和情感都是人对客观事物所持的态度体验，两者不可分割。

消费者的情感是消费者在消费活动中起重要作用的心理工具，能够激发消费者的心理活动和行为动机，在消费心理活动组织和人际沟通的过程中起着重要作用。对于汽车销售而言，消费者的情感倾向又是决定最终能否实现成交的重要因素。这是由于消费者往往依靠情感来识别价值、表达价值、区分价值、计算价值、选择价值和创造价值。

3. 感情

感情是情绪和情感心理现象的统称，是人脑对于某一具体事物所产生的情感，是某一具体事物的价值关系在人的头脑中的主观反映，也是人们愿意或渴求为某些事物付出价值并渴望得到他人付出价值的心理的表现。消费者在消费活动中的感情受早期形成的情感倾向制约，但大多是通过消费过程中的实际体验而产生的。这就要求汽车营销人员在关键时刻、关键印象、关键决策等重要环节，将众多的真实一刻变成客户能够感觉到的喜悦时刻，从而使顾客能够与产品、服务、人员、企业建立良好的感情基础。

二、汽车消费者的情绪

1. 消费者的情绪表现

（1）激情

激情是一种猛烈的、爆发性的、短暂的情绪体验，具有冲动性、瞬息性和不稳定性。在激情状态下，人的意识控制减弱，失去意志的监督，会出现狂欢、暴怒等现象。

（2）热情

热情是指强度较高但持续时间较短的情感，它是一种强有力、稳定而深沉的情绪体验。热情具有持续性、稳定性、行动性的特点，能控制人的思想和行为，推动人们为了实现某种目标而长期不懈地坚持努力。在热情状态下，消费者会表现得兴高采烈、欢欣鼓舞，乐于与经营者建立良好关系。

（3）心境

心境是一种微弱、平静而持久的情绪体验，具有弥散性、持续性和感染性的特点。心境通常是指某种强度较低但持续时间较长的情感，如闷闷不乐、耿耿于怀等，在一定时间内可以使人染上某种情绪色彩。

（4）挫折

挫折是消费者在有目的的活动中，遇到无法克服或自以为无法克服的障碍或干扰，使其需要或动机不能得到满足而产生的。这是消费者有目的的行为受到阻碍而产生的紧张状态与情绪反应。在挫折状态下，消费者会表现出怨恨、懊丧、意志消沉等情绪。

2. 消费者的情绪分类

消费者的情绪大致可以分为积极情绪、消极情绪和双重情绪三大类。

（1）积极情绪

消费者在积极情绪状态下的主要表现有喜欢、欣慰、满足、快乐等。积极情绪可以增强消费者的购买欲望，促成购买行动的实现。

（2）消极情绪

消费者在消极情绪状态下的主要表现有厌烦、不满、恐惧等。消极情绪可以抑制消费者的购买欲望，阻碍购买行为的实现。

（3）双重情绪

双重情绪是一种兼有两种情绪倾向，矛盾重重，并不断转换的心理过程。在这种状况下，购买行为能否实现的关键就在于营销人员怎样通过自己热情、专业的工作提高客户满意度，改变客户情绪，推动消费者的情绪向积极方面转化。

3. 影响消费者情绪的主要因素

影响消费者情绪的主要因素包括消费环境、商品特色、消费者的心理准备状态，以及营销服务人员的表情与态度。

消费环境是指消费者在消费过程中客观面临的、对消费者有一定影响的、外在的、客观的因素。良好的消费环境有利于消费者积极情绪状态的建立。

商品特色是指汽车产品和服务的差异性特征。消费者关心的不是这些特征本身，而是这些特征可以为消费者带来的价值和利益。

消费者的心理准备状态对于情绪有直接的激发作用，在消费者心理准备不足的情况下，过早地推销产品和议论价格，并不利于购买行为的实现。

第三节 汽车消费者的意志过程

一、汽车消费者的意志

1. 意志的含义

意志是人的意识中能动性的集中表现，是人类特有的心理现象，对行为内部心理状态和外部动作有发动、坚持和制止、改变等方面的控制调节作用。消费者的意志是指消费者自觉确定购买目的并主动支配、调节其购买行动，克服各种困难，最终实现预定消费目标的心理过程。

2. 消费者的意志过程

消费者为了满足自身生存、发展和享受的需要，会产生消费的动机，随后进一步有意识地确定购买目的，拟定达到目的的计划，并做出行动。意志过程就是消费者从产生动机到采取行动的心理过程。

3. 汽车消费者意志过程的特征

（1）有明确的购买目的

消费者的意志是在有目的的行动中表现出来的，这个目的是自觉的、有意识的。有的消费者省吃俭用仅仅是为了购买一辆能够代步的汽车；有的消费者却是为了满足自己的爱好，极尽全力购买一辆比较高级而且体面的汽车。他们的购买目的通常是非常清楚的。

（2）克服困难的过程

消费者实现在购买汽车的目的的过程中会遇到种种困难。克服这些困难的过程就是消费者的意志过程。例如，在挑选汽车时，有的消费者面对几种自己都喜爱的汽车，缺乏判断和选择的能力；也有消费者遇到较高档的汽车，支付能力不足。只有克服了这些障碍，消费者的购买目的最后才能真正实现。

（3）调节购买行为全过程

消费者的意志过程会伴随消费者购买行为的全过程，在消费者购买活动的整个过程中起着强化或削弱、使之坚定或使之迟疑的调节作用。消费者只有在克服了汽车购买的各种障碍后，才有可能最终实现购买。

4. 汽车消费者意志的过程阶段

（1）作出购买决定的阶段

消费者作出购买决定是其购买活动的开始。作出购买决定的过程包括以下几个阶段：自身缺失状态的发现；消费能力思考；购买目的确定；购买动机取舍；购买方式选择；购买计划制定；作出购买决定。

（2）执行购买决定的阶段

在执行购买决定阶段，消费者自觉地将购买决定转化为购买行为，付出体力、精力、时间，自愿支付货币承担一定风险，寻找一定的方式和渠道购买自己所需要的商品。这一过程包括以下几个阶段：汽车商品确认；购买渠道确定；销售人员确定；销售合同确定；相关服务选择等。

（3）体验执行效果的阶段

消费者在完成购买行为后，其意志过程并不结束。需要消费者通过实际过程体验自己购买决定的效果，从而评价自己的购买决定。这一过程包括以下几个阶段：深入体验商品性能；体验使用的方便性；获得周边相关人士的评论；体验汽车与环境的协调性；体验实际效果与原先预期的一致性；体验售后服务的实现程度等。

二、汽车消费者的意志品质

在汽车营销实践中，营销人员发现，意志品质对消费者的行为方式会起到重要作用。例如，消费者在购买具有强烈时代感特征的商品时，常常要承担很大的风险，即购买这种商品是否会遭到别人的非议。能否冲破传统观念的束缚和社会舆论的压力，常常取决于消费者本身的勇气和意志。也就是说，这种冲破传统观念社会舆论压力的能力，取决于消费者自己的意志品质。一般来讲，意志果断的消费者，容易抓住时机，及时作出购买决策；而缺乏意志果断性的消费者则往往会优柔寡断难，以做出购买决策。

三、意志过程与认识、情感过程的关系

1. 认识过程与意志的关系

（1）认识过程是意志产生的前提和基础

意志的重要特征是具有目的性自觉，但人们只有在认识了客观事物的发展规律，并运用规律去改造客观世界后，才能确定自己的行动目的，并选定实现目的的计划和方法。

（2）意志行动会随形势的变化而不断调整

意志过程必须符合消费活动的实际，消费者必须对市场情势的变化作出正确判断，正确认识自己面临的消费环境和主客观条件。而这一过程是无法脱离认识活动的。消费者只有在正确认识客观市场变化的条件下，才能决定是加速意志行动过程，还是调整意志行动的进程和方向。

（3）意志行动与克服困难紧密相联

消费者的意志行动与其能否克服困难紧密相联。而对困难性质和大小的估计，同样离不开消费者的认识水平和认识过程。

（4）意志对认识过程也会产生重要影响

消费者在购买活动进行过程中，也会遇到认识商品与服务、甄别品牌与行动等各种困难，要克服这些困难，需要消费者付出一定的意志努力。

2. 情感过程与意志的关系

情感既可以成为意志活动的动力，也可以成为意志活动的阻力，意志可以控制情感，使情感服从理智。购买一种自己非常喜欢的商品，人们可以不计成本地付出各种代价，并作出意志努力；反之，如果遇到可买可不买的商品，消费者就会放松自己的意志努力。

3. 意志、认识和情感的关系

消费者的意志过程与其认识过程、情感过程密切相关。意志过程继续伴随着进一步的认识过程；意志过程给认识过程以巨大的推动力；意志过程有赖于情感过程，意志过程对情感过程又起着调节控制作用。

第四节　心理过程理论在汽车营销中的应用

消费者产生购买行为的前提是通过知、情、意的具体心理过程，对汽车产品或服务进行充分认知，从而产生情感上的倾向性，最终确立购买意志。

为了适应消费者心理过程各阶段的客观需要，汽车营销企业往往通过汽车销售核心流程的设计和执行，为消费者提供相应的使之满意的服务。汽车销售各阶段的各项工作必须适应消费者的心理过程（如图2-10）。

知	情	意	行
引起注意 信息传递 实物接触 人员推广 形象展示	产生兴趣 唤醒需求 彰显利益 产生情趣 衡量能力	确立意向 产品介绍 试乘试驾 核对需求 甄别利益	实施购买 签定合同 办理手续 支付款项 提车上路

图 2-10　适应消费者认识过程的汽车销售各阶段重点工作

一、遵循消费者的认识规律开展工作

针对消费者的认识过程，汽车营销企业的主要任务是通过形象展示、实物接触、促销活动等具体工作，向消费者传递关于产品、服务、人员、企业的各种信息，以引起消费者的高度注意，正确感知其所需要的各种信息。

1. 正确传递信息

信息传递的正确性直接影响消费者的感知。所谓正确传递信息就是指汽车营销企业在宣传自己的产品与服务时必须贯彻实事求是和全面完整的原则。实事求是是指不过度包装、过度承诺。全面完整是指不仅要重视产品性能的介绍，而且要重视在消费者用车过程中各种服务信息的传递。

2. 应用记忆规律

为了确保信息传递的有效性，必须认真考虑消费者的记忆规律。信息传递的一致性、真诚的服务态度、良好的信息传递环境、愉悦的产品体验、合理的沟通频率，以及促销活动所创造的恰当情景，都对提高消费者的记忆具有实际意义。

3. 发挥想象作用

21世纪对于消费者来说是一个"梦幻消费时代"，汽车消费已经出现新的特点，生理上的特质满足已不是消费者的诉求重点。心理上、情感上、心灵上的"造梦"，才是消费者获得整体满足的中心点。在产品价格的成份中，特质成本愈来愈低，服务、品牌、信任、安全、舒适、方便、速度、愉快、省时、有趣、刺激、有效、合适、准时、时髦、流行等"转成份"才是价格组成的主要部分。消费满足也转为以"精神满足"、"服务"为主。在消费文化及精神的影响下，消费行为也转而朝精神文明方向发展，显得更文明、更情感化、更个性化。虚拟结构的流行势必将传统市场结构重新布局、重新组织、重新定位。消费者评价商品时常常伴随大量的想象活动，这种趋势要求销售人员的工作也必须具有丰富的想象力，在再造性想象和创造性想象中创新自己的销售服务模式，更好地为消费者服务，以满足消费者日益增长的精神、物质需求。

4. 提供思维材料

消费者必须通过分析、比较和评价，发现产品的价值和自己可以获得的利益，最终选择汽车购买的最佳目标。但是，汽车消费者不是专家，他们对于汽车产品的特征、产品的实际状况并不熟悉，需要汽车营销人员为他们提供汽车产品商务评价的知识，以及相关的数据与信息、证据与材料，以此丰富自己的思维基础。在此基础上，他们才可能对品牌、产品、服务等多方面进行具有实际意义的分析与比较，最终作出消费决策。为此，汽车营销人员应当从"顾问"的身份出发，分析消费者的认知需要，为他们提供足够的思维材料和分析、比较、评价的方法。

二、遵循消费者的情绪规律开展工作

情绪在消费者购买过程中具有动机作用、组织及阻断购买行为的作用、唤醒和感染的作用。尊重和善待消费者，营造舒适、轻松的心理环境，与消费者进行符合其个性特征的对话与沟通，对激发消费者的积极情绪、顺利推进销售活动具有重要意义。汽车营销人员必须遵循消费者的情绪规律开展工作。

1. 建立情绪关联

汽车消费者作为拥有复杂情绪和情感的个体，不但需要汽车产品与服务，更希望与汽车营销人员建立起良好的情感关联。消费者只有对销售人员建立起可信赖的情感倾向，才可能将自己的购买欲望转化为具体的购买行为。高水平的销售人员应该遵循和运用情绪规律，避免消费者产生紧张、焦虑、自卑、愤怒情绪，重视售前准备、售前接待等销售服务过程中的每一个"关键一刻"，为消费者营造快乐。只有这样，汽车营销人员才有可能与消费者建立起积极的情绪关联。

2. 管理员工情绪

消费者的积极情绪在很大程度上与营销人员真诚、热情的情绪相对应。营销人员与消费者之间的情感投入和情绪互动，是企业持续成长的重要因素。管理好营销人员的情绪，是服务营销成功的关键因素。

菲利普·科特勒认为："服务是一方能够向另一方提供的基本上是无形的任何活动或利益，并且不导致任何所有权的产生。"这是说服务表现出的一系列行动，都是以无形的方式，在顾客与提供服务的员工、有形资源商品或服务系统之间发生的，用以解决顾客的问题。由于服务是在一线营销人员与消费者之间面对面进行的，因而在汽车服务营销中，处在服务营销一线的营销人员的情绪和情感控制对企业发展具有更加重要的意义。这就不但要求汽车营销人员有足够的知识和能力，能够准确可靠地执行向消费者承诺的服务，而且要求营销人员在为顾客提供服务的过程中，要自觉地为消费者提供便捷的个性化的服务，在处理顾客需要、咨询、投诉等问题时友好、专注、快捷，以此激发消费者对营销人员的信任感。

3. 与顾客情绪同步

汽车营销服务人员的表情与态度直接影响消费者的情绪。汽车营销服务人员的工作表情与态度的好坏，与他们对服务本质的理解密切有关。只有深刻理解服务的本质特征，营销服务人员才能捧出真心作出真行动，并在整个销售的全部过程中始终保持积极情绪，做到成交结账前和成交结账后都与消费者保持情绪同步，最终使客户满意。图2-11反映了一般业务人员与优秀业务人员在消费者情绪同步方面的差异。

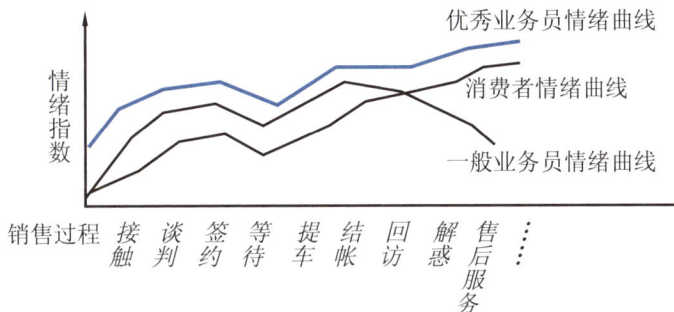

图 2-11 业务人员与消费者的情绪同步

三、遵循消费者的意志规律开展工作

消费者的意志活动是消费者作出购买决定、执行购买决定、体验执行效果的完整心理过程。整个过程涉及传统观念的束缚和社会舆论的压力，以及消费者对汽车购买的需要、目的、能力、动机、方式、计划、商品、渠道、销售人员、一系列问题的慎重思考。由于汽车是一种少次重购的贵重消费品，消费者购买汽车的意志决定过程更加复杂。营销人员应当遵循消费者的意志规律开展工作，要用足够的耐心和认真的态度予以应对，切忌粗枝大叶或急于求成。

1. 鼓励作出决定

由于个性特征和购买经验上的不同，不同汽车消费者在作出购买决定时差异很大。尤其是一些谨慎型的客户，决策过程很长。对于这些消费者，营销人员应当分析其决策能力和其他相关原因，为其提供科学的依据和有力的证据，鼓励其作出决定。

2. 提供解决方案

在作出购买决定后，消费者要将购买决定转化为购买行为，最需要的是执行购买决定的解决方案。营销人员能够为消费者提供解决方案的前提是需求分析，分析消费者的购车理由、个性与文化背景，分析消费者的支付能力。只有当这种分析是精准的，消费者才能信服营销人员的解决方案，及早实现购买。

3. 强化售后服务

汽车消费者的意志活动并不因购买完成而结束，这一过程需要通过在购后体验中，获得肯定评价时才能结束。重视客户关怀，加强售后服务，使消费者获得汽车产品的正面体验和时空的方便性，体验经销商兑现承诺的一致性，对使消费者肯定自己的意志活动、提升消费者满意度具有重要意义。因此，汽车营销企业必须高度重视售后服务。

课 后 实 训

1. 实训课题

网络购物心理过程分析

2. 实训目的

通过实训使学生发现购物活动中知（认识过程）——情（情感过程）——意（意志过程）的逻辑过程和阶段特征，以及各阶段的需求重点，从而认识到：要促使消费者完成购买行为，必须遵循消费者的心理活动规律。在产品与服务信息的传递上，做到合适、精准；在情感倾向上，与消费者建立良好关系；在消费者克服各种障碍的过程中，为其提供完整的解决方案，开展针对性工作。

3. 实训过程

（1）布置课外作业。

让学生选择任一网络购物的经历，回答如下问题：

①你是如何认识你所选择的商品的，关注的重点是什么？

②你为什么选择这个商品和提供这种商品的商家？

③你是如何克服障碍，下决心购买这个商品的？

（2）组织学生交流。

通过交流，让学生概括消费者在消费活动心理过程中各阶段的需求重点。

（3）教师总结评价。

第一、创造开放性交流的氛围，让学生自由发言。

第二、让学生开展相互评价，获取正确认识。

第三、结合课程知识，总结消费者在消费活动心理过程中各阶段的需求重点。

第四、对认真准备，积极交流、并具有创造性思考的学生给予鼓励性评价。

网络购物心理过程分析体验表

心理过程	问题	需求重点
认知过程	在网络上你是通过何种途径和方法感觉、记忆、认知商品？	
情感过程	商品和服务中的哪些要素会使你喜欢这个商品？ 商家的哪些表现让你倾向于与这个商家成交？	
意志过程	在购买过程中你遇到过哪些障碍？ 你是如何扫除这些障碍的？ 商家在你扫除购买障碍的过程中起到了什么作用？	

思 考 题

1. 什么是感觉？什么是知觉？
2. 知觉的主要特征是什么？
3. 举例说明联想的规律在汽车购买过程中的作用？
4. 情绪与情感的联系和区别是什么？
5. 影响消费者情绪的主要因素有哪些？
6. 意志过程、认识过程和情感过程的关系为何？
7. 为适应消费者的心理活动过程，汽车营销专业的学生必须具备哪些基本素养？

第三章 汽车消费者的个性心理特征

学习目标

1. 知识目标：
  （1）了解和掌握消费者个性及个性心理对汽车消费者行为的影响。
  （2）了解汽车消费者的气质、性格、能力、兴趣等个性心理特征。
  （3）了解不同类型汽车消费者的兴趣特点。
2. 能力目标：
  （1）能够区分汽车消费者的不同个性心理特征。
  （2）能够使用不同的工作策略，适应消费者的不同个性及个性心理。
3. 情感目标：
  （1）能够热情对待不同个性的消费者。
  （2）能够在销售业务中始终保持与消费者的情绪的同步。

导入

不同消费者在退换商品过程中的个性心理特征

在"中国质量万里"行活动中，不少制造、销售伪劣商品的工商企业被曝光，为此许多消费者感到由衷的高兴。3月15日是世界消费者权益日，某大型零售企业为了改善服务态度、提高服务质量，向消费者发出意见征询函，调查内容是："如果您去商店退换商品，销售员不予退换怎么办"，要求被调查者写出自己遇到这种事时会怎样做。其中，有这样几种答案：

（1）耐心诉说。尽自己最大努力，苦口婆心慢慢解释退换商品原因，直至得到解决。

（2）自认倒霉。向商店申诉也没用，况且商品质量不好又不是商店生产的，自己吃点亏下回长经验。

（3）灵活变通。找好说话的其他售货员申诉，找营业组长或值班经理求情，只要有一人同意退换就有望解决问题。

（4）据理力争。绝不求情，脸红脖子粗地与售货员争到底，不行就往报纸投稿曝光，再不解决，就向工商局、消费者协会投诉。

启示：

（1）该调查内容能够在一定程度上反映出消费者个性心理特征本质。

从个性的基本特征看，个性除了具有稳定性、整体性外，还具有独特性和倾向性。本案例的"去商店退换商品，销售员不予退换"这种情况下四种消费者的不同做法的调查内容，实际上体现了消费者个性中所存在的相当大的差异。每个消费者在某种程度上都具有不同于他人的心理特征，有的外向，有的内向，有的反应温和，有的反应激烈。这也说明每个消费者都以自己独特的行为模式和思想方法来适应购物中的环境或问题。

（2）四种答案反映出消费者不同的气质特征。

气质是个人典型、稳定的心理特征，主要指人的心理活动在动力方面的特点。根据希波克拉特的有关理论，气质可以分为多血质、胆汁质、粘液质和抑郁质四种。

案例的第一个答案："耐心诉说。尽自己最大努力，苦口婆心慢慢解释退换商品原因，直到得到解决。"比较明显地反映出粘液质的特征，这种气质类型的消费者情绪稳定，有耐心、自信心强。

案例的第二个答案："自认倒霉。向商店申诉也没用，况且商品质量不好又不是商店生产的，自己吃点亏下回长经验。"比较明显地反映出抑郁质的特征，这类消费者行为内向，言行缓慢，优柔寡断。

案例的第三个答案："灵活变通。找好说话的其他售货员申诉，找营业组长或值班经理求情，只要有一人同意退换就有望解决问题。"比较明显地反映出多血质的特征，这类消费者喜欢与营业员和其他顾客交换意见，行为外向，比较热情。

案例的第四个答案："据理力争。绝不求情，脸红脖子粗地与售货员争到底，不行就往报纸投稿曝光，再不解决，就向工商局、消费者协会投诉。"比较明显地反映出胆汁质的特征。这类消费者反应迅速，情绪有时激烈、冲动，很外向。

（案例摘自网络公开资料）

阅读以上内容，思考以下问题：

1. 对照上述案例判断自己属于哪类个性的消费者。

2. 了解消费者的个性对实施精准营销具有哪些重要意义？

第一节 汽车消费者的气质

一、气质的含义与特征

1. 气质的含义

气质与人们通常讲的脾气、禀性类似，是个体心理活动的动力特征，表现在强度、速度、稳定性和灵活性等动力性质方面的心理特征，包括：心理活动发生时情绪体验的强弱；情绪的稳定性、思维的敏捷性与灵活性、注意转移的特点以及心理倾向性等。

气质作为个性心理特征，往往与人的情绪、情感密切相关。气质往往通过情绪、情感生活直接表现出来，人的所有活动都会染上相关气质的同样色彩。

2. 气质的特点

气质具有天赋性、稳定性和可变性等特点。

（1）天赋性

气质是人脑的机能，在很大程度上是由遗传素质决定的。从这个意义上讲，气质具有天赋性。人的年龄越小，气质天赋性特点的表现得就越明显。

（2）稳定性

气质的稳定性是指气质不易改变，人们平时说的"秉性难改"指的就是气质的这种相对稳定性。

（3）可变性

气质在一定限度内，特别是通过早期教育影响，或者经过意志努力、实践磨炼，可发生一定的变化。

二、气质的学说

气质类型是指某一类人身上共同具有的典型气质特征的有机结合。气质是一个古老的概念，在漫长的历史过程中，曾经出现过许多相关学说。长期以来，心理学家对气质这一心理特征进行了多方面的研究，从各种不同的角度提出各种气质学说，对气质类型的划分产生了不同的见解，因而形成众多的气质理论。

1. 气质概念的萌芽

到目前为止，心理学界对气质类型及其典型的气质特征的描述尚无统一见解。但有几种古老的气质类型学说对气质理论的形成影响较大。例如：公元前483年，古希腊医学家恩培多克勒提出"四根说"，认为火、土、气、水是组成万物的四根，万物因四根的组合而生成，因四根的分离而消失；中国古代的医书中的"阴阳五行说"把人分为金形、木形、水形、火形、土形；德国精神病学家克雷奇默根据对精神病患者的临床观察，认为可以按体型划分，把人分成肥满型、瘦长型、筋骨型三种气质类型；古希腊著名医生希波克拉底在长期的医学实践中观察到人有不同的气质。认为气质的不同是由人体内血液、黏液、黄胆汁、黑胆汁等四种不同的液体的多少决定的；生理学家柏尔曼认为，人的气质特点与内分泌腺的活动有密切关系，他把人的气质分成甲状腺型、脑下垂体型、肾上腺分泌活动型等类型；日本学者古川竹二等人认为人的气质是由A型、B型、AB型、O型等不同血型决定的。又如，格罗斯等人的"外倾与内倾说"，而荣格在《心理类型》（1921）一书中最先把外倾、内倾的概念引入人格研究。荣格根据力比多作用方向的不同，把人区分为外倾和内倾两种基本类型。

2. 不同的气质类型学说

（1）高级神经活动类型说

高级神经活动类型说由巴甫洛夫提出。巴甫洛夫认为人的气质是由人的高级神经活动类型决定的。通过对大脑的解剖，他发现大脑皮层的细胞活动有两个基本过程，即兴奋与抑制。兴奋过程引起和增强大脑皮层细胞相应器官的活动；抑制过程则阻止大脑皮层的兴奋和器官活动。大脑皮层的基本神经活动过程有强度、均衡和灵活三种基本特性。根据这三种特性可以将个体的神经活动分为不同的神经活动类型。兴奋与抑制能力强，其神经活动就是强型；兴奋与抑制能力弱，其神经活动就是弱型；兴奋与抑制的能力基本接近，就是均衡型；兴奋能力明显高于抑制能力，就是不均衡型。灵活性则是指兴奋与抑制之间相互转换的速度。

（2）基本气质类型说

现在有更多的心理研究者认为人的基本气质可以分为多血质、胆汁质、粘液质、抑郁质四大类。多血质气质的人感受性低，耐受性较高；不随意的反应性强；具有可塑性和外倾性；情绪兴奋性高，外部表露明显，反应速度快且灵活。胆汁质气质的人感受性低，耐受性较高；不随意的反应性高，反应的不随意性占优势；外倾性明显，情绪兴奋性高，抑制力差；反应速度快，但不灵活。粘液质气质的人感受性低，耐受性高；不随意的反应性和情绪兴奋性均低；内倾性明显，外部表现少；反应速度慢，具有稳定性。抑郁质气质的人感受性高，耐受性低；不随意的反应性低；严重内倾；情绪兴奋性高而体验深，反应速度慢；具有刻板性，不灵活。

3. 不同气质类型消费者的行为特征

（1）主动型和被动型

多血质和胆汁质的消费者相对主动；粘液质和抑郁质的消费者相对被动。

（2）理智型和冲动型

粘液质的消费者相对理智；胆汁质的消费者相对冲动。

（3）果断型和犹豫型

多血质和胆汁质的消费者相对果断；粘液质和抑郁质的消费者相对犹豫。

（4）敏感型和粗放型

粘液质和抑郁质的消费者相对敏感；多血质和胆汁质的消费者相对粗放。

第二节 汽车消费者的性格

一、性格的含义与特征

1. 性格的含义

性格是个性心理特征中具有核心意义的方面，是个人对现实的稳定态度和与之相适应的习惯化的行为方式。性格通过人对事物的倾向性态度、意志、活动、言语、外貌等方面表现出来，是人最能表现其个别差异的主要个性特征和心理风格。

2. 性格与气质的区别和联系

性格与气质的区别表现在：气质是个体与遗传密切相关的个性内部结构中不易受环境影响的、比较稳定的心理特征。而性格除了情绪反映的特征外，还包括意志反映的特征，是个性结构中较易受到环境影响的心理特征。

性格与气质的联系表现在：性格与气质之间是相互作用和相互影响的。气质可以影响一个人对待事物的态度和行为风格，使性格带上某种气质的色彩。在人的性格形成和发展过程中，气质起着促进或阻碍的作用，但并不决定一个人最终形成什么样的性格。反过来，基于后天经验的性格可以掩蔽和改造气质，使气质朝着更有利于个体适应生活环境周围的方向发展。

3. 性格的特征

性格具有复杂的结构，性格的特征包括：

（1）性格的态度特征

性格的态度特征是指人对现实和自己的态度的特征，表现为个人对现实的态度倾向性，如诚实、谦逊或虚伪、骄傲等。

（2）性格的理智特征

性格的理智特征表现为心理活动过程方面的个体差异，如思维敏捷、深刻、逻辑性强或思维迟缓、浅薄、缺乏逻辑性等。

（3）性格的情绪特征

性格的情绪特征表现为个人受情绪影响或控制情绪状态的特点，如热情或冷漠、开朗或抑郁等。

（4）性格的意志特征

性格的意志特征表现为个人自觉控制自己行为及行为努力方面的意志特征，如勇敢或怯懦、果断或优柔寡断等。

二、性格的理论与类别

1. 机能类型说

英国心理学家培因等根据智力、情感和意志三种心理机能在性格中所占的优势多寡，把人分为理智型、情绪型和意志型三种。具有理智型性格的人善于思考、推理，用理智来衡量事物，并支配和影响自己的行为举止。具有情绪型性格的人情绪体验深刻，不善于理性思考，言行易受情绪支配和左右。具有意志型性格的人在各种活动中均有明确目标，行为积极主动，意志比较坚定，较少受到外界因素干扰。

2. 向性说

瑞士心理学家荣格认为人的性格可以分为外倾型和内倾型两种。外倾型的人，大多指向外部，活泼、开朗、善于交际、待人热情、诚恳、随和、适应环境能力强，但比较轻率，不拘泥于小事，缺乏自我分析与自我批评能力；内倾型的人，大多指向内部，沉静、多思、反应缓慢，感情比较深沉，待人接物小心谨慎，喜欢单独工作，但缺乏判断力。

3. 独立–顺从说

独立-顺从说按照个性的独立性，把性格分为独立型和顺从型。独立型的人有主见，不易受外界干扰，较少依赖他人；顺从型的人独立性差，易受暗示，行为易为他人左右，解决问题时犹豫不决。

4. 特质分析说

特质分析说应用因素分析技术进行性格研究，把大量性格特征看作是性格结构的基本单位，各种性格特征的不同组合使人具有不同的性格。美国心理学家卡特尔在人的众多行为的表面特征中抽象出16种特质。如兴奋、稳定、怀疑、敏感、忧虑、独立、自律、紧张、乐观、聪慧、有恒、敢为、幻想、世欲、实验等。根据这些特质可以区分出多种性格类型。美国心理学家吉尔福特则从人的性格中抽象出12种特性，并把人的性格分为A、B、C、D、E五种类型。

5. 价值倾向说

德国心理学家斯普兰格和美国心理学家阿波特分别根据人类文化生活的形式和人的价值观念倾向，对性格作了六种分析，认为理论型性格的人求知欲强；经济型性格的人倾向实务；艺术型性格的人重视审美；社会型性格的人强调责任；政治型性格的人强调权力；宗教型性格的人则重视命运。

6. 九型人格说

九型人格说又名性格型态学，认为人的性格可以分为完美主义者型、施与者型、演员型、浪漫型、观察者型、质疑者型、享乐主义者型、老板型、调停者型等九种。九型人格说是近年来国际上一些著名大学MBA教学中最热门的课程之一。

三、消费者的性格类型

消费者的性格类型可以从消费者的态度、行为方式、人际关系等不同的角度进行分类。

1. 从消费者态度角度分类

从消费者态度角度分类，消费者的性格可以分为节俭型、保守型、随意型三类。

（1）节俭型

节俭型性格的消费者崇尚节俭、喜欢物美价廉、强调性价比。

（2）保守型

保守型性格的消费者态度严谨、生活方式刻板、怀旧、习惯传统消费方式。

（3）随意型

随意型性格的消费者没有长久稳定的看法，生活方式无固定模式，受外界影响大。

2. 从消费者行为角度分类

从消费者购买行为角度分类，消费者的性格可以分为习惯型、慎重型、挑剔型、被动型四类。

（1）习惯型

习惯型性格的消费者习惯于以往的消费经验，不轻易改变自己的观念和行为。

（2）慎重型

慎重型性格的消费者沉稳持重、冷静客观、不易冲动、自我抑制。

（3）挑剔型

挑剔型性格的消费者意志坚定、独立性强、细致深入、过于挑剔。

（4）被动型

被动型性格的消费者消极被动、缺乏经验、犹豫不决、没有固定态度。

3. 从人际关系的角度分类

从消费者人际关系角度分类，消费者的性格可以分为逊顺型、攻击型、孤立型三类。

（1）逊顺型

逊顺型性格的消费者遵守规范、关心他人、循规蹈矩、喜欢合作、避免冲突。

（2）攻击型

攻击型性格的消费者对抗他人、偏好竞争、不怕冲突、崇尚权力。

（3）孤立型

孤立型性格的消费者疏离他人、厌恶社交、怀疑别人、崇尚孤傲。

第三节 汽车消费者的能力

一、能力与能力差异

1. 能力的涵义

能力是一种直接影响活动效率的个性心理特征，是人顺利完成某项活动的本领，是顺利完成某一活动所必需的主观条件。消费者在购买活动中表现出来的能力各有不同，要完全胜任某种消费活动，消费者就必须具备适应活动要求的综合能力。

2. 人的能力差异

人的能力差异客观存在。差异首先表现在某项具体的能力上。同时，由于每个人的能力都是多种能力以特定结构的形式结合在一起的，因此人的能力差异又表现在能力结构上。人的能力上的差异主要反映在能力水平、能力类型、能力表现的时间差异和年龄差异等方面。人的能力差异由性别、年龄、文化背景、实践经验等众多因素造成。

（1）能力的水平差异

在一般能力方面，能力的水平差异主要指智力发展水平的差异。大量研究表明，虽然95%的人智力水平差不多，但人的智商客观上存在差异。在特殊能力方面，具有同一种特殊能力的人，其水平也有明显的差异。

（2）能力的类型差异

人的能力类型的差别，显著地表现在人的擅长领域的不同，这是能力在质的方面的差异。这些差异不仅表现在人在知觉能力、记忆能力、思维能力等方面，也表现在人的特殊能力上。例如，有市场策划才能的人，具有敏锐、深刻的市场信息采集与分析能力，资源整合能力，丰富的想象、创造能力和文字组织能力。

（3）能力的表现时间差异

人的能力表现时间的差异，表现在达成的时间存在差异。从事同一样工作，有的人完成速度很快，有的则比较迟缓。

（4）能力的年龄差异

能力的年龄差异是人的能力表现早晚的差异。有的人在儿童时期就显露出非凡的智力和特殊能力，有的则是大器晚成。唐初四杰之一的王勃10岁能作赋，13岁就写出了著名的《滕王阁序》。而我国著名画家齐白石，到40岁才初显他的绘画才能。

二、消费者的能力

1. 汽车消费者的基本能力

汽车消费者的基本能力包括感知能力、分析评价能力、选择决策能力和记忆力、想象力等。

（1）感知能力

消费者的感知能力是消费者对商品外部特征以及外部联系加以直接反映的能力。

（2）分析评价能力

消费者的分析评价能力是消费者对商品信息进行整理加工、分析综合、比较评价、最终作出判断的能力。

（3）选择决策能力

消费者的选择决策能力是消费者在比较商品的基础上，及时、果断作出购买决定的能力。

（4）记忆力、想象力

消费者的记忆力和想象力是消费者依照过去的经验和新的商品知识，创造新的形象的能力。

2. 消费者的特殊能力

汽车消费者的特殊能力是指消费者购买和使用汽车这类专业性商品所应有的能力。通常表现为以专业知识为基础的消费技能，以及创造能力、审美能力等。

三、汽车消费者的能力与行为表现

1. 汽车消费者的能力类型

汽车消费者与其他商品的消费者一样，其能力类型大致可以分为成熟型、一般型和缺乏型三类。成熟型消费者属于比较特殊的类型，在汽车消费活动中具有较为全面的能力；一般型的消费者比较普遍，能力结构处在中等状况，对汽车消费的深度理解不足；缺乏型的消费者比较幼稚，他们在汽车消费活动中，能力结构及水平处于低下状态，缺乏信息、经验，目标模糊，盲目性强。

2. 当前汽车消费者的能力状况

当前汽车消费者的年龄正在下移，平均年龄只有30岁出头。这些消费者都是在我国改革开放的环境中成长起来的，学历水平普遍较高，社会体验大大超过过去时代的消费者。他们具有较强的以各种知识和计算机应用技术为基础的信息采集能力、感知能力、分析评价能力、选择能力和消费决策能力。有研究表明（如表3-1），18岁到49岁之间的人群知觉、记忆、比较判断能力最强，动作反应速度也最快。这是汽车营销人员必须特别注意的。

表3-1　各年龄段不同能力的发展水平

年龄	10-17岁	18-29岁	30-40岁	50-60岁	70-80岁
知觉	100	95	93	79	46
记忆	95	100	92	83	55
比较、判断	72	100	100	87	69
动作反应速度	88	100	97	92	71

第四节 汽车消费者的兴趣

一、兴趣的含义与特点

1. 兴趣的含义

消费者的兴趣其与购买行为密切有关。兴趣是一个人力求接触、认识和追求某种事物的一种意识倾向。消费者的兴趣即需要某种商品并期望消费这种商品的情绪倾向。兴趣是人们从事某项活动的重要推动力。

2. 兴趣的类型

兴趣按照其包含的基本内容，可以分为物质兴趣和精神兴趣；按照产生的起因，可以分为直接兴趣和间接兴趣；按照持续时间的长短，可以分为暂时兴趣和长时兴趣；按照人的参与的程度，可以分为情趣和志趣。

3. 兴趣的特点

（1）兴趣的倾向性

兴趣的倾向性是指兴趣指向的客体目标和内容，各类消费者兴趣的倾向性存在明显差异。但是，消费者兴趣的倾向性不会一成不变。人的需求状态、经济变化、文化背景、流行信息都可能导致消费者兴趣的转移。就汽车消费而言，过去大多数消费者对汽车外形和配置的兴趣大大超过对汽车内部结构的思考，但现在其兴趣已经转移到汽车的安全性、节能环保和新技术上面。从一项对消费者购买狭义乘用车的主要原因调查（如图3-1）中可以看出消费者购买决策过程中产品质量、价格、油耗、安全性和品牌形象5个因素是主要影响因素，消费者对这5方面兴趣更高。随着用车成本的攀升和中国消费者的不断成熟，潜在消费者对价格、油耗和售后服务的兴趣程度远高于现有消费者。

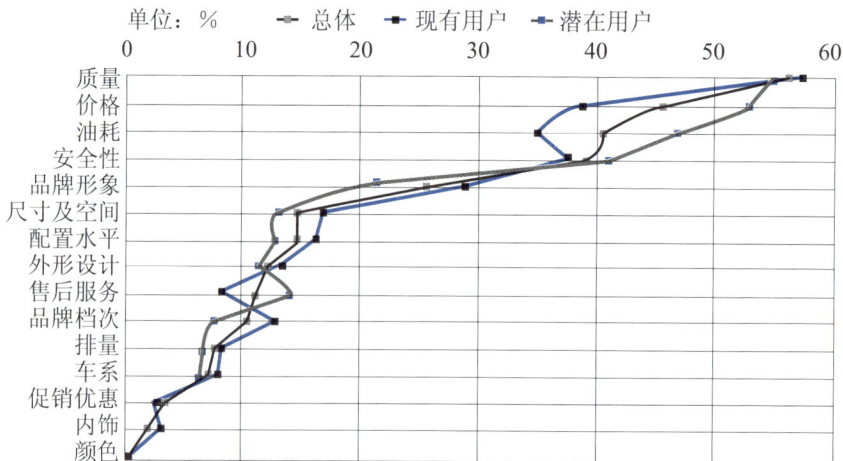

图3-1 消费者购买狭义乘用车的主要原因

（材料摘自新华信调查资料）

（2）兴趣的稳定性

兴趣的稳定性是指中心兴趣在不同人身上持续的时间或巩固程度。在兴趣的稳定性方面，不同的人之间存在很大的差异。有的人兴趣持久稳定，一旦对某种事物或活动产生兴趣，就会保持较长时间不变，逐步深入，甚至达到迷恋程度。而有些人的兴趣极不稳定，兴趣很多但不能持久，这种暂时的兴趣即使强烈，对实践活动的推动作用也不大。

（3）兴趣的广阔性

兴趣的广阔性是指一个人兴趣范围的大小或丰富性程度。兴趣的广阔性具有明显的个别差异。兴趣的广阔与兴趣的分散不同。兴趣的广阔是指一个人不但兴趣丰富，并且往往有中心兴趣，这是兴趣的珍贵品质。兴趣的分散则是指一个人兴趣易变、肤浅，而且没有中心兴趣，什么都有兴趣，但什么都浮光掠影。

（4）兴趣的效能性

兴趣的效能性是指兴趣对人的实践行为所产生的作用与效果大小。兴趣对人的行动的动力作用有积极和消极两种。对社会的进步和个人身心发展起推动作用的，是具有积极效能的兴趣；而对社会的进步和个人身心发展起阻碍作用的，就是具有消极效能的兴趣。总之，高尚的兴趣都具有积极的效能，低级的兴趣则只有消极的效能。

二、兴趣对消费者行为的影响

兴趣对消费者的行为会产生重要影响，它可以促使消费者积极主动地理解与汽车消费相关的客观事物，更加有效地把握自己的汽车消费行为。研究消费者的兴趣，有助于汽车营销企业更好地了解消费者的消费心理，从而掌握消费者的购买心理，采用各种针对性的促销手段，巩固消费者兴趣的稳定性，促进产品与服务的销售。消费者兴趣对购买行为的重要影响，具体反映在以下各个方面：

1. 消费者购买行为中的兴趣表现

消费者在购买行为中的兴趣倾向差异很大，表现各不相同。

（1）商品型兴趣表现

商品型的消费者，主要兴趣针对的是商品的有关属性。他们关注商品的技术特征、相关参数、主要配置，以及这些要素的价值能够为自己带来的基本利益。

（2）服务型兴趣表现

服务型的消费者，主要兴趣针对的是服务的质量及范围。他们对服务的响应性、方便性，经济性，以及服务的品质和方式更有兴趣。

（3）情调型兴趣表现

情调型的消费者，主要兴趣针对的是与商品、服务有关的环境格局及情调。他们强调企业形象、环境布置、服务档次。

（4）节日型兴趣表现

节日型的消费者，主要兴趣会在节日期间集中地表露出来。他们在节日前后的日子里会表现得特别情绪激昂，慷慨解囊。不但热衷于传统节日，而且乐于自造节日。起源于校园的"双十一"，已经演变成一种社会性消费文化，是节日型兴趣表现的最好诠释。

（5）时尚型兴趣表现

时尚型的消费者，兴趣主要集中在紧随社会潮流的趋时消费和特殊性消费。他们追求时尚，紧随流行，充分展现自己的"潮人"个性。近年来，SUV热销的基本原因就是产品适应了当今时尚男女追求个性、自由、运动、张扬的精神特征。

（6）娱乐型兴趣表现

娱乐型的消费者，兴趣直指物质商品以外的精神生活享受。他们在车上加装各种娱乐设施，在车上装饰幽默车贴和靓丽灯饰，其目的大都是为了满足自己娱乐型的兴趣。

2. 兴趣对消费者行为的影响

（1）为消费行为作准备

心理学研究表明，兴趣具有很大的动机成分，如果消费者对某种商品感兴趣，就会在日常的生活中注意对该种商品的有关信息的搜集，为以后的购买行为作好准备。

（2）尽快实施商品购买

兴趣是人们积极探究某种事物的认识倾向。兴趣越高，行动的积极性就越高。消费者面对自己感兴趣的商品，心情愉快、精神集中，加上购买前的信息准备，在兴趣倾向性的支配下，可能会更快地作出购买决定，完成购买任务。

（3）形成消费习惯和偏好

由于消费者对某种商品或服务产生持久性的兴趣，可以形成指向某种商品或服务的习惯和偏好，刺激消费者对某种商品的重复购买或长期使用。

消费者个性理论在汽车营销中的应用

一、气质理论在汽车营销中的应用

不同气质类型消费者在汽车购买过程中的行为表现各有不同，汽车营销人员应当通过自己的仔细观测，区分出大致类型，并提供有针对性的接待服务（如表3-2）。

表3-2　各种气质类型消费者的购买行为表现与接待注意事项

高级神经活动类型			气质类型	购买行为表现	接待注意事项
不平衡（兴奋型）			胆汁质	智慧敏捷但缺乏准确性、热情但急躁易冲动、刚强但易粗暴。这类消费者在购买活动中表现丰富，情绪反应热烈，好提问，提意见，行动毛糙易冲动	要求营销人员在提供服务时要头脑冷静、充满自信、动作快速准确、语言简洁明了，能热情接待，态度和蔼可亲。使顾客感到营业员急他所急，想他所想，全心全意地为他服务
强型	平衡	灵活性高（活泼型）	多血质	高度的灵活性，有朝气，善于适应生活环境，情绪体验不深。这类消费者的购买行为表现是：热情活泼好动，情绪外露且易于转换，兴趣广泛，反应灵活敏捷，喜与人交谈易实现沟通，适应能力强	这类人对营销人员没有特殊要求，但这就要求营业人员在提供服务时要热情周到，尽可能为顾客提供多种信息，为顾客当好参谋，取得顾客的信任与好感，从而促进购买行为的顺利完成
		灵活性低（安静型）	粘液质	注意稳定且不易转移，稳重踏实但有些死板，忍耐沉着但有些生气不足。这类消费者在购买活动中情绪稳定，不易外露，自信心较强，反应从容不迫，不易为个别因素产生购买冲动，甚至不喜欢营业员过分热情	在提供服务时要注意掌握"火候"，如不要过早接触顾客，过于热情会影响顾客观察商品的情绪；也不要过早阐述自己的意见，应尽可能让顾客自己了解商品，并注意提供及时周到的服务
弱型		抑郁型	抑郁质	多疑、动作迟缓、反复挑选	要有耐心、多做介绍、允许反复

二、性格理论在汽车营销中的应用

盖洛普公司对250，000名营销人员的研究表明，成功的营销人员并没有一定的公式，只要不断努力改造，任何人都可能成功。但是有一条是肯定的，那就是营销人员必须把握消费者的性格，对应地开展工作。与此同时，营销人员必须修炼自己的性格，才能在营销活动中适应不同性格的消费者。系统学习性格理论，有利于营销人员了解性格对营销活动的影响，掌握识别自己和他人性格的方法，学习个性的沟通、激励的技巧，挖掘自身的性格优势，从而有效地与消费者沟通，与消费者建立良好的关系。

1. 销售人员的性格修炼

在买方市场的环境下，客户对销售人员的职业素养要求比较苛刻，这是竞争市场对汽车营销人员的严格要求。所以，营销人员应当在汽车营销实践中加强性格的自我修炼。

（1）培养积极的心态

态度是性格的重要特征之一，是各种不同心态的综合，是一个人对待事物的重要驱动力。营销人员的态度直接影响营销结果。营销人员要想获得成功，必须扩张积极的心态，把消费者需求的满足作为自己工作的目标，礼貌待人，诚信待人，用双赢的心态去处理与消费者之间的价值关系，主动进行态度的修炼。

（2）保持积极的情绪

进行情绪修炼，必须充满自信。因为自信是一切行动的源动力，没有自信就没有强有力的行动。汽车营销人员必须充分相信自己的企业，充分相信自己销售的产品，充分相信自己的能力，满腔热情地将优良产品推荐给消费者，满腔热情地用自己的智慧和劳动为消费者创造价值。

（3）尊重消费者

进行情绪修炼，必须尊重消费者，具有同理心。营销人员在实际工作中，会接触到各种各样的消费者，他们的性格特征、需求倾向、文化背景、情绪特点、意志品质各有不同。作为以提供客户服务为基本业务的行业从业人员营销人员，必须具有包容的态度，包容消费者的不同喜好，包容消费者的挑剔眼光和消费习惯，礼貌待人，用同理心去接纳差异、包容差异。

（4）热爱专业

进行情绪修炼，还必须热爱专业，尊重职业。在工作中主动行动，锻炼自己，积蓄力量，增加自己锻炼的机会，增加为消费者创造价值的机会，同时也增加实现自己价值的机会。

（5）学习更多的知识

用空杯的心态去学习，重新整理自己的知识，去吸收现在的、别人的、正确的、优秀的东西，提升自己的竞争力；用主人翁的心态去领悟和感受企业的文化，理解企业的发展思路、管理方法，把自己融入团队之中，不做企业的局外人；用专业心态去把握公司产品与服务的知识，精通卖点，熟悉产品，做到知己知彼。同时，还要对公关知识、消费心理等相关知识进行深入研究，努力使自己成为汽车营销专家。

（6）掌握沟通的技巧

沟通是人与人之间心灵的对话，是凭借符号载体在人们间传递信息并获得理解的过程，包括语言信息、身体动作、表情、观点、思想等信息的传递。有研究表明：工作中70%的错误缘于不善于沟通。沟通作为汽车营销人员最重要的技巧之一，是汽车营销当中必要的过程。

沟通包括语言沟通和非语言沟通。语言沟通包括口头语言沟通（如直面沟通和电话沟通）和书面语言沟通（如广告、书信、短信、网络等）；非语言沟通包括声音语气、肢体动作。最有效的沟通是语言沟通和非语言沟通的结合。

居高临下、反客为主、态度生硬、工作马虎、被动服务、缺乏热情、专业不熟、技术生疏是沟通中存在的障碍与误区。树立权威形象、弱化商业氛围、强调换位思考、重视亲情服务、指导产品使用、强价值弱价格、强化前期沟通、灵活掌握政策，才能实现与消费者有效沟通。

（7）强调实际的行动

行动是最有说服力的。汽车营销人员需要用行动去证明自己的价值，用行动去真正地关怀消费者，用行动去完成岗位赋予自己的责任。因为没有行动，计划就不能执行，目标就不能实现。

2. 消费者性格的把握

消费者性格是指消费者在对待客观事物的态度和社会行为方式中所表现出的较为稳定的心理特征。具有不同性格的人，他们的购买行为差异很大。消费者个体性格的差异性是形成各种独特购买行为的主要原因。在汽车购买活动中，尽管消费者的性格特点有的表露充分，有的并不充分，但营销人员可以通过对其动作、姿态、眼神、表情和言谈举止的观察，或者通过深入沟通进行识别。在汽车营销实践中，营销人员可以从不同的角度对消费者的性格进行分类，尽管表述各有不同，但典型表现大致如下：

（1）外向型消费者的性格特点

外向型消费者在购买过程中，热情活泼，态度主动，易受商品广告和外界信息的感染，言语、动作、表情外露，喜欢与销售人员交换意见，直接向销售人员询问有关商品的质量、品种、使用方法等方面的问题。外向型消费者的购买决定比较果断，但由于决断较快，难免疏漏，有时会向营销人员提出修正自己决定的要求。

（2）内向型消费者的性格特点

内向型消费者在购买活动中，言语不多，反应缓慢，内心活动丰富，但往往不露声色。他们不善于与销售人员主动交谈，不易受到商品广告的影响，常凭自己的经验实施购买。内向型消费者与人沟通不足，比较依赖自己已有的经验，因此决策过程往往较长。

（3）理智型消费者的性格特点

理智型消费者以理智为尺度权衡各种利弊因素，在汽车购买过程中，思考周密，挑选仔细，在没有达成确切的认识之前，不轻易决定购买，因此购买时间相对较长，但一旦作出决定就较少变化。

（4）情绪型消费者的性格特点

情绪型消费者在汽车购买活动中，情绪性特征比较明显，容易受到外界各种相关信息和现场环境等各种因素的影响，对4S店的形象、业务流程、工作态度比较重视，购买活动常常会受到即时情绪的支配，稍不满意就会在短时间内改变购买决定。

（5）意志型消费者的性格特点

意志型消费者在汽车购买活动中，目标明确，行为主动，严格按照自己的意图购买商品，购买决定很少受外界信息和购物环境影响，购买行为果断迅速，意志坚定，不会轻易改变自己的购买决定。

（6）独立型消费者的性格特点

独立型消费者在汽车购买活动中，有自己的独立见解，购买经验丰富，能自主挑选商品，不易受外界信息和商品广告的影响，在销售人员面前表现自信，一旦认准商品，便实施购买。

（7）顺从型消费者的性格特点

顺从型消费者在汽车购买活动中，比较依赖专业人员的意见，能够主动听取销售人员对商品的分析，容易接受他人的购买建议，从众心理比较明显，缺少主见。

3. 服务策略的选择

有经验的汽车营销人员，能够通过观察和语言沟通来确定其性格特点，并采取适当的方式为消费者提供产品与服务，使客户满意，使买卖顺利进行。

（1）对不同性格倾向消费者的服务策略

内向和外向是两种不同的性格倾向。对内向型性格倾向的消费者，销售人员要保持热情，在主动介绍商品与服务后，谨慎地询问消费者的意见。对外向型性格倾向的消费者，销售人员要给予更多的关注，不要打断他们的叙述，在适当的时候提供参考意见，使他们既感到热情，又没有很大的压力，让他们在轻松的环境中选购商品。

（2）对不同购买速度消费者的服务策略

不同性格的消费者，选购商品与服务的速度不同，有的干脆爽快，甚至略显仓促；有的则慢条斯理，犹豫有余。对待快速购买甚至明显仓促的消费者，销售人员应慎重对待，主动把握商品服务的质量，在关键内容上及时提醒消费者，以免消费者出现反复。对于慢条斯理、犹豫有余的消费者，应当保持足够的耐心，主动提供信息，让消费者有足够的时间进行比较和思考。

（3）对待不同言谈特点消费者的服务策略

在汽车购买活动中，不同消费者的言谈特点存在明显差异，有的喜欢发表意见，善于言谈；有的则不善说话，甚至沉默寡言。对善于言谈的消费者，销售人员要善于创造轻松融洽的沟通气氛，在回答问题时要从专业的角度把握尺度、冷静应答。对待不善言谈的消费者，销售人员则要仔细观察，从消费者比较注意的问题出发，用启发式的提问与消费者双向沟通，摸清消费者的心理，客观介绍商品与服务。

（4）对不同独立性消费者的服务策略

消费者的思维独立性各有不同，有的依顺，有的独立。对依顺型的消费者，销售人员一定要客观介绍商品与服务，适度承诺，以诚取信，切勿弄虚作假，要让消费者有充分的依据进行判断，选择合适的商品与服务。对于独立性较强的消费者，销售人员要在顾客需要时提供相关证据，帮助他们打消疑虑，但切忌不要过份热情，尤其是过度承诺。

（5）对不同积极性消费者的服务策略

由于购买目标明确与否的原因，消费者在汽车购买各个阶段的积极性会有所不同。在购买目标和意图不明确的阶段，消费者的积极性一般不会很高。对这类消费者，销售人员应当热情接待，善于通过各类推广手段，激发他们的购买欲望，推动购买行为的实现。然而，当消费者一旦明确购买目标，完成购买准备时，消费者的积极性会明显上升。面对这类消费者，销售人员要积极配合，与消费者保持情绪同步，以推动购买行为尽早实现。

（6）对待不同情绪特点消费者的服务策略

由于个性不同，消费者的情绪特点也有所不同。情绪型的消费者，变化较多，销售人员要静心观察，把握消费者的情绪变化，适时推荐商品与服务。在沟通过程中，销售人员要注意措辞，保持沟通内容的一致性。理智型的消费者，思维清晰，计划性强，一般的推荐和推广活动对这类消费者影响不大，销售人员应当投其所好，促成交易。

三、能力理论在汽车营销中的应用

1. 消费者消费能力的差异

消费者能力是指消费者在选择和购买商品过程中所表现出来的识别能力、评价能力、鉴赏能力、挑选能力、计算能力、决策能力和自我保护能力的综合。随着社会进步、经济发展，消费者文化素养的不断提升，以及消费者更多的消费活动实践，已经使我国消费者的能力得到很大的发展。然而，由于经济发展水平的不平衡，消费者的个性差异，以及购买实践的数量与质量差异等诸多因素，消费者的能力差异在客观上依然存在。

2. 能力理论在汽车营销中的应用

（1）不要低估消费者的能力

在现代市场经济条件下，我国相当多的汽车消费者已经具备了多方面的能力和技能，以适应汽车商品与服务选择活动的复杂化和多样化。因此，在汽车营销过程中，汽车营销人员切忌低估消费者的能力。唯有提高自己的营销水平，才能适应日益提升的消费者能力。

（2）区分对象、提供满意服务

商品知识丰富、识别能力强且善于运用多种能力的消费者，购买果断，成交迅速，成交效率较高，购买后与销售企业间的矛盾也比较少，不需要销售人员对商品和服务作过多介绍，但必须严格执行合同，提供超值服务。

商品知识较少、购买经验不足、识别能力较低的消费者，在购买汽车的过程中往往犹豫不决，需要销售人员提供更多的咨询服务。销售人员要在详尽的需求分析基础上，为消费者提供完整的、满意的购买方案。

（3）关注品牌消费者的能力

我国汽车消费者的能力提升，体现最明显的是在对汽车品牌的感觉、知觉、识别、记忆、思维，以及对品牌信息的分析、比较、解读和品牌消费中的决策能力等方面，这些都是品牌消费者消费活动的必备条件。品牌消费者基本能力的高低强弱，直接影响消费者品牌行为的差异。

例如：品牌感知能力强的消费者，能够快速、准确地识别各类汽车品牌；品牌感知力弱的消费者则要通过销售人员较为详细的介绍，以及各种体验活动，才能有所了解。因此，体验营销对品牌感知力弱的消费者显得尤其必要。

又如：品牌分析能力强的消费者，在汽车行业的激烈竞争中，能够不为过度包装和过度营销所惑，迅速作出判断，选择自己钟爱的品牌。而品牌分析能力弱的消费者，在价格战、广告战等信息争斗中往往无所适从，盲目选择。

再如：品牌决策能力强的消费者在购买活动中大胆果断，决策迅速；而品牌决策能力弱的消费者则常常易受他人态度或意见的左右，反复不定。品牌决策能力的强弱与消费者对品牌的认识、关注、理解、体验、购买习惯等众多因素有关。

品牌消费者能力的提升，为汽车产品与服务品牌集中度的提高提供了巨大的、不可阻挡的推动力，也为汽车营销企业提出了十分严肃的发展课题，企业必须予以高度关注。汽车营销企业必须走出"以量为纲"的思维模式，在汽车可靠性、产品质量、服务方式、销售满意度、服务满意度等诸多方面作出切实努力，最终打造消费者满意的汽车品牌和服务品牌。这才是汽车市场竞争最有力的武器。

四、兴趣理论在汽车营销中的应用

1. 消费者兴趣对汽车购买活动的影响

消费者兴趣是消费者对于客观事物特殊的认识倾向，表现为对某种消费对象的喜爱、追求与创造活动。消费者兴趣对汽车购买活动的影响是多方面的。

（1）作好购买准备

消费者兴趣有助于消费者为未来的购买活动作准备，例如对汽车有兴趣的人，可能会为购买汽车作长期的准备工作，包括考虑买什么品牌，什么时候购买，到哪里购买，资金如何准备，用什么方式购买，购买后怎样使用等。

（2）促进购买活动

消费者兴趣能使消费者易于明确购买对象，提升购买欲望，作出购买决定，促进购买行动。例如，喜欢SUV的年轻消费者无疑缩小了在购买汽车时的选择范围，而且情绪日趋强烈。

（3）刺激重复购买

汽车是一种少次重购型的产品，因为使用周期长，一般人一辈子都不可能大量购买汽车。但消费者兴趣可以刺激消费者对某种汽车的重复购买或长期使用，只要用车体验和服务评价不发生向下的变化，消费者对某种汽车的购买倾向就可以延续许久。

（4）推动汽车更新

汽车消费者的兴趣不是一成不变的，这种"喜新厌旧"的兴趣转移是推动产业发展和汽车更新的重要力量。

汽车消费者消费兴趣的转移受到经济、政策、科技、时尚、流行、个性等多种因素的影响。汽车产品、汽车样式的新颖性，以及消费者主动寻求汽车产品的新风格，都可能导致消费者汽车购买兴趣的转移。

消费者汽车购买兴趣的转移还与汽车市场的发展阶段密切相关。例如，在汽车刚刚进入家庭时，人们的购车兴趣往往集中在A级车、微型车和二手车上。而到了汽车普及期，消费者的消费兴趣会出现升级的趋势，普及型汽车、中级轿车就会比较好卖。如我国不同地区的汽车销售结构就有着明显的不同（如图3-2）。

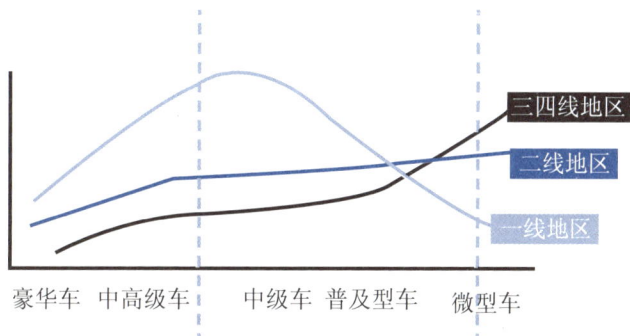

图 3-2 我国不同地区汽车销售结构示意图

2. 兴趣理论在汽车营销中的应用

（1）研究消费者兴趣的价值评价

美国哲学家佩里提出的价值兴趣理论认为：任何事物只要包含有兴趣便获得了价值，兴趣是欲望、感情、意志等情感生活的特征，道德价值就在于各种兴趣的调和或结合。消费者在汽车消费活动中，对消费环节中的某种事物发生了兴趣，就会有喜欢、高兴、满意等情感相伴。在汽车营销活动中，善于察觉消费者对产品与服务的认识倾向和汽车经营活动中的兴趣评价，是研究汽车消费者心理、提高汽车营销水平的重要环节。由于兴趣存在着积极和消极两种倾向，研究消费者的兴趣，还有利于在汽车营销工作中引导与鼓励消费者的积极兴趣，克服消极兴趣，从而创造良好的社会消费风气。

（2）研究消费者感兴趣的话题

教育家杜威认为，兴趣标志着自我与对象的有机统一，兴趣可以划分为身体本能活动的兴趣、制造的兴趣、纯粹理智的兴趣和社会的兴趣。从消费者感兴趣的话题着手，可以提高消费者的积极兴趣。与消费者打开兴趣话题，必须符合销售人员的身份，适合销售人员的气质，使消费者感觉到销售人员的品位和特质。

（3）适应汽车消费的时代特征

汽车消费大致经历了理性、感性和感动三个阶段。在理性消费阶段，消费者以好坏作为自己的兴趣标尺；在感性消费阶段，消费者以喜欢不喜欢作为自己的兴趣标尺；而在感动消费阶段，消费者则以满意不满意作为自己的兴趣标尺；在汽车营销活动中，应用兴趣理论，必须与时俱进，适应汽车消费的时代特征，不仅要以好产品好服务去提高消费者的兴趣，更重要的是，必须使自己的产品、服务和销售行为获得消费者的喜欢与满意。只有这样，才能引起消费者的兴趣，适应消费者的需要，获得更高的客户价值（如图3-3）。

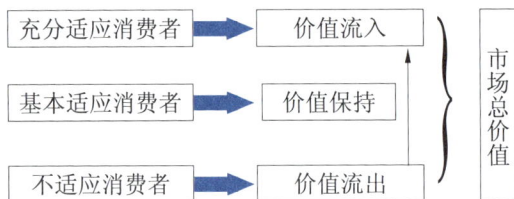

图 3-3 客户价值转移规律

课后实训

1. 实训课题
测测自己的气质类型

2. 实训目的
让学生了解自己的气质特点，扬长避短，自觉优化自己的性格；结合自己的性格特征，理解与自己性格相似消费者的性格特征，提高和这类消费者相互沟通的能力。

3. 实训过程
（1）打印"气质测试问卷"。

（2）组织学生进行气质测试。

（3）组织学生交流，描述自己的性格特点，并说明自己喜欢的销售人员的接待方法。

（4）教师总结评价实训成果。

测测自己的气质类型

第一步　请先阅读下列文字
气质是指人典型的、稳定的心理特点，包括心理活动的速度（如语言、感知及思维的速度等）、强度（如情绪体验的强弱、意志的强弱等）、稳定性（如注意力集中时间的长短等）和指向性（如内向性、外向性）。这些特征的不同组合，便构成了个人的气质类型，它使人的全部心理活动都染上了个性化的色彩，属于人的性格特征之一。气质类型通常分为多血质、胆汁质、粘液质、抑郁质四种。

第二步 测试开始，回答下列问题

下面是有关气质的60道问答题，没有对错之分，回答时不要猜测什么是正确答案，请根据你的实际情况与真实想法作答。每题设有五个选项：

A 很符合　　　　B 比较符合　　　　C 介于中间　　　　D 不太符合　　　　E 很不符合。

（1）做事力求稳妥，一般不做无把握的事。（　）

（2）遇到可气的事就怒不可遏，只有把心里话全说出来才痛快。（　）

（3）宁可一人做事，也不愿同很多人在一起。（　）

（4）很快就能适应一个新环境。（　）

（5）厌恶那些强烈的刺激，如尖叫、噪音、危险镜头等。（　）

（6）和人争吵时，总是先发制人，喜欢挑衅。（　）

（7）喜欢安静的环境。（　）

（8）善于和人交往。（　）

（9）羡慕那种善于克制自己感情的人。（　）

（10）生活有规律，很少违反作息制度。（　）

（11）在多数情况下，情绪是乐观的。（　）

（12）碰到陌生人会觉得很拘束。（　）

（13）即使遇到令人气愤的事，也能很好地自我控制。（　）

（14）做事总是有旺盛的精力。（　）

（15）遇到问题时常常举棋不定，优柔寡断。（　）

（16）在人群中从不觉得过分拘束。（　）

（17）情绪高昂时觉得干什么都有趣；情绪低落时觉得干什么都没意思。（　）

（18）当注意力集中于某一事物时，别的事物很难让自己分心。（　）

（19）理解问题总比别人快。（　）

（20）碰到危险情况时，常有一种极度恐惧感。（　）

（21）对学习、工作、事业抱有极大的热情。（　）

（22）能够长时间从事枯燥、单调的工作。（　）

（23）符合兴趣的事，干起来劲头十足，否则就不想干。（　）

（24）一点小事就会引起情绪波动。（　）

（25）讨厌做那种需要耐心、细心的工作。（　）

（26）与人交往不卑不亢。（　）

（27）喜欢参加热烈的活动。（　）

（28）爱看感情细腻、描写人物内心活动的文学作品。（　）

（29）工作学习时间长时，常感到厌倦。（　）

（30）不喜欢长时间讨论一个问题，愿意实际动手干。（　）

（31）宁愿侃侃而谈，不愿窃窃私语。（　）

（32）别人说我总是闷闷不乐。（　）

（33）理解问题常比别人慢一些。（　）

（34）疲倦时只要经过短暂的休息就能抖擞精神，重新投入工作。（　）

（35）心里有话时，宁愿自己想，不愿说出来。（　）

（36）认准一个目标就希望尽快实现，不达目的，誓不罢休。（　）

（37）同样和别人学习、工作一段时间后，常比别人更疲倦。（　）

（38）做事有些莽撞，常常不考虑后果。（　）

（39）老师和师傅讲授新知识、新技术时，总希望他讲慢些，多重复几遍。（　）

（40）能够很快忘记不愉快的事情。（　）

（41）做作业或完成一件工作总比别人花的时间多。（　）

（42）喜欢运动量大的剧烈活动，或参加各种娱乐活动。（　）

（43）不能很快地把注意力从一件事上转移到另一件事上去。（　）

（44）接受一个任务后，就希望迅速完成。（　）

（45）认为墨守成规比冒风险好一些。（　）

（46）能够同时注意几件事。（　）

（47）当我烦闷的时候，别人很难让我高兴。（　）

（48）爱看情节起伏跌宕、激动人心的小说。（　）

（49）对工作认真严谨，具有始终如一的态度。（　）

（50）和周围人的关系总是处不好。（　）

（51）喜欢复习学过的知识，重复检查已经完成的工作。（　）

（52）希望做变化大、花样多的工作。（　）

（53）小时候会背许多首诗歌，我似乎比别人记得清楚。（　）

（54）别人说我"出语伤人"，可我并不觉得这样。（　）

（55）在体育活动中，常因反应慢而落后。（　）

（56）反应敏捷，头脑机智灵活。（　）

（57）喜欢有条理而不麻烦的工作。（　）

（58）兴奋常常使我失眠。（　）

（59）老师讲新的概念，常常听不懂，但是弄懂以后就很难忘记。（　）

（60）如果工作枯燥无味，情绪马上就会低落。（　）

第三步　为各题打分
先为各题打分。选A打2分，选B打1分，选C打0分，选D得打-1分，选E打-2分。

第四步　题号区分统计，计算每种气质类型的总分数
（1）将下列胆汁质题号各题的打分相加，获取该项总得分：2、6、9、14、17、21、27、31、36、38、42、48、50、54、58（总得分：　　　分）
（2）将下列多血质题号各题的打分相加，获取该项总分：4、8、11、16、19、23、25、29、34、40、44、46、52、56、60（总分得分：　　　分）
（3）将下列粘液质题号各题的打分相加，获取该项总得分：1、7、10、13、18、22、26、30、33、39、43、45、49、55、57（总分得分：　　　分）
（4）将下列抑郁质题号各题的打分相加，获取该项总得分：3、5、12、15、20、24、28、32、35、37、41、47、51、53、59（总分得分：　　　分）

第五步　测试结果分析，确定气质类型
（1）如果某气质类型总得分明显高出其他三种，且高出4分以上，则可定为该类气质。
（2）如果某类气质类型总得分超过20分，则为典型的该气质类型。
（3）如果某类气质类型总得分在10分～20分，则为一般的该气质类型。
（4）如果两种气质类型得分接近，其差异低于3分，而且又明显高于其他两种，高出4分以上，则可以定为是这两种气质的混合型。
（5）如果三种气质类型总得分均高于第四种，而且相互接近，则为三种气质的混合型。

思考题

1. 什么是气质？顾客的气质有哪些类型？

2. 什么是性格？性格有哪些特征？

3. 顾客购买行为中的性格如何表现？

4. 什么是能力？汽车购买需要怎样的特殊能力？

5. 在购买过程中，顾客需要具备什么能力？

第四章 汽车消费者的购买心理

学习目标

1. 知识目标：
   （1）熟悉汽车消费者的需要与其基本特征。
   （2）熟悉消费者需要的基本内容。
   （3）了解现代汽车消费者需要的发展趋势。
   （4）熟悉消费者动机与其作用。
   （5）掌握汽车消费者的具体购买动机的类型。
   （6）懂得消费者逆反心理的产生与预防。

2. 能力目标：
   （1）能够运用汽车消费者需要、欲望、需求的理论，对消费者进行需求分析。
   （2）能够使用不同的工作策略，适应消费者不同的购买动机，为消费者提供解决方案。

3. 情感目标：
   （1）将心比心，理解消费者的需求结构和购车动机。
   （2）从消费者需求出发，规划营销过程，改善销售态度，使消费者满意的环境。

导入

汽车消费者的购买动机

购买动机	微型轿车	小型轿车	紧凑型轿车	中型轿车	中大型轿车	轿车	SUV	MPV
上下班方便	88.7%	82.4%	81.7%	75.7%	71.4%	80.8%	70.9%	64.5%
休闲旅游	41.1%	38.4%	41.0%	38.9%	38.7%	39.8%	48.6%	46.2%
接送家人	42.5%	35.6%	41.5%	37.7%	29.3%	38.5%	32.9%	34.1%
喜欢汽车	30.8%	33.0%	30.5%	31.6%	32.3%	31.5%	30.6%	27.5%
有多余的钱	22.9%	30.5%	25.9%	32.6%	31.6%	28.3%	29.3%	25.7%
打交道获得信任	13.9%	17.3%	19.9%	28.0%	37.6%	21.4%	26.2%	32.4%
享受驾驶乐趣	19.9%	22.5%	21.3%	22.9%	29.0%	22.3%	28.1%	21.1%
见面交流方便	22.3%	17.1%	18.5%	18.6%	18.9%	18.7%	16.7%	17.1%

购买动机	微型轿车	小型轿车	紧凑型轿车	中型轿车	中大型轿车	轿车	SUV	MPV
周围人都有车	18.8%	19.3%	20。4%	15.4%	13.9%	18.3%	10.6%	11.0%
访问顾客运送货物	12.8%	13.9%	13.1%	16.3%	15.4%	14.1%	19.0%	28.0%
业务扩大或扩大业务	11.6%	13.2%	11.8%	15.1%	20.3%	13.5%	16.2%	27.5%
需要适合品味的车	5.4%	11.8%	13.5%	15.7%	29.3%	13.6%	22.8%	17.6%
结婚生子人口增加	12.8%	13.6%	12.9%	13.4%	8.7%	12.8%	11.6%	14.2%

（资料摘自新华信2012年的调查）

阅读以上内容，思考以下问题：

1. 理解我国汽车市场的多元化特点和汽车消费者购买动机的丰富内涵。
2. 理解影响购买汽车的各种因素对消费者购买行为的影响。

第一节 汽车消费的需求结构

一、汽车消费者的需要

1. 汽车消费者需要的含义

汽车消费者需要是指消费者在一定条件下感到某种欠缺而力求获得满足的一种不平衡状态，是消费者对延续和发展生命所必须的客观条件的需求在头脑中的反映，是消费者对自身和外部生活条件的需要在头脑中的反映。需要是人类共有的东西。心理学家马斯洛认为，人都有生理、安全、尊重、爱和自我实现的需要。马斯洛晚年的时候，发现人的需要还应包括求知、求美的需要（如图4-1）。

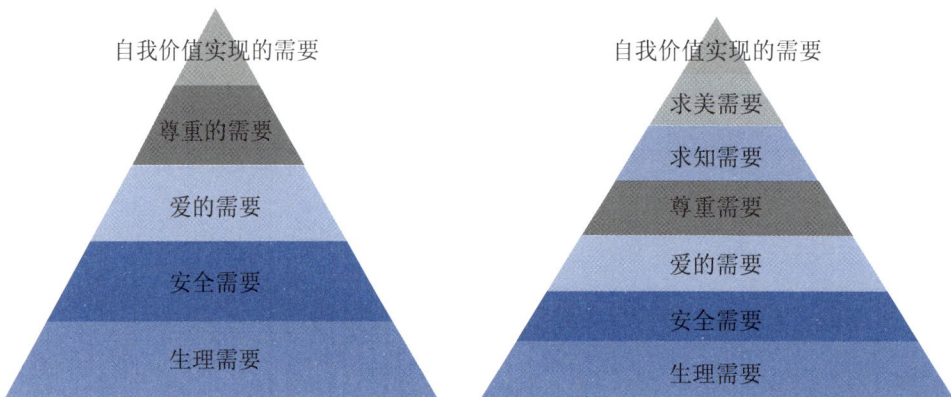

图 4-1 马斯洛需要层次理论

2. 汽车消费者需要的分类

汽车消费者的需要可以从各种不同的角度进行分类（如图4-2）。

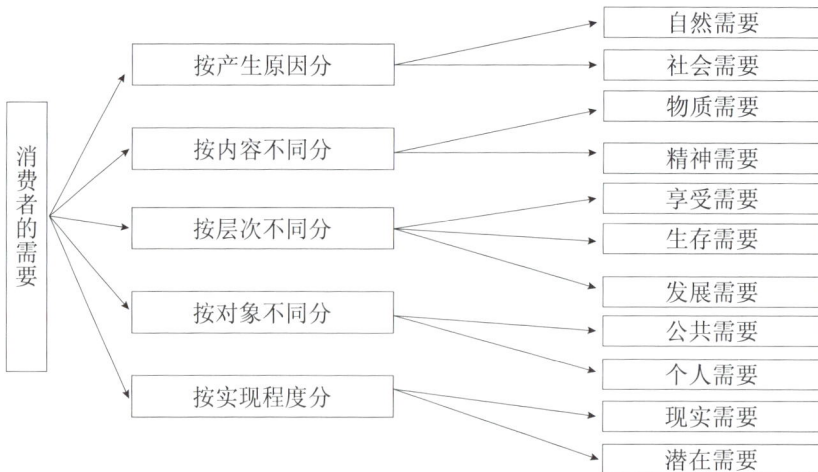

图 4-2 消费者需要的分类

3. 汽车消费者需要的基本形态

汽车消费者需要的基本形态主要有：

现实需要——消费者有实际需要，消费能力允许、商品也充足，消费者的需要即可成为现实需要。

潜在需要——由于某种主客观条件的缺乏，或者消费条件不具备等原因，消费者暂时无法实现消费，但需要客观存在，这种需要就是消费者的潜在需要。

退却需要——由于时尚变化、兴趣转移、产品替代、价格变动、预期改变等多种原因，消费者可能改变原有的需要，产生新的需要。这对原有的需要来讲是一种退却，称作退却需要。例如，现在在一线城市，由于消费升级，微型车销售出现了连续下降的趋势。

不规则需要——不规则需要也称不均匀或波动性需要。例如，汽车消费政策的刺激可能使原来没有消费预期的消费者实现提前消费。2009年、2010年我国汽车消费出现的高速增长，就是不规则需要大量出现的结果。

充分需要——充分需要也称饱和需要，只有在供求相当的情况下才能发生。产品供应不足或过剩，都不可能出现充分需要。

过度需要——过度需要也称超饱和需要。商品紧张、供不应求会导致过度需要。例如，上汽大众的途观汽车连续几年要"排队"购买，就是超饱和需要在发生作用。

否定需要——否定需要是由于不适合的产品或错误信息导致的。人们经过实践体验，当某种汽车产品或服务明显不适合消费者需要的时候，就会被市场否定。在这种状态下，采用一般的促销手段已经无济于事，必须作出战略上的调整。

无益需要——无益需要是对消费者有害无益的需要。例如，个别消费者贪图便宜，选择通过不正当途径购买拼装车、走私车、盗抢车，就是无益需要。

无需要——无需要也称零需要。这是由于消费者对某种产品缺乏兴趣、拒绝购买导致的。如在我国汽车市场曾经出现过某个品牌的两门轿车，由于消费者缺乏兴趣，结果只能退出市场。

4. 汽车消费者需要的基本内容

汽车消费者需要的基本内容包括：

对商品基本功能的需要——对商品基本功能的需要即指商品的有用性，即商品能满足人们需要的物质属性。

对商品安全性能的需要——对商品安全性能的需要即商品的安全指标要达到规定标准，未隐含任何不安全因素，以避免危及生命安全的意外事故。

对商品便利性的需要——对商品便利性的需要包括时间便利、距离便利、操作便利、携带便利、维修便利等；对商品审美功能的需要包括商品的工艺设计、造型、色彩、装潢、整体风格等。

对商品知识性的需要——现代汽车消费者的知识文化水平大大提高，他们有能力通过对产品知识的了解，分析判断产品的优劣。在强调产品体验外，他们更重视与产品特征以及自身利益紧密相关的各种知识。

对产品审美性的需要——随着消费者平均年龄的日益降低，年轻人已经成为汽车消费的主力。他们追赶时尚与流行，青睐色彩与造型，对汽车的美感情有独钟。

对商品情感功能的需要——对商品情感功能的需要是指消费者要求商品能够体现个人的情绪状态，通过购买和使用商品能够获得情感的补偿、追求和寄托。

对商品社会象征性的需要——对商品社会象征性的需要是指消费者要求商品体现和象征一定的社会意义，使购买和使用该商品的消费者能够显示出自身的某些社会特性，如身份、地位、财富、尊严等，从而获得心理上的满足。

对商品服务性的需要——汽车商品的使用周期很长。在汽车使用过程中，需要汽车厂商提供一系列热情的、负责的、及时的、全面的、有质量保证的相关服务。

5. 汽车消费者需要的发展趋势

第一、消费内容丰富多彩。科学技术的日新月异和社会生产力的迅猛发展，加速了汽车产品的更新换代，推动着消费者消费内容和方式的不断更新。

第二、网络销售不断扩大。市场化、国际化进程的加速，使消费者选择商品的范围不断扩张；电子信息技术的迅速发展和广泛应用，使消费行为网络化成为可能。

第三、消费升级成为潮流。由于经济发展与消费者生活水平的不断提高，消费升级与消费者需要结构日益高级化已经成为不可逆转的社会潮流。低端汽车的销售日益下降，汽车平均销售价格逐年上升，私人汽车拥有量迅速增长。汽车产品的科技含量、美的意识和艺术性、消费全过程的心理体验和精神享受，在消费者需要结构中的地位日益提升。

第四、时尚流行迅速传播。现代交通和通讯技术的日益发达，缩小了地域的空间距离，各种新的时尚和流行以前所未有的速度广泛扩散和传播。

第五、新型生活方式展现。汽车消费与劳动生活方式、家庭生活方式、闲暇生活方式、环境保护的一体化已经成为趋势。

二、汽车消费者的欲望

1. 汽车消费者欲望的含义

汽车消费者的欲望是指消费者对得到某种东西或达到某种目的的要求，是一种缺乏的感觉与求得满足的愿望的统一体。人的需要从结构上讲基本一致，但人的欲望各有不同。这是因为人们所处的文化背景以及个性各有不同。欲望的特点是具有无限性，一种欲望满足之后又会产生新的欲望，人类正是为了满足自己不断产生、永无止境的欲望而不断奋斗，推动着社会的前进和经济的发展。

2. 汽车消费者欲望的层次

汽车消费者的欲望按照消费者的需要同样分为五个层次。

第一层次是满足生理需要的欲望。包括消费者要实现满足衣食住行等基本生存条件需要的欲望。这是人类最基本的欲望。

第二层次是满足安全需要的欲望。主要是指消费者为实现满足对现在与未来生活安全感的需要的欲望。这种欲望实际上是满足生理需要欲望的延伸。

第三层次是满足归属感和爱的需要的欲望。这是人的一种社会需要，主要指消费者希望自己在团体里求得一席之地，以及与别人建立友情关系等。

第四层次是满足尊重需要的欲望。尊重可分为自尊与来自别人的尊重。自尊包括对获得信心、能力、本领、成就、独立和自由等的愿望。来自他人的尊重包括威望、承认、接受、关心、地位、名誉和赏识等。

第五层次是满足自我实现需要的欲望。这就是成长、发展、利用自己潜在能力的需要。包括对真、善、美的追求，以及实现理想与抱负的欲望。这是人类最高层次的欲望。

三、汽车消费者的需求

1. 汽车消费者需求的含义

汽车消费者需求是以购买力和决策权力作为支撑的需要和欲望。消费者只有在具有对某类商品的需要、欲望和需求的状态下，才可能实现购买。

2. 汽车消费者需求的特点

汽车消费者需求的特点主要表现在多样性、发展性、伸缩性、周期性以及可诱导性等诸多方面。

汽车消费者需求的多样性——消费者需求的多样性不但体现在不同消费者的需求千差万别，同一消费者的需求多种多样，而且体现在不同消费者的需要结构也各有不同，各层次需求的强度存在显著差别。例如，低端车消费者把生理和安全需要的满足看得更重；而高端车消费者则更看重自我价值的实现以及获得别人尊重需要的满足（如图4-3）。

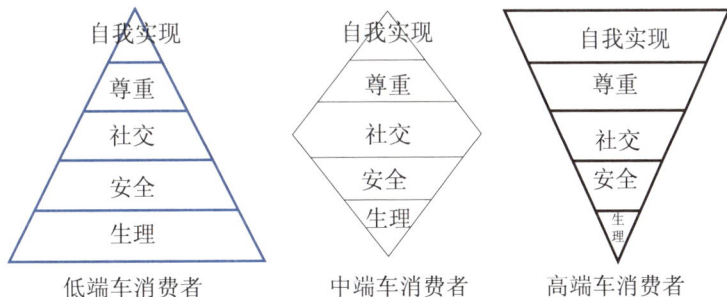

图 4-3 不同消费者的需求强度

汽车消费者需求的发展性——在总体水平上，汽车消费者的消费水平是随着社会经济的发展以及人们生活水平的提高不断发展变化的。当汽车消费者某些需求被满足以后，会产生新的、更高级的需求。

汽车消费者需求的伸缩性——由于受到消费者的个性特征、购买能力、生活方式等内在因素和市场产品的供应、价格、宣传、促销等外在因素的影响，消费者的需求具有伸缩性。随着条件的变化，消费者的需求可以扩大、增加和延伸，也可以减少、抑制和收缩。

汽车消费者需求的周期性——消费者的某种消费需求得到满足以后，经过一定时间可能重新出现这种需求，这就是消费者需求的周期性。消费者需求的周期性是由影响需求周期性的因素、消费者的生理规律、消费者所处自然环境的变化、社会时代的变化以及其他周期性因素导致的。

汽车消费者需求的可诱导性——消费者的需求不是一成不变的，通过营销企业和相关人员的影响，可以被诱导、引导和调节，这为汽车营销企业有效地进行营销提供了心理学基础。

四、汽车消费者的需求分析

1. 迪伯达(DIPADA)模式

海因兹·姆·戈德曼根据自身推销经验总结出了一种创造性的推销方法，称之为"迪伯达"（DIPADA）模式。迪伯达模式认为成功推销应当执行六个步骤：第一步，准确地发现顾客的需要与愿望；第二步，把推销品与顾客的需要结合起来；第三步，证实所推销的产品符合顾客的需要；第四步，促使顾客接受所推销的产品；第五步，激起顾客的购买欲望；第六步，促成顾客的购买行动。"迪伯达"模式的任何一步都离不开对消费者的需求分析。

2. 需求分析的目的

需求分析的目的是了解和分析消费者的需求，在需求层面上与消费者达成意见一致。

在与消费者打交道的过程中，消费者最关心的便是自己的利益，只有通过提问、倾听，了解消费者的需求，发掘消费者的购买动机，销售人员才能知道在介绍产品的时候如何强调顾客的利益，以便将产品有效地介绍给顾客。

销售人员进行需求分析的目的：首先，在于了解消费者的需求；协助消费者表达他的需求；总结消费者的需求，以便进行产品介绍。其次，在于让消费者享受表达的快感；让消费者感觉自己的需求被尊重；让消费者乐意体验汽车经销商提供的专业购车咨询服务。

3. 需求分析的内容

完整的需求分析，应当包括：了解消费者的需要，即消费者买车的理由；了解消费者的个性特征及文化背景；了解消费者的能力，包括对产品与服务的评价能力、支付能力和决策能力。

4. 需求分析的流程

进行需求分析必须遵循相关流程，需求分析应当通过提问、倾听消费者需求、总结消费者需求三个步骤来实现。

第一是提问。提问包括：一般性问题——询问顾客的买车背景、用车历史，以预测其未来的买车动向；辨识性问题——根据顾客初步的说法，提出若干辨识性问题，引导顾客进一步说明需求；连接性问题——对顾客的需求有一定了解之后，提出一些连接性问题，引导顾客把需求转移到买车的主题上去。

提问有开放式提问和封闭式提问两种主要的方式。开放式提问的主要目的是收集信息，销售人员可以通过开放式提问，让消费者展开话题，充分表露自己的期望和需求。适当的开放式问题能让消费者打开话匣子，为销售人员提供更多的信息。封闭式提问的主要目的是确认信息，在收集到足够的信息后，销售人员就可以用封闭式问题确定自己的判断和理解，将消费者的需求不断地确定下来，最后确认哪些产品或服务能够符合消费者的需求。

第二是倾听。倾听不同于简单的听取，不同的倾听方式将造成不同的效果。在倾听过程中应注意重点包括：保持愉快的交谈环境，不要随意打断消费者的表述，并作出积极的回应。提问和倾听的目的在于进行准确的需求分析。与消费者完成谈话后，销售人员应该运用检查需求分析清单的方法检查倾听效果。检查自己是否已经问了足够多的问题，是否问了恰当的问题，是否做到了积极地倾听，是否对接受的信息作出了反映，是否清楚了消费者所要表达的意思，是否已经完全地了解了客户的需求。

第三是总结消费者需求。用提问的方式，协助消费者整理需求并适当总结；征求消费者同意，在"咨询笔记本"内记录消费者需求；最后协助消费者选择一款适合的车型。

第二节 汽车消费者的购买动机

一、汽车消费者的动机

1. 汽车消费者动机的含义

消费者动机是一种基于需要而由各种刺激引起的心理冲动，动机是引发和维持消费者行为并导向一定目标的心理动力。消费者购买动机是在消费者需要的基础上产生并引发消费者购买行为的直接原因和动力（如图4-4）。

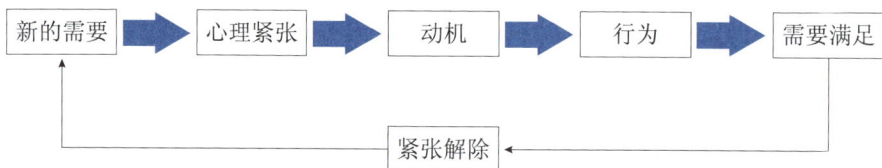

新的需要 ➡ 心理紧张 ➡ 动机 ➡ 行为 ➡ 需要满足

紧张解除

图 4-4 动机产生的过程

2. 动机与行为的关系

动机把消费者的需要转化为行为。消费者总是按照自己的动机选择具体的商品和类型。动机在激励人的行为活动中具有发动和终止行为的功能、指引和选择行为方向的功能以及维持和强化行为的功能。消费者动机与行为的逻辑关系一般如图4-5所示。

激发　　　　驱动　　　　达到　　　　满足需要

需要 ➡ 动机 ➡ 行为 ➡ 目标 ➡ 行为结束

图 4-5 消费者动机与行为的逻辑关系

3. 汽车消费者动机的特征

汽车消费者动机具有如下特征：

（1）主导性

消费者购买汽车产品可能有许多购买理由，也可能受到多种刺激信号的影响，但是在一般情况下，消费者行为总是由消费者本身的主导性动机决定的。

（2）可转移性

市场占有率转移理论认为：市场上出售的同类产品，由于质量不同、花色不同、价格不同或者包装不同而有不同的品牌和规格，消费者可能由于新的消费刺激导致动机的转移，最终导致同类商品中不同品牌、不同规格商品市场占有率的相互转移。

（3）内隐性

消费者动机的内隐性是指消费者出于某种原因而不愿让别人知道自己真正购买动机的心理特点。例如，某些购买汽车的消费者公开显露的动机是解决上下班路途遥远的问题，但内心更多考虑的也许是显露自己的身份、地位和财富。因此，动机犹如一座冰山，真正显形的只是一小部分，而更大的部分却不轻易显露（如图4-6）。

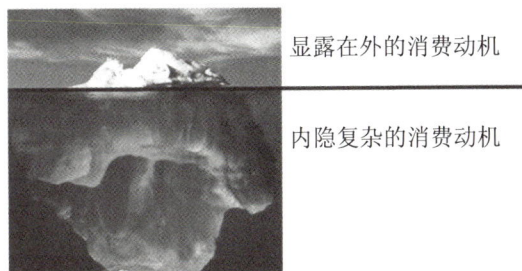

图 4-6 消费者动机的冰山理论

（4）冲突性

冲突性也称矛盾性。当某一消费者身上同时存在两种以上消费需求，且两种需求互相抵触，不可同时实现时，内心就会出现矛盾和冲突。这种矛盾和冲突可以表现为利-利冲突、利-害冲突、害-害冲突。人们通常根据"两利相权取其重，两害相权取其轻"的原则来解决这种矛盾和冲突。

二、汽车消费者购买动机的类型

汽车消费者购买动机的类型与消费者的需求结构密切有关。汽车消费者的购买动机一般包括：

1. 追求实用的购买动机

这类消费者追求汽车的使用价值，讲究经济实惠、可靠耐用。这种动机的产生不仅与消费者的经济状况和价值观念有关，而且与他们购买汽车的用途有关。例如，刚刚进入社会的汽车消费者，往往会选购价格不高，但经济实用的车型。个体运输户选购汽车时，会更多地考虑成本收回的时间，因而往往选购一般品牌的卡车。

2. 追求新奇的购买动机

这类消费者中年轻人居多，他们追求时尚，强调汽车的新颖性。他们富有想象力，喜欢变化，关注汽车的最新款式和配置，购买行为有时比较冲动。

3. 追求美感的购买动机

这类消费者特别重视汽车的外部造型、色彩和艺术品味，关注汽车对自己和环境的美化作用和对自身性情的陶冶功能，追求美的享受。

4. 追求名望的购买动机

这类消费者购买汽车，强调品牌和名望，强调质量和技术，对价格不太计较。

5. 追求廉价的购买动机

这类消费者强调汽车的价格，在同类产品中尽量选择价格低廉的品种，而且喜欢讨价还价，希望得到更多的优惠或折扣。

6. 追求便利的购买动机

在这类消费者看来，便利是产品的重要组成部分。这类消费者希望用更近的距离，更少的时间，更便捷的方法和途径去购买汽车和享受售后服务。

7. 追求安全健康的购买动机

这类消费者安全和健康意识强烈，希望购买更加安全环保的汽车。他们强调汽车的安全性和可靠性，强调汽车的室内空间的洁净和相关配置。

8. 追求荣耀的购买动机

这类消费者好面子、好攀比、好胜心强，有极强的补偿心理。他们希望用自己的爱车彰显自己的身价和经济实力，购车行为有一定的盲目性和冲动性。

9. 追求兴趣的购买动机

这类消费者凭自己的兴趣选购汽车，偏爱某种车型，这与消费者的文化背景、职业特点、年龄特征和兴趣爱好等多种因素密切有关。

10. 追求恒常的购买动机

这类消费者对特定品牌和特定产品有着特殊的偏好，他们可能重复购买某种品牌的汽车，而且会极力推荐别人使用该品牌的汽车。

第三节 汽车消费者的购买态度

一、汽车消费者的态度

1. 汽车消费者的态度

消费者的态度是消费者确定购买决策、执行购买行为的心理倾向的具体体现。消费者态度的形成和变化直接影响消费者的购买行为。消费者态度是购买活动中的重要心理现象。深入研究消费者态度及各种特殊心理反应，对于全面研究消费者的心理与行为特点，具有重要意义。

2. 汽车消费者态度的构成要素

构成消费者态度的基本要素包括认知因素、情感因素和行为倾向因素（如图4-7）。

图 4-7 消费者态度的构成要素

（1）态度的基石——认知因素

认知是指消费者对态度所指对象的评价，是构成消费者态度的基石，表现为对汽车商品质量、商标、服务、信誉、理解、观点、意见等诸方面的评价。保持公正、准确的认识是端正汽车消费者态度的前提。

（2）态度的动力——情感因素

情感是消费者在认知的基础上，对汽车购买过程中各种客观事物的情感体验，是构成消费者态度的动力，表现为汽车消费者对汽车商品与服务的质量、信誉、服务人员等客观事物表现出的喜欢或不喜欢、欣赏或不欣赏等各种情绪反应。

（3）态度的准备状态——行为倾向因素

行为倾向是指消费者对态度对象作出某种反应的意向。这是构成消费者态度的准备状态，表现为消费者对有关商品、服务采取的反应倾向，包括语言和非语言的行动表现。

3. 汽车消费者态度的一般特点

汽车消费者态度一般具有对象性、社会性、价值性、稳定性、可变性和差异性等特点（如图4-8）。

| 对象性——态度一定有指向的事物 |
| 社会性——态度一定与实践检验有关 |
| 价值性——态度一定取决于价值大小 |
| 稳定性——态度一旦形成不会轻易改变 |
| 可变性——态度通过教育和影响可以改变 |
| 差异性——主客观因素制约，态度人各一面 |

图 4-8 消费者态度的一般特点

4. 汽车消费者态度的维度

（1）指向

指向是指态度的方向，即人们对于汽车购买过程中相关态度对象是肯定指向还是否定指向。

（2）强度

强度是指汽车购买过程中特定态度倾向于某一指向的程度。

（3）深度

深度是指消费者在一种态度对象上的卷入水平。

（4）向中度

向中度是一种态度在个人态度系统和相关的价值系统中接近核心价值的程度。

（5）外显度

外显度是指消费者在一种态度上所表现的外露程度。

5. 影响态度形成的因素

影响态度形成的因素很多，包括：相关知识的掌握，需要的满足状况和由此引起的情绪性经验，家庭教养方式，被自己认同的行为方式或价值取向相一致的参照群体的影响，作为社会化大背景的文化因素等。当然，遗传因素与性别作用对态度的形式也存在一定影响。

6. 态度在汽车消费者购买行为中的作用

（1）导向功能

态度的导向功能又称适应功能。消费者的态度可以使消费者的购买行为与消费者需求相互衔接和互相适应。

（2）识别功能

态度的识别功能又称认知功能。消费者的态度可以帮助消费者收集有关汽车购买的各种信息，为其正确选购汽车奠定基础。

（3）表现功能

消费者态度可以反映消费者的性格、价值观、文化修养、生活背景和兴趣爱好，反映消费者的决策和购买能力。

（4）自卫功能

消费者态度可以使消费者在购买活动中，坚持固有态度和保持自己个性的完整性，以自身独有的方式处理矛盾与冲突。

二、汽车消费者态度的改变

1. 汽车消费者态度可以改变

态度是后天形成的，是消费者的需求、欲望、个性特征、知识经验，以及所处的生活环境、相关群体的态度等主客观因素影响的结果。促成消费者态度形成的主客观因素具有动态性质，态度是可以改变的（如图4-9）。

图4-9 态度改变过程

2. 汽车消费者态度变化的方式

汽车消费者的态度变化主要表现为性质的改变和程度的改变两种方式（如图4-10）。

（1）性质的变化

汽车消费者态度性质的变化表现为消费者态度倾向的逆转。例如，消费者对购买汽车的过程比较满意，但在汽车使用过程中没有得到4S店原先承诺的服务保证，消费者就会由原来肯定的态度转变为否定的态度。

（2）程度的变化

汽车消费者态度程度的变化表现为消费者态度的倾向不变，但程度减弱或增强。例如，消费者与4S店初步接触时，态度并不十分积极。但在接触具体的销售人员后，感受到销售人员的认真、负责、态度可亲，原有态度中的消极方面就会逐步减弱，而积极方面则逐步增强。

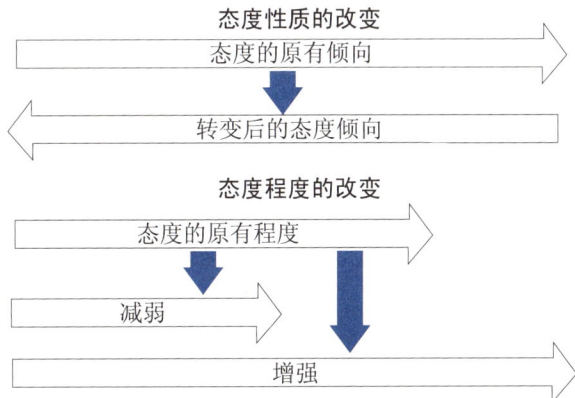

图4-10 消费者态度变化的两种方式

3. 汽车消费者态度改变的原因与结果

汽车消费者态度改变的真正原因在于其对购买活动期望强度的改变。正是期望强度的改变推动了态度的改变，同时又由于态度的改变，最终促成了购买目标的达成（如表4-1）。

表4-1 期望强度、态度改变与目标达成的关系

期望强度	定义	表现	结果
0%	不想要	真的不想要或不敢要	当然得不到
20~30%	空想要	空想，随便说说，只说不练，不愿付出，不知从何开始	很快就会忘记自己曾经还这样想过
50%	想要	有最好，没有也罢，3分钟热度，遇困难即退却，想天下掉馅饼	十有八九不成功
70~80%	很想要	真正的目标，但决心不够，特别是改变自己的决心不够，等靠思想严重，经常认为曾经努力过，没实现就算了，很快改变目标	有可能成功，因为运气成功，也因为运气而失败
99%	非常想	潜意识中那一丝放弃念头，决定他不能排除万难，坚持到底，直到成功，付出100%比成功更痛苦	一步之遥，99%与100%的差别不1%，而是100%
100%	一定要	不惜一切代价，不到黄河心不死，不成功便成仁，目标达不成比死还难受	一定能寻找到成功的方法并达成目标

4. 汽车消费者态度改变的途径

正确使用直接说服和间接说服的方法可以改变客户态度。直接说服即通过真切的、可信服的语言、文字、图片等手段向消费者传递相关信息；间接说服即通过口碑传播和实际体验传播信息，用非语言的潜移默化和诱导，使消费者改变态度。

5. 营销人员的态度与消费者态度的改变

面对消费者各种不同的态度，营销人员的态度事关重大。态度是一个人对待事物的一种驱动力，不同的态度将产生不同的驱动作用。好的态度产生好的驱动力，注定会得到好的结果；而不好的态度也会产生不好的驱动力，注定会得到不好的结果。为使消费者态度发生积极改变，销售人员善于学习，胸怀全局。要保持积极、主动、空杯、双赢、包容、自信、行动、给予的态度。

三、汽车消费者态度的测量

1. 汽车消费者态度测量的意义

汽车消费者的态度，是消费者心理活动和行为的准备状态，无法事先观测，但可以采取一定的技术方法进行间接测量。消费者态度测量是发现、改变消费者态度的重要途径，有益于汽车营销企业推断消费者的行为，预测市场需求的变化，有效进行市场细分，制定积极主动的营销战略，更好地为消费者提供适应市场需求的产品和服务，以满足消费者的需要。

2. 汽车消费者态度测量的方法

（1）态度测量法

态度测量法也叫问卷法。使用问卷法测试消费者态度，问卷设计首先必须要合理。问卷一般由反映测量内容的若干条陈述性题目构成，各题按照被测量者的反应范围或程度标以分数或量值，最后通过统计得分来判定消费者的态度。表4-2为不同行驶里程的汽车车主对汽车保养的态度调查结果。

表4-2 不同行驶里程的汽车车主对汽车保养的态度

	行驶里程（km）	1000以内	1001-1500	1501-2000	2001-2500	2501-3000	3000以上
保养态度	出行前都必须好好保养	24.3%	31.6%	32%	39.3%	48.7%	65.6%
	出行前保养过，回来就不必要保养了	7.5%	12.3%	17.4%	15.7%	15.9%	14.2%
	正常使用，无需节后特别保养	52.9%	41%	36.8%	34.6%	27.2%	14.2%
	有时间就去保养，没时间就算	2.7%	4.1%	4.2%	2.9%	2.3%	1.8%
	自己检查一下，没问题就不去保养	12.1%	10.9%	8.3%	7.6%	5.6%	3.8%

（资料摘自2012年02月17日腾讯汽车）

（2）瑟斯通量表法

瑟斯通量表是由瑟斯通提出的"主观外显相等间距法"量表。瑟斯通认为：通过人与人之间的比较，态度是可以概念化并被测量的。瑟斯通量表法的特点是以等间隔方式，拟订针对有关事物的题目，将其按照强弱程度组成一个均衡分布的系统，并对其中各个题目分别赋予量值，然后让被测试者任意选择自己所同意的题目，从而确定消费者态度的倾向及其强弱程度，得分越高表明态度的强度越高。表4-3是瑟斯通量表法关于发展电动汽车问题的消费者态度调查量表。

表4-3 采用瑟斯通量表法设计的关于发展电动汽车问题的消费者态度调查量表

量表值	题号	题目
7.5	1	发展电动汽车是中国汽车提高国际竞争力的重要途径
2	2	电动汽车的研究应待配套条件成熟后再搞
3.5	3	电动汽车和传统汽车应当共同发展
2	4	电动汽车搞不搞无所谓
0.5	5	电动汽车的发展应当与相关行业的发展联系起来考虑
1	6	中国汽车小排量居多，电动汽车价格高，不适宜大搞
3	7	电动汽车的发展应当有步骤分期发展
2.5	8	电动汽车开发应采用联合开发的方法
4	9	对开发和使用电动汽车应当给予政策支持
5	10	最好是发展油电混合汽车
……	……	……

（3）利克特量表法

利克特量表法是美国心理学家利克特在瑟斯通量表法基础上，设计出来的一种更为简单的态度测量表。该表同样使用陈述性语句提出有关态度的题目，但其与瑟斯通量表法的差别是并非将题目按内容强弱程度均匀分解成若干个连续系列，而是仅采用肯定或否定两种陈述方式，然后要求被测者按照同意或不同意的程度作出明确回答。供选择的态度程度在量表中用定性词给出，并分别标出不同的量值。程度的差异一般可作5-7划分。表4-4是利用利克特量表法对发展电动汽车问题的消费者态度调查量表。

表4-4 利用利克特量表法对发展电动汽车问题的消费者态度调查量表

题号	题目				
等级	非常同意	同意	无所谓	不同意	非常反对
分数	-2	-1	0	1	2
1	发展电动汽车是中国汽车提高国际竞争力的重要途径				
2	电动汽车的研究应待配套条件成熟后再搞				
3	电动汽车和传统汽车应当共同发展				
4	电动汽车搞不搞无所谓				
5	电动汽车的发展应当与相关行业的发展联系起来考虑				
6	中国汽车小排量居多,电动汽车价格高,不适宜大搞				
7	电动汽车的发展应当有步骤分期发展				
8	电动汽车开发应采用联合开发的方法				
9	对开发和使用电动汽车应当给予政策支持				
10	最好是发展油电混合汽车				

（4）自由反应法

自由反应法是通过自由反应方式了解消费者态度中认知成分的一种方法。一般可以采取面谈、投射等方式进行。面谈即测量者与被测量者面对面地交谈，可以是问答式的，也可以是谈论式的，被测试者可以自由作答。 投射是指设置一些没有明确指向的刺激物，任由被测试者推测和联想，以便发现他们的态度倾向。图4-11即为利用图片投射技术针对产品色彩进行的消费者态度调查。

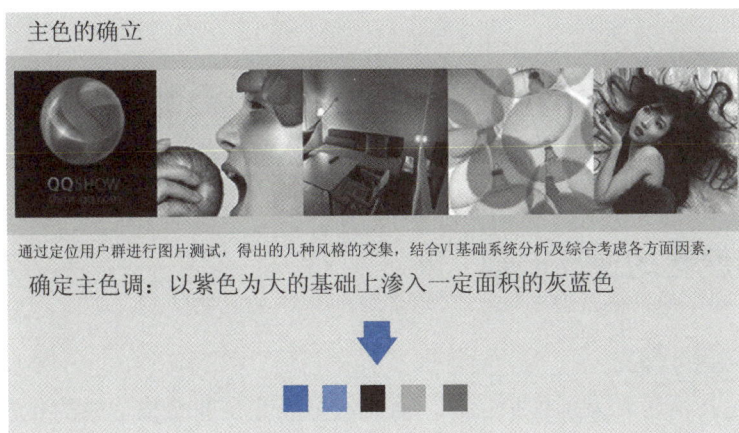

图 4-11 利用图片投射技术针对产品色彩进行的消费者态度调查

（5）现场观察法

现场观察法是利用态度与行为的相互关系，通过直接观察消费者的行为表现，判断消费者态度的测量方法。现场观察法的结果难以进行准确的定量分析，因此应与其他方法配合使用。表4-5是用现场观察法调查学生对4S店"企业形象"的态度。

表4-5 用现场观察法调查学生对4S店"企业形象"的态度

参观时间			
参观地点			
参观企业			
该4S店的CIS构成			
项目	肯定或否定	项目	肯定或否定
经营理念		企业规范	
行为特征		商标	
广告		厂牌	
色彩		建筑物	
员工服饰		清洁情况	
物品堆放		员工素质	
对企业形象与促销业绩之间关系的理解			

第四节　汽车消费者的特殊心理表现

一、汽车消费者的逆反心理

1. 逆反心理的含义

逆反心理是指消费者为了维护自尊，而对汽车经营企业希望达成的要求采取相反的态度和言行的一种心理状态。逆反心理并不是什么不可思议的东西，它是个人心理抗拒的一种特殊形式。逆反心理广泛存在于人类生活的各个领域和层面，当然也同样大量存在于消费者的消费活动中。

2. 逆反心理的表现

在汽车营销实践中，营销人员可以发现，由于消费刺激的内容不同，消费者的逆反心理的表现形式也多种多样。在汽车营销实践中，消费者的逆反心理主要表现在以下三个方面：

（1）超限逆反

消费者的感觉一旦形成感觉适应，感受力就会下降。如果在这个时候，汽车营销企业继续不断地采用电话、短信、邮件等手段，企图加强对消费者的信息刺激量，不仅不会引起消费者的兴奋，反而会使消费者感到厌倦，产生抵触，甚至逆反。

（2）广告逆反

广告逆反的产生归根结底是各类广告的狂轰滥炸，以及对产品与服务过于包装的结果，这使消费者在感觉上感到厌烦。至于有些广告传递虚假信息，降低了广告在消费者心目中的地位，甚至伤害了消费者对广告所指对象的信任，那就更加容易引起消费者的逆反心理。出现这种情况的原因很多。首先是广告主或广告媒体过低估计消费者，对广告内容过度渲染；其次是广告内容虚假夸大、背离事实；再其次是广告的策划和创意没有新意，不能打动消费者，不能够获得目标消费者的文化与价值认同。

（3）价格逆反

一般情况下，当某种汽车产品价格下跌时，会刺激消费者对这种汽车的购买，增加销售量；反之，当某种汽车产品价格上涨时，会限制消费者对这种汽车的购买，从而减少销售。然而，在市场营销实践中，也会出现相反的情况。如某些汽车产品的供应出现阶段性的短缺、对某些降价行为的不信任、对物价上涨或下降的心理预期，都可能导致消费者的逆反心理，出现买涨不买跌的情况。

（4）政策逆反

政策逆反是指消费者在某种情况下，作出与国家调控政策指向相反的消费行为反应，这是不成熟市场中可能出现的情况。这是因为市场不成熟运行规范不够，调控政策不尽完善，消费者也不够成熟。但是政策逆反在我国的汽车消费市场中，表现并不突出。

国家政策在我国汽车消费市场中起着重要的推动作用。例如，2009年、2010年两年间，由于汽车消费刺激政策的推行，我国汽车消费分别增长了41.6%和32.4%。又如，《乘用车企业平均燃料消耗量核算办法》将加速产品、排量结构调整；《汽车品牌销售管理实施办法》的修订及反垄断调查，将会对"高供给"起到一定的抑制作用。

3. 汽车消费者的逆反行为模式

汽车消费者一旦出现逆反心理，其消费行为也会随之向逆反方向进行。在过度刺激或相反体验的情况下，消费者会对原有的消费倾向作出否定评价，重塑自己的购买行为，作出新的购买决策，实施逆反购买行为（如图4-12）。

图 4-12 消费者的逆反行为模式

4. 逆反心理的调控策略

消费者的逆反心理是可以预防和逆转的。根据消费者的感受限度，调节消费刺激量和强度，可以避免逆反心理的产生；强调汽车服务在时间上的一贯性，及时采取引导和调节措施，也可以避免逆反心理的产生，或使逆反心理得以逆转；高度重视最有价值的消费者，建立牢固的客户关系，发挥他们"舆论领袖"的作用，可以影响更多的消费者，促成他们逆反行为的转化。除此之外，汽车营销人员还可以利用逆反心理，有意设置相关的刺激诱因，激发消费者好奇的逆反心理，促成预期的逆反行为发生，以促进营销目标的达成。

二、汽车消费者的预期心理

1. 汽车消费者预期心理的含义

消费者预期心理是指消费者在一定经济环境条件下，根据自己掌握的经济信息，预测、估计和判断自身物质利益的得失变化，并据此采取相应消费对策的心理及行为现象。

2. 汽车消费者预期心理的表现

（1）供求预期非理性化

我国实行市场经济的时间不长，对市场经济的理解需要过程，我国的市场经济也需要通过不断改革予以完善。在这种情势下，汽车厂商和消费者都难以对经济形势作出正确的分析判断，因而汽车厂商和消费者预期往往表现出主观、非理性的特点。

预期的非理性化，容易导致商品供求失衡，消费者盲目采取行动。例如，有的汽车生产和服务企业"以量为纲"，盲目扩展渠道，冲动扩张产能，成本居高不下，利润出现下降，发展遭遇瓶颈。又如，有些地区刚传出"限堵"的信息，消费者就蜂拥而上，抢先购买廉价汽车甚至二手车，先占额度为快。

有鉴于此，我国汽车行业的结构调整势在必行，只有坚持改革，调整技术结构，调整产品结构，调整产业组织结构，综合协调汽车与交通、能源、环保的关系，才能保证汽车行业的可持续的健康发展。

（2）价格变动过于敏感

价格变动过敏是指消费者对于影响预期的宏观情势、供求情况、政策导向、金融形势等事关大局的因素重视不够，而对于价格变动的心理预期过度敏感，承受能力相对薄弱。这种心理对于间接的长远利益得失的预期迟钝，而对现实的眼前利益得失的预期比较敏感，不利于消费者预期结果的准确性。然而，在汽车消费中，消费者对价格变动过敏的情况并不明显，这是由汽车消费者的特殊性质决定的。正是因为汽车是高价贵重、少次重购型消费品，又是使用周期较长的消费品，因此消费者的消费行为相对谨慎，一般涨价和降价对消费者的刺激力度并不足以推动消费者盲目消费或过度消费。

（3）从众心理有所表现

从众是指消费者受到外界人群行为的影响，而在自己的知觉、判断、认识上表现出符合公众舆论或多数人的行为方式。缺乏分析、不作独立思考的从众心理，容易造成盲目消费。我国进入汽车社会的时间不长，消费者对汽车这类产品的购买经验不足，容易在购买中相互感染，参照他人的预期，追随大多数人的行为选择。例如，这几年出现的SUV热，除了消费者群体心理的影响之外，也与从众预期有关。但这种预期在我国汽车消费中并没有表现出大规模从众的趋势，相反个人用车个性化的现象却十分突出。

（4）逆反心理比较突出

在激烈的市场竞争中，汽车厂商千方百计加大促销力度，以期获得更好的销售业绩，本来无可厚非。但是，问题在于现在不少促销活动针对性不强，千篇一律，缺乏新意，密度太大，过度包装，费用很大，但效果欠佳。赠送折扣越搞越大，手机短信狂轰滥炸。对此消费者出现逆反的可能性大大增加，应当引起汽车厂商的高度重视。

（5）货币贬值预期强烈

扩大内需是我国经济增长的重要动力。在货币贬值和通胀预期下，消费者消费行为的变化将直接影响即期消费需求的强弱。如消费规模难以扩大，将加剧经济下滑。持币待购的观望消费，以及谨慎的中长期消费，都反映了消费者对货币贬值的强烈预期。密切关注通胀预期下消费者消费行为的变化，对于宏观政策的调整，以及正确引导和推动消费，发挥消费对经济的拉动作用，已经变得十分重要。

（6）喜新厌旧预期突出

我国汽车消费者喜新厌旧的心理预期十分突出。在我国车市，一款新车型五年内必须进行换代，否则消费者就不买账。为了适应这种预期，我国汽车厂家每年都会推出大量新车型。最近几年，国内每年上市的新车型都在百款以上。根据J·D·POWER提供的数据，目前我国汽车市场销售的车型达到522个，品牌94个。而美国市场销售的车型只有289个，品牌不超过40个。中国在售车型和汽车品牌远远超过美国。车型多了，无疑可以为消费者购车增加更多的选择。但事实上，如果车型过多，消费者面临的选择过度，消费者就会变得无所适从。

3. 汽车消费者预期心理的引导

（1）理解汽车消费者预期价值

汽车消费者预期价值就是消费者在购买产品之前对于厂商提供的产品和服务的价值判断。

汽车消费者预期价值对于产品开发与发展、推广与销售意义重大。消费者的预期价值直接决定消费者需求的现状和趋势，在很大的程度上影响着消费者的购买决策。另外，消费者的预期价值和他们在实际消费过程中的感知价值所形成的差距会直接影响消费者的满意度。给消费者提供更为积极的购车和服务体验，合理满足消费者的预期价值，有利于客户满意度的提升。

（2）加强汽车消费者预期研究

汽车消费者预期是消费者为了追求个人利益最大化，对与当前决策有关的经济变量在未来的变动方向和变动幅度上进行的预测。理性预期符合经济学对行为人理性的假定，即人们能够"在有效地利用一切信息的前提下，对经济变量作出在长期来说最为准确，而又与所使用的经济理论、模型相一致的预期"。但是由于市场主体的局限性及市场信息的不对称，消费者并不能作出完全的理性判断，只能根据过去的经验教训对未来作出"合乎规律"的预测，这样的预期虽然非理性，会导致判断结果与实际值的偏离，但却是汽车消费市场上一种普遍的现象。只有加强对它的研究，才有可能开展针对性的工作，弥补消费者对市场主体和市场信息认知上的不足。

（3）营造良好的消费环境

营造良好的经济环境，从宏观上讲，包括：实施积极的就业政策，增加居民收入；深化分配制度改革，减少收入差距；完善社会保障机制，提振居民消费信心；推进消费信贷，促进潜在消费能力释放，注重对新的消费热点的引导，促进消费升级，最大限度地保护消费者的消费热情和经济利益等。从微观上讲，汽车营销企业应当坚持诚信经营，科学引导消费者的消费行为，不断提升汽车产品与服务质量，从本质上消除造成消费者消极预期的各种障碍。

（4）加强与汽车消费者的信息沟通

加强与消费者的信息沟通是及时把握消费者预期、引导消费者科学消费的重要环节。沟通必须以消费者的需求为出发点，优化产品与服务信息的传播方式，坚持最大诚信原则，准确传递信息，有效传递消费价值，以有利于消费者进行正确的价值判断。

第五节 汽车消费者的购买决策

一、汽车消费者的购买决策

1. 汽车消费者决策的含义

消费者购买决策是指消费者为了满足自身特定的需求，在一定的购买动机支配下，在若干可供选择的购买方案中，经过分析、评价、选择并且实施最佳购买方案，以及购后评价的系统活动过程，包括需求的确定、购买动机的形成、购买方案的抉择和实施以及购后评价等多个环节。

2. 汽车消费者购买决策的特征

（1）决策主体的单一性和多元性

汽车消费与其他商品的消费有着明显的区别。因为汽车产品既是生活性消费品又是生产性消费品。个体和家庭消费者的消费决策具有单一性，即由消费者个人单独决策或家庭共同决策。企事业单位或政府采购（以下简称组织购买者）的决策比较复杂，因为影响者、购买者、采购者、决策者、批准者、控制者并不是同一个人，决策过程比较复杂，具有多元性的特征，只有当多元思考得到统一后，才能最终实现购买。

（2）决策范围的有限性和扩展性

个人和家庭购买者的购买决策，基本上都是为了满足消费者个人和家庭的需求，与组织购买者的决策相比，决策范围有限，仅限于买什么、何时何地买以及购买方式等方面的决策。但组织购买者不同，组织购买者必须研究项目立项、资金来源、招标文书、预期设想、评估方法、合作伙伴等更多问题，并且追求更大的价值和附加值，追求特殊的个性化供应等，决策范围具有扩展性。

（3）消费者决策因素的复杂性

不管是个人和家庭购买还是组织购买的消费者，由于个性特征、情感倾向、兴趣爱好、消费习惯、所处群体、社会阶层、收入或资金水平等众多情况都有不同，购买决策都相当复杂。只有认真分析这些复杂因素，才能有针对性地实现精准营销。

（4）消费者决策内容的情境性

我国经济社会的发展正在由粗放的增长模式向可持续模式转化，我国汽车消费正在由快速增长期向普及初期发展，汽车产业、市场环境、消费者需求结构无时无刻不在发生各种变化。为此，消费者的决策必然会因为环境因素的变化，而在具体内容和方式上表现出新的特点，反映出明显的情境性。这会使消费者在进行消费决策时，因时、因地制宜，突破原有的固定模式，从而提高决策的正确性。汽车营销企业必须充分认识这种变化，与时俱进，创造更高的消费价值，帮助消费者进行正确决策。

3. 汽车消费者决策与购买行为

消费者决策与消费者的购买行为有着紧密的关系，消费者的购买决策决定着购买行为的发生方式、指向及效用大小。

二、汽车消费者行为的决策模式

1. 汽车消费者行为决策的一般模式

消费者行为是消费者为满足自身需要而发生的购买和使用商品的行为活动。消费者行为决策的一般模式认为：虽然由于每个消费者的动机、习惯等主动差异，其表现各不一样，但仍然存在一定的规律性。人类行为的一般模式是：S（刺激）——O（个体生理、心理）——R（反应）模式。S-O-R模式表明消费者的购买行为是由刺激所引起的，消费者在所处的外部环境和自身的生理、心理因素刺激下，产生动机；在动机的驱使下，作出购买商品的决策；在决策的基础上，实施购买行为；在购买后还要对购买的商品及其相关渠道和厂家作出评价（如图4-13）。

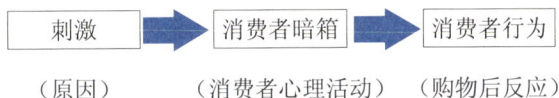

| 刺激 | ➡ | 消费者暗箱 | ➡ | 消费者行为 |

（原因）　　　（消费者心理活动）　（购物后反应）

图4-13 消费者决策行为的一般模式

上图中所述"消费者暗箱"是指消费者在各种刺激因素作用下，经过复杂的心理活动过程，产生动机。由于这一过程是在消费者内部自我完成的，因此称为"暗箱"或黑箱。营销人员在消费者实现购买行为前最重要的任务就是破解消费者暗箱。

2. 科特勒行为选择模型

菲利普·科特勒提出的行为选择模型认为：消费者的购买行为不仅受到营销的影响，而且受到外部因素的影响。不同特征的消费者会产生不同的心理活动过程，不同的消费者通过决策过程，导致了不同的购买决定，最终形成消费者对产品、品牌、经销商、购买时机、购买数量的各种选择。

3. 恩格尔-科拉特-布莱克威尔模式

恩格尔-科拉特-布莱克威尔模式以购买决策过程为重点去分析消费者的决策行为。恩格尔-科拉特-布莱克威尔模式认为：消费者心理是"中央控制器"，外部刺激信息（包括产品的物理特征和诸如社会压力等无形因素）被输入"中央控制器"；在"中央控制器"中，输入内容与"插入变量"（态度、经验及个性等）相结合，便得出了"中央控制器"的输出结果—购买决定，以此为基础完成购买行为（如图4-14）。

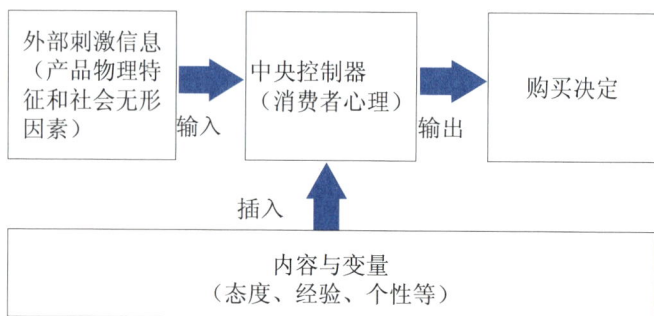

图 4-14 恩格尔-科拉特-布莱克威尔模式

4. 霍华德-谢思模式

霍华德-谢思模式从消费者购买行为中的刺激或投入因素（输入变量）、外在因素、内在因素（内在过程）、反映或者产出因素等四大因素出发去研究消费者的决策行为。霍华德-谢思模式认为的消费者行为决策过程是：消费者决策行为中的投入因素和外界因素是购买的刺激物，它通过唤起和形成动机，提供各种选择方案信息，影响购买者的心理活动（内在因素）；消费者受刺激物和以往购买经验的影响，开始接受信息并产生各种动机，对可选择产品产生一系列反应，形成一系列购买决策的中介因素，如选择评价标准、意向等，在动机、购买方案和中介因素的相互作用下，便产生了某种倾向和态度；这种倾向或者态度又与其他因素，如购买行为的限制因素结合后，便产生了购买结果；而购买结果形成的感受信息也会反馈给消费者，影响消费者的心理和下一次的购买行为（如图4-15）。

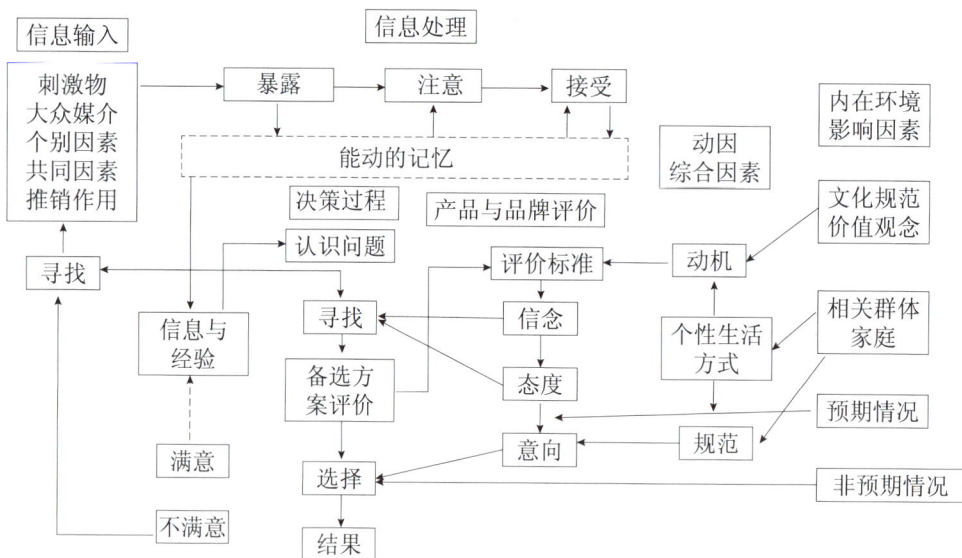

图 4-15 霍华德-谢思模式

三、汽车消费者购买行为的类型

汽车消费者的购买行为是复杂多样的，即使在同类产品的购买行为里，由于消费者的性别、年龄、职业、经济条件、心理素质、以及购买环境、购买方式、商品类别、供求状况、服务质量等方面的不同，存在着购买心理的差异，其选购产品与服务时的表现也各不相同，一般可将消费者购买行为分成下列不同类型：

1. 按消费者对购买目标选定状况分类

按消费者对购买目标选定状况，汽车消费者的购买行为可以分为全确定型、半确定型和不确定型三类。

（1）全确定型

这类购买行为的消费者，在购买前已有明确的购买目标，他们对汽车的品牌、型号、规格、样式、颜色、以及价格幅度等都有明确要求，这类消费者进入4S店后目的明确，主动提出需购汽车以及各项服务要求，一旦预期期达成，迅速成交。

（2）半确定型

这类消费者在购买汽车前已有大致的购买目标，但具体要求不甚明确，例如，SUV是其计划购买的车型，但对于购买什么品牌、型号、款式尚未作出决定。这类消费者进入4S店后一般不能提出所需汽车的各项要求，需要较长时间的沟通，并经过对多种车型的比较、评判、选择才能完成购买。

（3）不确定型

这类消费者在购买汽车前没有明确的购买目标，这类消费者进入4S店后漫无目标地参观产品，随便了解相关的汽车信息，一般不会立即购买。如果确实遇到自己感到合适的汽车，会有所思考，但不会立即购买。

2. 按消费者的购买态度与要求分类

按消费者对购买目标选定状况，消费者的购买行为可以分为习惯型、理智型、感情型、冲动型、经济型、疑虑型和不定型七类。

（1）习惯型

习惯型消费者掌握了关于某种品牌或车型的知识，并具有建立在信任的基础上的牢固信念，已经对这类品牌或车型形成一种习惯性态度。这些消费者根据过去的经验和使用习惯，不加思索地采取行动，购买自己信赖的品牌汽车，较少受到时尚、风气的影响。由于我国进入汽车社会的时间不长，已经多次购车的消费者不多，对于各种汽车的体验不足，因而习惯型汽车消费者并不多见。

（2）理智型

理智型消费者的购买行为感情色彩较少，在购买汽车时，往往以自己的经验和对汽车知识的了解为行动根据，在采取购买行动前，思考较为慎重，广泛地了解市场行情，理智地收集相关信息，周密地进行分析和思考，在自己的内心深处建立起产品的心理图像。购买时，理智型消费者主观性较强，很少受广告宣传推广活动的影响，会在充分论证、细致检查、反复比较、权衡利弊以后完成购买行为。

（3）感情型

感情型消费者想象力与联想力特别丰富，审美要求强烈，消费者兴奋性强，情感体验比较深刻，感情型消费者在购买时易受促销宣传诱因的影响，往往以感情需要的满足与否为依据作出购买决定。

（4）冲动型

冲动型购买行为的消费者，个性敏捷，心理指向易受客观刺激物的影响，心理反应与心理过程的速度较快，在购买时比较冲动。冲动型购买行为以直观感觉为主，易受汽车外观质量和广告宣传的影响，崇尚新产品和时尚产品。在购买汽车时，他们较少作反复比较，因而完成购买活动比较迅速。

（5）经济型

经济型购买行为的消费者，选购汽车时更多从经济角度考虑，对汽车的价格非常敏感。经济型购买行为的消费者大多从价格的低廉来评定汽车的实惠，选购低价汽车；经济实力较强的消费者，也可能从价格的高昂来确定商品的优质，选购高档汽车。

（6）疑虑型

疑虑型购买行为的消费者，性格相对内倾，善于观察细小事物，行动谨慎、迟缓，体验深而疑虑多。疑虑型购买行为的消费者在听取产品介绍时特别审慎，从不仓促决策；挑选汽车时动作缓慢，决策相当犹豫；购买时常常"三思而后行"，购买后还会怀疑自己是否上当。

（7）不定型

不定型购买行为更多的发生于第一次购买汽车的消费者身上。由于缺乏购买经验，他们的购买心理很不稳定，在选购时大多没有主见，易受外界的影响。不定型购买行为的消费者，渴望得到更多的、详尽的产品介绍和帮助。

3. 按消费者在购买现场的情感反应分类

按消费者在购买现场的情感反应分类，可把购买行为分为沉着型、温顺型、健谈型、反感型、激动型五类。

（1）沉着型

沉着型购买行为的消费者，神经反应过程平静但灵活性低，反应缓慢但比较沉着，环境变化的刺激对他们影响不大。沉着型购买行为的消费者在购买活动中沉默寡言，情感不外露，举动不明显，购买态度持重，不愿多谈与购买对象无关的话题，也不爱开玩笑。

（2）温顺型

温顺型购买行为的消费者，神经反应过程比较脆弱，不能忍受神经紧张，对外界刺激内心体验持久，很少外露。温顺型购买行为的消费者，在作出购买决定时独立意识较差，比较依赖别人的介绍，检查汽车品质时很少挑剔，但非常重视服务态度和服务质量。

（3）健谈型

健谈型购买行为的消费者，神经反应过程平静而灵活，环境适应能力很强，性格活泼、情感易变、兴趣广泛、十分健谈。健谈型购买行为的消费者在购买商品时，能很快地与销售人员接近，爱开玩笑、富有幽默感，谈话范围很广，有时甚至忘记购买活动的主题。对这类消费者，销售人员必须认真聆听，但需要及时建议进入购买程序。

（4）反感型

反感型消费者具有高度的情绪易感性，对外界变化比较敏感，性情怪僻，多愁善感。这类消费者在购买过程中，对销售人员的介绍异常警觉，抱有怀疑态度，交谈中对别人插嘴非常反感。对这类消费者讲话态度必须热情，话语必须富有逻辑。

（5）激动型

激动型消费者的兴奋过程强烈而抑制过程较弱，情绪易于激动，表现比较急躁。激动型消费者在选购商品时傲气十足，对商品质量和服务要求极高，稍有不合意就会与销售人员发生争吵。对这类消费者销售人员要有必要的耐心。

四、汽车消费者的购买行为过程

1. 识别需要阶段

需要识别是汽车消费者在购买汽车的过程中必须经历的第一阶段。在这一阶段，汽车消费者首先要发现自己的缺失状态，在一定信息刺激下，产生与自己文化背景和个性特征相符合的购车欲望，然后衡量自己的支付能力和决策权力，产生现实的购车需求。

2. 收集信息阶段

在收集信息阶段，消费者按照自己的需求，有目的地收集相关产品、服务、价格、渠道等信息。

3. 分析选择阶段

在分析选择阶段，消费者结合自己的需求对自己已经掌握的信息进行分析、评价与比较，然后在几个方案中作出选择，确认为什么购买，在什么时间、什么地点、用什么价格，向谁购买，以及用什么方式购买。

4. 决定购买阶段

在决定购买阶段，消费者会通过各种沟通和体验活动，核对自己的选择是否理想，当得到正面的感觉时，消费者会确立自己的情感倾向，从而实现购买。

5. 购后评价阶段

消费者购买汽车后，会在实际使用中继续按照自己的感受对产品进行评价，从而验证自己决策的正确性。如果符合甚至超过自己的需求和期望，消费者就会对产品给出正面评价，不仅自己满意，还会向别人推荐。反之，则会给出负面评价，抱怨由此产生。营销人员如果不能及时通过客户关怀及时予以处理，不仅可能发生投诉，更严重的是消费者还会将这种不满的信息在其力所能及的范围内进行传递，竭力阻止他人购买。

五、消费者决策行为的效用评价

消费者购买各种物品是为了实现效用最大化。满足消费者的偏好，就必须分析消费者的心理，掌握消费者决策行为的效用评价。

1. 商品效用与需要

商品效用是指消费者消费该商品中获得的满意程度。一个东西要成为商品，必须同时具备3个条件：第一、具有一定的效用（即使用价值），能够满足消费者的某种需要；第二、耗费人类一定量的劳动能力，具有一定的价值；第三、通过以价值和使用价值为基础的交换来满足消费者的需求。商品效用与消费者需要的满足密切相关。从这个意义上来讲，消费者所有的购买决策和行为，都是为了寻找产品的价值、使用价值和实现与这些价值进行交换的方式，最终在最大程度上满足自己的需要，获得生理或心理上的愉悦。商品的效用与消费者需要的类型、强度等因素密切相关。不同的消费者由于需要不同，同样的商品可以为他们带来不同的效用。例如一辆汽车装饰了漂亮的外饰，使消费者的内心感到满足，这辆汽车的使用价值并未发生变化，但对这位消费者来讲却具有更高的效用。

2. 消费者行为的边际效用

效用是指消费者从消费物品中所感到的满足。边际效用是指消费者每增加或减少单位商品的消费所增加或减少的效用。边际效用理论认为，追求商品带来的最大满意度是消费者消费商品的目的和愿望。随着商品消费数量的增加，消费者总的满意度在增加，当边际效用为正时，消费者就会多多益善。但是，在消费者满意度增加的同时，在固定期间内，消费某一物品所得的边际效用终究会随着消费量的增加而递减。正是因为边际效用的递减，消费者才会产生喜新厌旧的心理。

3. 消费者的消费体验

伴随着社会的不断进步和经济的持续发展，人们的消费需求也在不断升级，越来越多的消费者更加注重消费过程、消费经历，体验已经成为消费者的一种新需求。汽车消费者不仅在购买汽车前要求获得认知、情感、意志各个方面的积极体验，而且还会在购买汽车以后，将使用过程的实际体验与购买时的感觉加以对照，根据自己的价值标准进行评价。这些评价不仅影响消费者的下一次购买，而且会通过信息传递影响其他人的消费。由于消费者的期望和个性各不相同，因此得到的体验也各有差异。研究消费者的不同类型，采取不同的服务策略，实事求是地宣传企业与产品，因需而变地改进产品与服务，一以贯之地坚持经营品质，有益于提高消费者的消费体验。

4. 消费者的购后评价

消费者购买活动和产品使用过程中的体验，能通过其对企业形象、商品名称、商品品质、营销人员、客户服务、售后关怀等多个方面的评价反映出来。这些评价不仅来自消费者自身，而且可以来自周边人员对消费者的影响。正面的、满意的评价有利于推动消费者的再次购买和企业的品牌建设。

课后实训

1. 实训课题

消费者角色扮演

2. 实验目的

观察销售人员怎样分析消费者的购买动机。通过模拟购买，从消费心理学的角度出发，分析消费者购买动机，提高学生的观察、判断能力，以及运用学科知识分析销售行为的能力。

3. 实训过程

（1）确定名单，分批安排学生扮演汽车消费者；教师说明实验要求及注意事项；要求学生事先模拟设计自己的购买动机，分别去当地汽车销售公司模拟购买，观察销售人员是怎样说服消费者购买汽车的。

（2）事先设计、制作《消费者角色扮演》实训报告。

（3）教师指导，说明学生模拟购买的实训要求。

（4）组织学生去当地汽车销售公司模拟购买，按照实训要求进行观察和记录，回来后马上回忆过程，填写《消费者角色扮演》实训报告。

（5）组织学生从理论与实践结合的角度交流体会。

（6）教师小结，给学生以鼓励性评价。

《消费者角色扮演》实训报告

班级：_____   姓名：_____

基本情况	
所到公司	
公司地址	
经营业态	
环境印象	
模拟购买产品	
模拟购买动机	
购买过程情况记录	
业务员接待态度	
业务员对你购买动机的分析准度	
业务员的产品知识	
业务员接待过程工作的针对性	
业务员服务意识	
业务员送别礼仪	
对业务人员消费者购买动机分析能力评价	

结合学科知识对业务人员提出改进意见
教师评价

思考题

1. 什么是消费者需要？汽车消费者需要有哪些基本特征？

2. 消费者需要的基本内容是什么？

3. 分析现代汽车消费者需要的发展趋势。

4. 什么是消费者动机？消费者购买动机有哪些作用？

5. 汽车消费者的具体购买动机有哪些类型？

6. 什么是态度？消费者态度的构成要素包括哪些？

7. 消费者为什么会产生逆反心理？如何预防？

8. 什么是消费者购买行为？消费者购买行为有哪些类型？

9. 消费者购买行为的模式包括哪些因素？

10. 什么是消费者的购买决策？消费者购买决策包括哪几个阶段？

11. 商品效用与需要的关系是什么？

12. 边际效用理论的实际应用意义是什么？

第五章 汽车消费环境与消费者心理

1. 知识目标：

（1）了解社会环境对消费心理的影响。

（2）掌握购物环境对消费者心理的影响。

（3）掌握不同消费群体的消费心理倾向。

2. 能力目标：

（1）能够通过信息收集及分析了解社会环境的变化。

（2）能够维持4S店舒适的购车环境。

（3）能够针对不同消费者的消费倾向运用适当的营销策略。

3. 情感目标：

（1）尊重不同消费者的心理倾向。

（2）真诚地为消费者创造良好的消费环境。

导入

2014年国家汽车相关政策取向分析

本文对2014年国家汽车相关政策取向进行的分析，主要基于以下几点：一是2013年已发布2014年实施的政策；二是2013年实施，在2014年需要继续推进完善的政策；三是2014年有望出台的涉及汽车产业的配套政策措施；四是2013年12月国家有关部委分别召开的落实中央经济工作会议精神、部署2014年工作任务的年度工作会议中涉及的有关汽车产业的政策措施。依据上述四方面，本文将对2014年国家汽车相关政策取向分类进行分析预测。

《关于机动车电子信息采集和最低计税价格核定有关事项的公告》

自2014年1月1日起，机动车生产企业在机动车销售出厂后，应及时开具销售发票，并完成合格证电子信息与发票信息的关联、上传工作。新办法使计税基数采集方式更加灵活，只要出厂价实时调低，消费者就能够少交新车购置税。

《2014年关税实施方案》中与汽车相关的进口商品暂定税率调整

2013年12月11日，国务院关税税则委员会印发了《关于2014年关税实施方案的通知》，《方案》自2014年1月1日起实施。《方案》确定，对燃料油等767项进口商品实施暂定税率，其中包括与汽车相关的20余项进口商品享受低于最惠国税率的年度进口暂定税率，体现了关税政策对汽车产业结构调整和技术进步的支持。具体可分为以下三类商品：一是进口汽车生产用关键工艺装备；二是进口汽车关键生产设备；三是进口汽车特别是电动汽车关键零部件。

继续推进实施再制造产品"以旧换再"试点

2014年继续推进实施再制造产品"以旧换再"试点有以下工作要做：一是确定"以旧换再"试点企业、经销商，以及再制造产品种类和产品型号。具体补贴比例、补贴上限和推广补贴数量将在"以旧换再"推广企业资格公开征集公告中明确。二是按《方案》要求完善再制造产品推广数据审核，以及"以旧换再"实施情况动态监控体系。三是不定期组织开展再制造产品"以旧换再"推广专项核查。《方案》明确，具体核查方案将由国家发展改革委、财政部会同有关部门另行制定并组织实施。

继续推进与汽车节能环保有关的政策

一是继续推进1.6升及以下节能环保汽车的推广工作。二是继续推进完善汽车燃料消耗量限值国家标准，2014年乘用车企业平均燃料消耗量限额将在目标值基础上放松3%。同时，目前正在抓紧修订《轻型商用车辆燃料消耗量限值》标准（第三阶段限值标准），估计将在2014年继续推进机动车污染防控的相关政策措施。

2014年，继续推进机动车污染防控的相关政策措施将会有以下几点：一是《大气污染防治行动计划》的提出，尽快出台《机动车污染防治条例》。二是进一步加快淘汰黄标车和老旧车辆，估计重点城市将加大补贴力度。三是采取汽车限购政策的城市不断增加。2013年，北京、上海、广州、贵阳、天津已开始实行限购政策，2014年，深圳、杭州、成都、石家庄、重庆、青岛、武汉、大连等城市存在实行限购的可能。

汽车贸易相关政策有望重新修订出台

2004年《汽车产业发展政策》发布后，商务部等部委于2005年2月和8月发布《汽车品牌销售管理实施办法》和《汽车贸易政策》。《汽车贸易政策》作为汽车品牌销售、二手车流通、汽车配件流通、报废汽车回收等各项汽车贸易环节的管理办法、规范及标准的指导原则，实施后推进了上述各项具体政策逐步建立和完善。但是，目前汽车贸易环境已发生较大变化，上述具体政策有待修订。2014年内，国家有关部委应能完成汽车贸易相关政策重新修订出台的任务。

（本文节选自Nobody's Unpredictable）

阅读以上内容，思考以下问题：

1. 从上述文章中你发现国家正在哪些方面采取措施改善汽车消费环境？

2. 对照当前汽车消费总体环境，汽车消费者的消费心理将会发生什么变化？

第一节 汽车消费环境与消费者心理

一、社会经济环境对消费者心理的影响

每个消费者总是在一定的社会环境下生活，并与其他社会成员发生各种联系。因此，消费者的消费行为除了受到自身心理因素的影响外，也一定会受到社会环境和各种社会群体关系的制约和影响。只有认真研究社会环境，同时研究与消费者密切相关的各种社会关系，才能真正理解消费者复杂的消费心理和行为规律，为改善汽车消费环境和汽车服务提供可靠的依据。

1. 社会经济发展水平对消费者心理的影响

社会经济发展水平是影响汽车消费者心理活动最基本的因素，经济发展水平从总体上制约着消费者心理活动的具体范围，决定着汽车市场规模的扩大和质量提升。我国汽车发展的历史表明，自上世纪90年代汽车开始进入家庭以后，除个别年份外，我国汽车销售基本上都以每年2位数百分比的速度快速递增，其最根本的原因是改革开放极大地促进了我国经济的发展。

（1）经济社会发展水平对汽车的供应数量和质量的影响

我国汽车工业的发展经历了漫长的起步阶段。从1956年我国造出第一辆解放4吨卡车开始，到一年能够生产、销售100万辆汽车，整整走了40年。之后，我国的经济在改革开放政策的指引下进入了快速发展期，汽车的供应数量和供应质量不断上升。2012年，我国汽车产销量达到1930万辆以上，2013年已经突破2100万辆。据预测，2014年的汽车产销量有可能继续维持2位数的增长（如图5-1）。按照一般规律，消费者心理扩展速度往往会慢于经济发展速度，但我国汽车消费者心理的扩展速度却快于经济发展的水平。

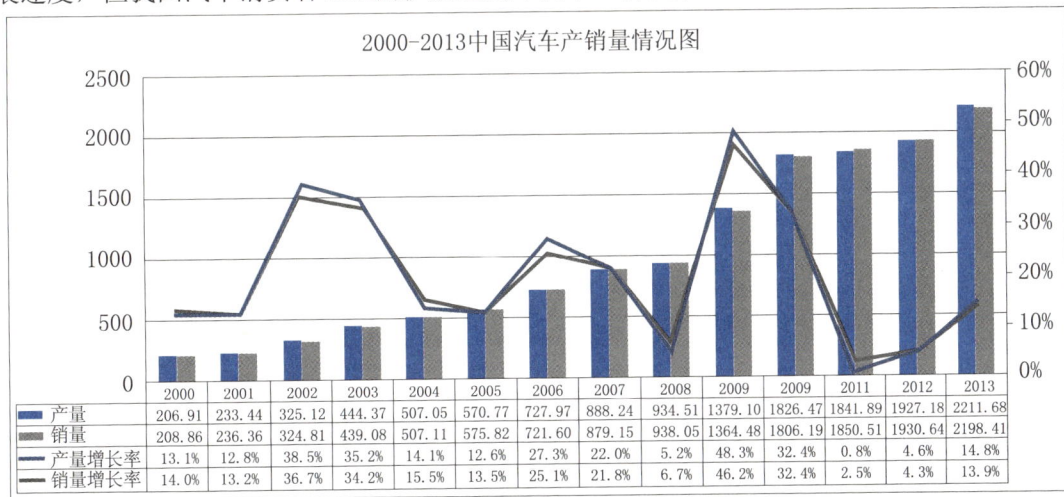

2000-2013中国汽车产销量情况图

	2000	2001	2002	2003	2004	2005	2006	2007	2008	2009	2009	2011	2012	2013
产量	206.91	233.44	325.12	444.37	507.05	570.77	727.97	888.24	934.51	1379.10	1826.47	1841.89	1927.18	2211.68
销量	208.86	236.36	324.81	439.08	507.11	575.82	721.60	879.15	938.05	1364.48	1806.19	1850.51	1930.64	2198.41
产量增长率	13.1%	12.8%	38.5%	35.2%	14.1%	12.6%	27.3%	22.0%	5.2%	48.3%	32.4%	0.8%	4.6%	14.8%
销量增长率	14.0%	13.2%	36.7%	34.2%	15.5%	13.5%	25.1%	21.8%	6.7%	46.2%	32.4%	2.5%	4.3%	13.9%

图 5-1 我国汽车的市场的快速发展

不同的社会经济发展水平形成了不同的生活环境，而新的环境又会为消费者带来许多新的需求，刺激新的消费。不断提高的社会经济发展水平还大大激活了消费者求新、求奇的心理。2000年我国在售的乘用车车型只有43个，而2013年迅速扩展到了522个。这种状况反映了车型结构从低端低价向中端中价的方向发展的趋势。

（2）由经济发展导致的消费升级推动消费者心理扩展

我国经济的快速发展在消费领域最显著的表现是消费者的消费升级。世界先进国家汽车市场发展的规律揭示，工业化、城镇化对汽车消费的拉动至少可以延续20年以上。消费升级导致的消费者心理扩展将日渐凸显，我国汽车消费已经进入了崭新的时代。改革开放后，我国汽车市场的演进大致经历了四个不同的消费时代。

第一汽车消费时代是以"量"为核心的消费增长时代，汽车消费者的核心特征是渴望跻身有车族的行列，他们关注的焦点是"我要买一辆车"，其次才是"我要买一辆什么车"。

第二汽车消费时代中人们的关注焦点是"我要买一辆喜欢的好车"。但是，在"喜欢的好车"的选择和评价上，人们的标准具有明显的趋同性，即追求"主流时尚"。

第三汽车消费时代是小众消费时代，人们的关注焦点虽然还是"我要买一部喜欢的好车"。但在选择标准上，不同的人群却有着个性鲜明的消费主张。汽车市场出现了多元时尚共同生长的情况。

现在，我国已经进入第四汽车消费时代。虽然，人们的关注焦点仍然还是"我要买一部喜欢的好车"。但在"喜欢的好车"的选择标准上，除了车型用途、车型韵致、车型品质的个性利益主张外，更侧重新汽车生活平台个性化利益期望的实现。在这个时代，汽车研发、汽车制造、汽车营销，都将发生一场前所未有的深刻变革。

（3）社会生产关系决定着消费者总体消费行为的规范

我国社会的改革开放，极大地解放了生产力；社会主义市场经济制度的确立，更为我国社会经济的发展注入了强大动力。在市场经济条件下，消费者的消费行为发生了巨大的变化，追求富有、追求美好生活已经成为广大消费者普遍接受的观念，人们的合法的消费行为不再受到行政手段的干预。但消费者总体消费行为的规范必须受到市场经济条件下消费品分配性质的制约，这就使不同社会阶层和不同社会群体的消费行为和消费心理带有了特定的社会性质和心理倾向。

2. 消费者自身经济状况对消费者心理的影响

消费者的收入水平高低直接影响着消费者的心理和行为。消费者自身经济状况越好、越稳定，安全感、稳定感、成就感越强，消费欲望越活跃，求新、求美、求名的消费心理相对突出。相反，消费者自身收入水平越低、越不稳定，安全感、稳定感就越弱，消费欲望随之降低，消费活动中求廉的心理相对突出。现在，我国的社会结构总体来说，是中产阶层在逐步扩大，知识分子队伍在逐步扩大，高技术白领队伍在逐步扩大，机械劳动力越来越多，农民越来越少，工人也在趋于高级化。这种趋势决定着消费升级将在我国各个经济收入层面上的消费者人群中逐步展开，消费者在精神、心理层面上的需求将日趋突出。

（1）消费者绝对收入变化对心理的影响

消费者的绝对收入变化呈增加状态时，消费者需求欲望就会增强；消费者的绝对收入变化呈减少状态时，消费者的需求欲望就会减弱。一家汽车咨询机构2011年的调研显示：我国购买各种车型新车的家庭收入各有差异。新车用户个人月均税后收入为9682.8元，家庭月均税后收入为14600.3元，且呈现出随着新车级别的提高，用户的个人收入、家庭收入有逐步提高的趋势。与新车用户相比，SUV和MPV用户的收入更高，尤其是SUV用户。

（2）消费者相对收入变化对心理的影响

消费者的相对收入变化是指消费者获得的绝对收入不变，但由于物价或分配等社会因素的变化，导致消费水准的变化。一是与他人收入相比，大于或小于别人的变化幅度，都会导致消费者消费心理的相应变化。二是商品价格变化导致的消费水准的相应变化，继而导致消费者消费心理的变化。

当消费者的绝对收入与相对收入呈同向变动时，即同升或同降，消费者的消费心理不会产生大的变化。但当消费者的绝对收入与相对收入呈异向变动时，影响较大。如物价涨幅大于工资涨幅，则消费欲望受压；如工资涨幅大于物价涨幅，则消费欲望增加。

（3）现期与预期收入变化对消费者心理的影响

在市场经济条件下，尤其在市场竞争十分激烈的情况下，所有职业都对人们的综合素质提出了更高的要求。这就使得任何消费者的现期收入和预期收入都可能发生某些变化。一般情况下，预期收入高于现期收入，消费者的消费信心就会增加；相反，预期收入小于现期收入，消费者的消费信心就会受压。

二、社会文化环境对消费者心理的影响

1. 文化的概念

文化是人类发展进化过程中逐步掌握的能改善人类生活的知识、能力、习惯的总称。文化的概念众说纷纭，通常可以从广义、狭义和中义三个角度加以理解。

（1）广义的文化

广义的文化是指人类社会在漫长的发展过程中所创造的物质财富和精神财富的总和。

（2）狭义的文化

狭义的文化是指社会的意识形态，包括政治、法律、道德、哲学、文学、艺术、宗教等社会意识的各种形式。

（3）中义的文化

中义的文化介于广义的文化和狭义的文化之间，是指社会意识形态同人们的衣食住行等物质生活、社会生活相结合而成的一种文化，如汽车文化、服饰文化、饮食文化等。

2. 文化对个人的影响

文化是特定族群当下的生活方式以及思想和行为的依据，是特定族群当下普遍自觉的

观念和规则系统。文化对个人具有重大的影响。文化为人们提供了认识主、客观世界的基本知识；文化为人们提供了看待事物、解决问题的基本观点、标准和方法；文化使人们建立起是非标准和行为规范。社会结构越单一，文化对个人思想与行为的制约作用就越直接。在现代社会中，社会结构高度复杂，文化对个人的约束趋于松散、间接，成为一种潜移默化的影响。

3. 社会文化环境

社会文化环境是指在一种社会形态下已经形成的价值观念、宗教信仰、风俗习惯、道德规范等社会意识的总和。每个消费者都在一定的文化环境中成长，并在一定的文化环境中生活的，其价值观、生活方式、消费心理、购买行为等必然受到其文化环境的影响。消费者的任何欲望和购买行为都深深地印有文化的烙印。例如：某些性能先进、国际流行、深受外国人欢迎的"溜背式"两厢车，在中国市场却遇到了销售不畅的麻烦，这同我国传统的"轿"车观念有直接关系。

4. 社会文化的共同特征

（1）社会文化的共有性和普同性

社会文化是与社会成员生产和生活实际紧密相连，由社会成员共同创造，具有地域、民族或群体特征，为全体社会成员共有，并对社会群体施加广泛影响的各种文化现象和文化活动。在消费活动中，社会成员之间相互认同、相互影响，形成共有的生活方式、消费习俗、消费观念、偏好禁忌和消费特征，这就是文化的共有性。例如，有的地区喜庆必用红色，因此那里的红色马自达6销售非常火爆。另外，各个不同民族的意识和行为不但具有共同的、同一的样式，而且也包含全人类的、普同的原则，这种社会实践活动中普同的文化形式称之为文化的普同性。这些原则促成了各国人民的相互接近、各民族文化的相互融合。随着高新技术迅速普及，经济全球化进程加快，各民族生活方式的差距也会逐渐缩小。

（2）社会文化的多样性和差异性

不同的自然、历史和社会条件，形成了不同的文化种类和文化模式。社会背景不同、文化特征不同，使得世界文化从整体上呈现出多样性的特征。社会文化的差异性，使各民族的文化各具特色，不可替代。例如：一个职员假日坚持上班不休息，在美国、欧洲和日本的舆论就各不一样。美国人认为这是办事效率低；欧洲人认为这个职员不会享受假日；日本人则认为这是对公司忠心耿耿。

（3）社会文化的变化性和时代性

在人类发展的历史进程中，每一个时代都有自己典型的文化类型。例如，以生产力和科技水平为标志的石器时代的文化、青铜器时代的文化、铁器时代的文化、蒸汽机时代的文化、电力时代的文化和信息时代的文化。时代的更迭必然导致文化类型的变异，新的类型取代旧的类型。人类演进的每一个新时代，都必须继承前人优秀的文化成果，将其纳入自己的社会体系，同时创造出新的文化类型，作为这个时代的标志性特征。人们的兴趣爱好、生活方式、价值观念、消费心理，都随着社会的发展、时代的不同而变化。

（4）社会文化的适应性和发展性

特定环境下的消费心理和行为特征有其客观性和不可控性，汽车营销人员的所有活动必须适应消费者的文化特征。但是，就其本质而言，文化是不断发展变化的，是由低级向高级、由简单到复杂不断进化的。从这个意义上讲，社会文化的稳定是相对的，而变化发展却是绝对的。正因如此，汽车营销人员必须随时研究社会文化的发展，从而与时俱进地为消费者提供自己的产品与服务。

5. 社会文化环境对消费者心理的影响

社会文化的力量是巨大的，它深刻地影响着人们的思想和行为。在影响着消费者的消费心理和行为的诸多因素中，社会文化环境占有极其重要的地位。因为每个消费者都在一定的文化环境中成长和生活，消费者的消费心理和购买行为不可能不受到社会文化环境的深刻影响。社会文化环境对消费者心理的影响是普遍的、多样的、发展变化的、充满时代特征的和潜移默化的。

三、社会亚文化对消费者心理的影响

1. 亚文化的含义

亚文化是社会文化的一部分，又称集体文化或副文化。社会成员因在民族、职业、地域等方面具有共同特征而组成一定的社会群体或集团，同属一个群体或集团的社会成员往往具有共同的价值观念、生活习俗和态度倾向，从而构成了该社会群体的亚文化。亚文化同社会文化既有一致性或共同性，又有自身的特殊性。通常可以将消费者按民族、阶层、宗教信仰、地域、年龄、性别、职业、收入、受教育程度等因素，划分为不同的亚文化群。

2. 年龄亚文化群

（1）老年亚文化群

老年亚文化群的心理特征是自信、保守、习惯于购买自己熟悉的商品，购车时求实、求利的动机较强，对自己不熟悉的新产品往往持怀疑态度。

（2）青年亚文化群

青年亚文化群的心理特征是追求新颖、奇特、时尚，乐于尝试新产品，容易接受各种媒体信息的刺激，产生诱发性和冲动性消费。

3. 地域亚文化群

由于地理环境不同，各地消费者的生活方式和消费习惯也有所不同。例如，北京是文化古城、文人云集，相对保守，崇尚知识，学术氛围浓厚；又如，天津人做生意苦干、实干，敬业乐群，推崇科学，注重人才，重利守义，讲究质量，办事麻利；处在青藏高原的西宁人厚重、沧桑，神秘美丽，佛教、道教、伊斯兰教香火极旺，异族风情迷离多彩，酒文化颇见功底，套路极多。

4. 民族亚文化群

每个民族在长期的生存繁衍过程中都逐步形成了本民族独有的、稳定的亚文化，这也强烈体现在各个民族的生活方式、消费习惯和偏好禁忌中。

5. 亚文化消费群的基本特点

亚文化消费群往往以一个个社会子群体的形式出现，每个子群体都有各自独特的文化准则和行为规范，子群体与子群体之间在消费行为上有明显的差异。每个亚文化群都会影响和制约本群体内各个消费者的个体消费行为，每个亚文化群还可以分成若干个子亚文化群。例如当前已经比较成熟的品牌车型俱乐部，消费者之间经常碰面，相互交流，交叉影响，俱乐部成员的消费文化会随着时间推移逐步趋同。

6. 亚文化对消费者行为的影响

亚文化对消费者行为的影响，主要反映在对消费者价值观、生活方式、审美观念等方面的影响。有的亚文化是直接作用于或影响人们生存的社会心理环境，其影响力往往比主文化更大，它能赋予人一种可以辨别的身份和属于某一群体或集体的特殊精神风貌和气质，亚文化往往比社会总体文化更能影响甚至决定消费者的心理和消费行为。

四、社会群体对消费者心理的影响

1. 社会群体的含义

社会群体是一定人数的集合，社会群体成员之间在某种程度上存在着持续的心理或行为上的相互关联，存在着共同的心理和行为目标，存在着某种整体观念和隶属观念，各个社会群体通常有着自身的行为规范和消费模式。

2. 社会群体的一般分类

（1）正式群体和非正式群体

正式群体是指有固定组织形式、有特定群体目标、有经常性群体活动或成员的活动以实现群体目标和群体利益为目的的群体。例如，社会上的各类组织，包括机关、学校、企业、协会等就是正式群体。非正式群体没有固定的组织形式，结构比较松散，一般是为完成某种任务或因参加者志趣相同而临时组成的群体。例如，团购成员、车友、朋友等就属于非正式群体。

（2）自觉群体与回避群体

自觉群体是指消费者按照年龄、性别、民族、地域、职业、婚姻状况、身体状况等社会自然因素划分的群体。例如，有些地方组织的总经理沙龙就是自觉群体。回避群体是指消费者个人极力避免归属的、认为与自己不相符的群体，一般以年龄、性别、民族、地域、职业、婚姻状况、身体状况等社会自然因素作为回避对象。例如，老年大学对青年人来讲就是回避群体。

（3）所属群体与参照群体

所属群体是指一个人实际参加或归属的群体，例如自己的工作组织。参照群体是指消费者心中向往的群体，例如工程师协会。所属群体与参照群体对消费者心理与行为有不同的影响。参照群体对消费者心理的影响比所属群体更具吸引力。汽车消费参照群体为消费者展示了各种新的行为和可供选择的消费方式，可引起消费者的仿效欲望，能使消费者的购买行为趋于一致性。但对消费者来讲，参照群体是可变的，而所属群体是相对稳定的。

3. 社会群体对消费者心理的影响

（1）群体压力

群体压力是指社会群体通过集体的信念、价值观和群体规范对消费者形成的无形压力。群体压力中信念、价值观对消费者个体的压力并不带有强制性，但群体规范却是群体成员必须遵守的行为标准，具有某种强制性。因为，在任何一个群体中，如果某一群体成员不遵从群体规范，就可能受到嘲笑、议论等舆论上的压力和心理上的惩罚。例如，政府公务人员由于受到群体压力，购车倾向一般是要求稳重，要求大气，选择低于政府公务车规格的车型。

（2）服从心理

服从心理是消费者服从群体意志、价值观和行为规范等的一系列心理活动。对群体的信任感和对偏离群体的恐惧，都能使消费者产生服从心理。例如，在一个家庭中，虽然妻子对丈夫相中的车型并不十分满意，但出于对丈夫的一贯信任，或者希望不至于因为购车导致夫妻关系的不和谐，妻子会对丈夫产生服从心理。

（3）群体的一致性

社会群体的一致性会影响消费者的判断能力。消费者对群体的服从可以分为主动服从和被动服从两种情况。主动服从，即个体成员的行为心理与群体一致；被动服从即个体成员的行为心理与群体不一致，但由于服从心理的作用，个体接受群体观点而放弃自己原有的观点。这种情况在家庭购车过程中，十分多见。销售人员善于利用群体服从和群体一致性理论，营造这种"服从"和"一致"，对于促进成交具有十分重要的意义。

（4）群体规模

群体规模是指组成一个群体的人数多少。群体规模的大小决定了对消费者心理造成的群体压力的大小，群体规模越大，对消费者造成的心理压力越大。

4. 参照群体对消费者心理的影响

（1）汽车消费者个人的知识经验

消费者所具有的商品信息和经验是制约参照群体影响力的首要因素。如果消费者具有购买汽车或服务的亲身经历，或者获得相关信息的渠道畅通、能力足够，购买时就会少受参照群体的影响；反之，消费者则会主动寻求参照群体的支持，以减少购买风险。

（2）汽车参照群体的信誉和实力

消费者总是选择信誉好、实力强的参照群体，接受他们的劝告和建议，并且主动采用该群体所使用的汽车和服务。不仅如此，他们还会在行动上尽力与自己信赖的参照群体保持一致，期望向参照群体靠拢。

（3）汽车商品与服务的显著特点

参照群体向消费者推荐的汽车商品所具有的显著性特点也会对参照群体所引起的作用产生影响。一般来说，商品如果在视觉上具有显著性特点（因为形状或色彩等使商品容易被他人注意到），或者言语上具有显著性特点（口头上容易进行生动有趣的描述），那么如果由消费者依赖或向往的参照群体推荐这种商品，就会对消费者的购买决策等产生较大的影响。

五、社会阶层对消费者心理的影响

1. 社会阶层的划分

消费者所属的社会阶层是社会经济活动的产物。在汽车消费群体中，社会阶层是具有相对同质性和持久性的群体，它们是按等级排列的。每一阶层成员具有类似的价值观、兴趣爱好和行为方式。所属阶层对消费者的消费有着直接的影响作用。按照从事职业和经济状况的不同，消费者分属不同的社会阶层（如图5-2），处在同一阶层的消费者往往具有类似的购买行为。

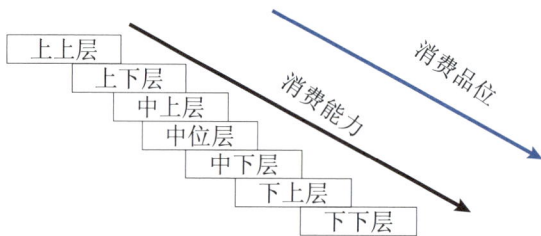

图 5-2　社会阶层和购买行为

2. 不同社会阶层消费心理的差异性

处在不同社会阶层的成员，在汽车消费心理和行为上的表现各有不同。主要反映在以下几个方面：

（1）汽车消费观念不同

出于收入水平、教育程度、职位高度等方面的差异，处在不同社会阶层的消费者消费观念不同，反映出的消费动机也不同。他们一般会在改善生活动机、发展动机、求实和求廉动机、求新和求美动机、求名动机等动机中作出不同的选择。

（2）购买渠道选择不同

不同社会阶层在购买渠道的选择上有着不同的选择。汽车消费者往往会极力避免到与自己社会阶层不相符合的销售渠道购车。高阶层消费者一般选择著名品牌的4S店购车，而低阶层消费者一般喜欢到廉价的市场渠道购车。

（3）获取信息的渠道不同

一般情况下，低阶层消费者倾向于通过口碑式人际传播获取信息，而高阶层消费者则爱从专业性刊物上或者其它大众传播媒介中获取信息。

（4）其他众多方面的差异

不同社会阶层的成员，在汽车消费心理和行为上的差异是多元复杂的。除上述差异外，不同社会阶层的成员还可能在对汽车的认知方式、评判原则、心理感受等方面具有较大差异。另外，尽管同一社会阶层在经济收入水平上属于同一水平，但他们购车行为，由于各自的偏好，仍然可能具有差异性。

3. 社会阶层对消费者的心理影响

一般来说，高阶层的顾客比低阶层顾客更善于利用多种渠道获取商品信息，他们喜欢的购物环境也不同。处于不同社会阶层的人，在生活方式、欣赏品位、购买行为等方面存在较大的差异。例如：社会企业精英、白领、骨干，以及演艺界、体育界、文化界等社会著名人士一般比较追求个性化、时尚化，选择中等以上价格的品牌汽车；小企业主，比较强调实惠，最好是采购可以客货两用的汽车；创业人士，事业刚刚起步，急需资金，因而购车首先考虑方便行程，实实在在就好，比较强调性价比；企业家讲身份地位、讲品牌，以购买中高价格车型为主；小康家庭买车主要目的是满足代步、旅行需要，价格要求适中，不过分强调品牌；教师、医生、行业专家、知识工作者，崇尚自己熟悉的文化和品牌，处于中等消费水平，强调科学技术与工艺；农业专业户、养殖户、私营矿主，买车时强调汽车的动力性和通过性，不计价格，强调面子；富裕家庭子女购车追求时尚、个性，强调汽车的动力和运动特点，价格观念淡漠；经济条件刚刚有所改善的农民朋友买车的关键是希望解决代步问题和载运物品，因此微型车、农用车更受青睐。

六、家庭对消费者心理的影响影响

据统计，到2013年12月，我国私家车保有量已经达到8507万辆，比2003年整整增长了13倍，私家车保有量在载客汽车总量中的比例已达82.8%。家庭购车已是汽车销售商的主要工作目标。

1. 家庭消费的特征

（1）阶段性

同世界上所有事物一样，家庭作为社会细胞，有其自身发生、发展、成长、消亡的周期性规律。消费者在其家庭所处的不同阶段，购买心理与购买行为有着明显的差异。新婚伊始，家庭刚刚组成，消费主要是满足家庭发展和夫妻自身需求；宝宝降生，婴幼儿用品成为必须，纸尿库、宝宝车、奶粉等成为家庭消费的重要组成部分；家庭继续发展，孩子逐渐长大，家庭消费又将子女学习用品、计算机、手机、一般交通工具、汽车等作为消费的主要选项；人到老年，家庭消费又可能投向保健品、生活辅助设备。

（2）稳定性

每个家庭在长期生活中会逐步形成稳定的消费态度和价值标准。例如，购买什么东西值得，购买什么东西不值得；怎样合理分配使用家庭的资金；是追求豪华、奢侈的生活方式，还是追求节俭、精打细算的生活方式，以上这些都会对家庭成员产生难以抗拒的直接影响，在家庭成员的记忆中留下痕迹。久而久之，便会形成这一家庭稳定的价值观。但是，这种影响并不绝对，因为家庭成员除了受到家庭的影响外，还会受社会环境的影响。家庭成员的自我发展及社会的变化往往会使这种稳定的价值观发生变化。

（3）遗传性

家庭消费的遗传性指由于每一个家庭都属于某一民族文化、社会阶层或宗教信仰，并受一定经济条件、职业性质及教育程度的制约，因而形成了其独有的家庭消费特色。父母和长辈的消费习惯和消费方式经常、不断地影响着子女和晚辈，使他们在耳濡目染中潜移默化，逐渐形成了与父母和长辈相似的消费行为和习惯。

2. 家庭的内部职能

（1）家庭成员汽车购买的角色分工

汽车消费者的购买活动一般是以家庭为单位的，但是购买的决策者通常不是家庭这个集体，而是家庭中的某一个成员或者几个成员。

在购买决策过程中，家庭成员需要扮演的角色包括：提议者（最初提议或想要购买汽车的人）、影响者（提供商品信息和购买建议，促成最后购买决策实施的人）、决策者（单独或与家人协商作出购买汽车决策的人）、购买者（到汽车市场实际购买商品的人）、使用者（使用或消费所购商品的人）。

有时，一个家庭成员会担任好几个角色，而有的时候，一个角色会由两个或两个以上的家庭成员来担任。一般来说，担任购买角色的人数越多，购买过程相对复杂；担任购买角色的人数越少，购买过程相对简单。

家庭成员在汽车购买活动中的角色分工并非一成不变。商品不同，家庭成员的角色位置不同；性格不同，购买活动中的角色行为不同；决策人员不同，汽车购买中的行为也有所不同。

（2）家庭成员汽车购买的决策类型

家庭成员汽车购买的决策类型主要有家庭权威型、自治型、共同支配型三类。家庭权威型包括丈夫支配型、妻子支配型和子女决定型；自治型是指家庭中的每一个成员都有权相对独立地作出有关汽车的购买决策；共同支配型是指购头决策由夫妻双方或家庭其它成员共同协商决定。

家庭成员汽车购买的决策类型与成员之间的分工有关。家庭成员处理家庭事务的分工越具体，每个家庭成员对自己负责的那部分家庭事务所涉及的商品购买决策权就越大，扮演决策者角色的机会就越多。

家庭成员汽车购买的决策类型还与所购商品的价值、家庭成员各自掌握汽车市场信息的多少和家庭成员的个性心理特征有关。

3. 独生子女行为特点与消费特征

（1）独生子女的基本特点

独生子女，作为我国计划生育政策影响下成长起来的一个特殊群体，由于社会教育与家庭生活环境的影响，在家庭中的角色和行为有着显著的特点。他们待人热情，乐于助人，但过于自我、任性；他们富于幻想，追求享受，但害怕吃苦；他们乐群，但人际沟通能力较弱，他们喜欢独立，但依赖性较强；他们受教育程度较高，爱好广泛，但社会适应能力较弱；他们自强不息，但日后的心理压力很大。

（2）独生子女的消费特征

独生子女对家庭消费的影响是重大的。现实状况是独生子女在家庭中几乎无需承担更多压力的局面，对独生子女过度承诺、过度培养和让独生子女过度消费，是大多数独生子女家庭共同存在的问题。独生子女家庭的消费，一般偏向独生子女。在大量的独生子女家庭中，独生子女是家庭消费的中心。独生子女汽车消费年龄普遍较低，这也是我国汽车消费平均年龄逐年下降的重要原因之一。

但是，值得重视的是，市场并没有为独生子女安排独特的社会环境，独生子女同样必须面对充满竞争的市场环境和快节奏的生活压力，这种压力对于独生子女的挑战更加严峻。更加值得重视的是，独生子女必将面对老龄化社会带给他们的压力，这将是前所未有的。独生子女在青少年时代与中老年时代面临的生活压力变化巨大，这种压力一定会导致独生子女进入中老年以后呈现出与他们青少年时代完全不同的消费特征。汽车营销人员应当对这种发展趋势有所思考和研究。

七、消费习俗对消费者的影响

1. 消费习俗的特点

消费习俗是指一个地区或一个民族的消费者受共同的审美心理支配而产生的约定俗成的消费习惯，是社会因素的重要组成部分。在习俗消费活动中，人们对物质与精神产品的消费形成了特殊的消费模式。全国各地的婚礼几乎离不开婚车相随；随着经济的发展、收入的提高，有些地区甚至将汽车作为一种嫁妆，这些都成为了一种约定俗成的消费模式（如图5-3）。

图 5-3 婚礼用车

（1）长期性

消费习俗产生和形成于长期的生活实践中。消费习俗一旦形成，又将在长时期内对人们的消费行为产生潜移默化的影响。

（2）社会性

一种消费活动只有在社会成员的共同参与下，才能发展成为消费习俗。消费习俗是人们在共同从事消费活动中互相影响产生的，是社会风俗的一部分。

（3）地域性

消费习俗是特定地域的产物，通常有着浓厚的地域色彩。

（4）非强制性

消费习俗的形成和流行不是强制发生的，约定俗成的消费习俗以潜移默化的方式产生影响，而且通过无形的社会约束力量发生作用。消费习俗使生活在这一地域中的消费者或自觉、或不自觉地遵守这些习俗，并以此规范自己的消费行为。

2. 消费习俗的分类

（1）喜庆类消费习俗

不同民族有不同的传统节日，节日总能使人们产生强烈的社会心理气氛和欢乐感。喜庆类消费习俗是消费习俗中最主要的一种形式。它往往是人们为表达各种美好愿望而引起的各种消费需求。在节日来临的时候，人们的消费欲望强烈，专用类消费品的销售大增，汽车也出现旺销的景象。年轻人希望买辆车外出旅游；在外工作的游子希望买辆车回老家探亲；更多的家庭希望开着车探亲访友。汽车销售企业十分熟悉这种规律，常常在节日来临之际会推出各种促销活动。这已经成为我国消费者的一种新习俗。

（2）纪念类消费习俗

纪念性的消费习俗是人们为了纪念某人或某事而形成的某种消费习俗，纪念性的消费习俗具有浓厚的地区和民族性特点，影响广泛，是一种十分普遍的消费习俗。例如，清明节消费主要是为了祭奠先人，而现在这一习俗已经与踏青旅游融成一体。因此，在清明节等纪念类节日，汽车租赁市场业务量倍增。

（3）宗教类消费习俗

宗教类消费习俗是由于宗教信仰而形成的消费习俗。在长期的历史发展中，一些宗教的礼仪和规则已逐渐成为人们生活中的固定模式和习惯，影响着消费者的消费心理。这类习俗受到宗教意识的强烈约束。有着不同的宗教信仰和宗教情感的人们，也有着不同的信仰性消费习俗和禁忌性消费习俗。任何汽车品牌都不可能在它的文化中渗入某种宗教因素，因为只有这样才可能适应更多的消费者的需要。所以在一般状况下，宗教类消费习俗，对汽车消费并没有什么禁忌。

（4）文化类消费习俗

这是在较高文明程度基础上形成的消费习俗。它的形成、变化和发展与社会经济、文化水平有密切关系。例如，在上海被称为"玫瑰婚典"的集体婚礼，将婚礼的传统习俗与现代文化消费观念相结合在一起，将汽车、珠宝、婚纱摄影、餐饮、度假、保险等各种要素组合在一起，深受上海新婚青年的喜爱，已经形成了一种新的文化消费习俗。

（5）地域类消费习俗

地域性消费习俗是由于地理位置的差异而形成的消费风俗习惯。不同地域的消费者在生活方式上存在的差异对人们的衣、食、住、行方面的习俗影响明显。例如，低速汽车、三轮汽车在农村地区好卖；SUV在城市比较好卖；而沙漠、高原、草原地区的消费者则更加青睐越野车。

3. 消费习俗对消费者心理的影响

消费习俗是长期形成的，对社会生活、消费习惯的影响很大。消费习俗强化了一些消费者的心理行为，使消费心理的变化减慢，给消费者心理带来了某种稳定性。由于消费习俗带有地域性，很多人产生了一种对地方消费习惯的偏爱，强化了消费者的一些心理活动，但对于消费者适应新的消费环境和消费方式，消费习俗也会起到阻碍作用。

八、消费流行对消费者的影响

1. 消费流行的含义

流行也称时尚。消费流行是一种社会经济现象，是指某些商品在一定时间和范围内广泛流行，多数消费者对某种商品或时尚同时产生兴趣，而使该商品或时尚在短时间内成为众多消费者狂热追求的对象，引起消费者对这种商品的追逐与争购，这种浪潮有其独特的流行规律，时骤时缓。此时，这种商品即成为流行商品，这种消费趋势也就成为消费流行。从众行为是消费流行的先导。

2. 消费流行产生的原因

消费流行的出现，具有多方面的原因。首先在于社会生产力发展、经济发展和文明程度的提高；其次在于消费者的个性意志与自我表现的欲望，他们渴望生活多样化，追求新、奇、乐的消费，大部分消费者在这一共同心理的影响下，主动追求某种新款商品或新的消费风格，从而自发推动了流行的形成；再次在于消费者的从众和模仿，因为个体行为总是希望与更多的人保持一致；最后，某些消费流行的发生是出于商品生产者和销售者的利益。他们为扩大商品销售，努力营造出某种消费气氛，引导消费者进入流行的潮流之中。在信息现代化和网络第四媒体迅速崛起的背景下，广告的声势越大，消费流行的传播越广。

3. 追求消费流行的动机

（1）展示独特的自我形象

随着消费水平的提高，消费者的审美意识与个性意识逐渐增强，表现在消费方面就是消费者越来越追求个性化消费。消费者根据自己的特点，标新立异、与众不同，通过选择风格独特的商品，向人们展示自己独特的自我形象。

（2）适应和追赶时代潮流

时尚反映着最新的潮流，消费者为了显示自己的社会适应性和时代特征，会在某种新的消费时尚出现时，争相仿效，这是人的社会心理需要在消费领域的典型表现。

（3）崇拜名人和追求名牌

追求美好事物是人类的天性，名牌产品是优质优价和高品位的代名词，名人是粉丝们追随的偶像。模仿名人的消费，选购名牌产品，是许多追星一族的强烈心理需求。许多消费者模仿名人的目的是满足仰慕名人的心理需要。在消费中追求高品质、高品味也是消费者购买名牌产品的重要原因。另外，消费者崇拜名人、购买名牌产品，也是为了增强自信，获得别人的欣赏和尊重，满足自己追求高品位的强烈心理需求。

4. 消费流行的基本特点

消费流行是消费者自我追求的自觉行为，没有压力感。消费流行的发生与发展规律呈曲线运动，有时骤起，有时缓起，有时可以持续多年，有时则转瞬即逝。消费流行如长期保持，将能演化为一种新的社会风俗。如果消费流行起始于社会名流，则其传播速度更快，传播范围更广。消费流行对不同消费者具有一定的选择性，青年人更容易接受消费流行。

5. 消费流行的主要内容

消费流行的主要内容包括物质、行动、精神等方面的流行。

（1）物质的流行

物质的流行是指具体产品在市场上的流行。例如，在某一时期，消费者间流行安装大功率汽车音响、扰流板和天窗，这就是物质的流行。

（2）行动的流行

行动的流行是指消费行为方式上的流行。例如，我国汽车刚刚进入家庭的时候，消费者选购汽车往往选择综合性的汽车经销商，谓之"跑百家不如跑一家"；品牌管理办法推行后，消费者购买汽车大多选品牌4S店；随着汽车消费日益普及，消费者了解汽车及服务信息的途径日益扩张，消费者购买汽车的行为模式更加依赖网络，更多选择线上沟通，线下购买的行为模式。

（3）精神的流行

精神的流行是指在消费者满足精神消费目的的流行。例如，年轻人总喜欢为自己的爱车黏贴幽默车贴，其目的在于用幽默的表达方式满足审美、时尚、另类等精神上的需要（如图5-4）。

图 5-4 年轻人使用的幽默车贴

6. 消费流行的规律及心理效应

（1）消费流行区域传播的规律

在我国，消费流行传播的区域走势非常明显。一般的传播规律是：从发达地区向不发达地区传播，从沿海向内地传播，从南方向北方传播，从城市向农村传播，从东部向西部传播，从平原向山区传播。随着消费流行在欠发达地区的盛行，这种流行在发达地区会逐步下降。

（2）消费流行人员结构的规律

消费流行在一般情况下呈现自上而下分层次传播的特点，自发形成扩展延伸。消费流行的方式包括：滴流，即自上而下流行；横流，即阶层间互相影响；逆流，这是一种特殊的情况，即消费流行呈现自下而上流行的趋势。

（3）消费流行的商品运行规律

消费流行与其他任何事物一样，会呈现酝酿期、高潮期、普及期和衰退期这些规律周期（如图5-5）。消费流行周期的时间长短，取决于消费者心理变化的过程。由于经济快速发展，新材料新技术的应用，产品设计开发水平的提高，以及人们的生活节奏的加快，心理与精神需求的不断扩张，消费流行的周期正出现越来越短的趋势。

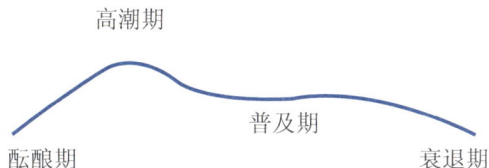

图 5-5 消费流行的周期性规律

7. 消费流行的种类

消费流行按内容，可以分为吃的商品引起的消费流行、穿的商品引起的消费流行和用的商品引起的消费流行；按消费流行的速度，可以分为迅速流行、缓慢流行和一般流行；按消费流行的范围，可以分为世界性的消费流行、全国性的消费流行和地区性的消费流行；按消费流行的时间，又可以分为3年以上的长期流行，一个季度之内的短期流行和介于以上两者之间的中短期流行。

8. 消费流行的方式

流行的方式很多，但一般都是首先由"消费领袖"带头，引发多数人的效仿，从而形成时尚潮流。引发流行的原因除了"消费领袖"的作用外，还与商品的影响、宣传的影响、外来文化与生活方式的影响等众多因素有关。

（1）滴流

滴流是自上而下依次引发的流行方式。它通常以权威人物、名人明星的消费行为为先导，而后由上而下地在社会上流行开来。具体表现为：由经济发达国家或地区向中等发达国家或地区流动，再向发展中的国家或地区流动；由社会上层政治领袖、经济界头面人物、社会名流开始，通过中层社会的模仿、攀比，再经过传播扩散，在社会各阶层中流行；由高收入层向中收入层再向低收入层流行；由高文化层向中文化层再向低文化层流行。

（2）横流

横流式消费流行是社会各阶层之间相互模仿，诱发横向流行的方式。这是由于同阶层消费者在消费心理、消费水平、消费习惯等方面大致相同。具体表现为，某种商品或消费时尚由社会的某一阶层率先使用，而后向其他阶层渗透蔓延，最后流行起来。横流式的消费流行，具有速度快、影响大等特点。例如，鄂尔多斯的富商喜欢购买路虎汽车，浙江企业界人士喜欢使用奥迪轿车等，都属于横流式的消费流行。

（3）逆流

逆流式消费流行是自下而上引发的流行方式。它是从社会下层的消费行为开始，逐渐向社会上层推广，从而形成消费流行。这种流行方式在汽车市场上并不多见。

9. 消费流行条件下消费者心理的变化

消费流行会使消费者的消费心理发生许多微妙变化，研究这些变化，是精准研究消费者的消费心理，搞好汽车市场营销的重要条件。

（1）态度上的变化

消费流行可以改变消费者对某些流行商品的态度，减弱怀疑态度，强化肯定的态度，并使其唯恐自己的消费行为落后于消费时尚。

（2）动机上的变化

消费流行可以使消费者比较稳定的购买动机发生变化。在消费流行的驱使下，消费者求新、求美、求名、从众等购买动机会趋于强烈。

（3）观念上的变化

消费流行可以使消费者在正常情况下追求性价比的观念发生变化，在消费时尚和流行浪潮的冲击下，消费者有可能会放弃求廉的基本原则，甚至不惜以高价购买流行时尚产品。

（4）习惯上的变化

消费流行可以使消费者长期形成的购买习惯发生改变，在时尚和流行趋势的影响下，放弃自己的购买习惯，表明自己能够跟上潮流，炫耀自己不是墨守成规的落伍者。

九、暗示、模仿与从众行为对消费者心理的影响

1. 暗示

暗示是采用含蓄、间接的方式对消费者的心理和行为产生影响，从而使消费者产生顺从性的反应，或按照暗示者要求的方式行事。暗示不同于正面的说服，它能在不知不觉的状态下进入人的意识，使其接受暗示的感染，作用非常强大。暗示分他人暗示和自我暗示两种。暗示的作用大小与消费者个人从众心理的强弱密切有关，暗示可以导致消费者对某些事物一定程度上的顺从，甚至极端到盲从。语言、手势、姿势、表情、眼神、图片，以及各种动作都可能对消费者产生暗示作用，暗示越含蓄，效果越好。一般来讲，儿童、妇女和具有依赖型个性特征的消费者更容易接受暗示。

2. 模仿

模仿是指消费者自觉或不自觉地仿照或重复有一定榜样作用的人的行为，模仿是消费者社会学习的重要形式之一。模仿不是强制行为，可能是经过理性思考的行为，也可能是感性驱使的结果。模仿者有喜欢新事物，愿意按别人的方式改变自己的消费心理和消费行为的特点。模仿行为发生的范围十分广泛，形式多种多样，可以分为无意识模仿和有意识模仿、外部模仿和内部模仿等多种类型。特殊消费者的示范购买行为尤其容易引起消费者的模仿。

3. 从众行为

（1）从众和从众行为

人的社会性决定了消费者会与经常在一起的人进行交流并相互影响，这些人往往具有类似或者相近的思想，因而，从众是一个非常普遍的社会现象。从众行为则是指个体在群体的压力下改变个人意见而与多数人取得一致认识的行为倾向，是社会生活中普遍存在的一种社会心理和行为现象。

（2）从众行为产生的依据与原因

首先，社会心理学认为：个体在受到群体精神感染式暗示时，会产生与他人行为相类似的模仿行为。与此同时，各个个体之间又会相互刺激、相互作用，形成循环反应，从而使个体行为与大多数人的行为趋向一致。这种暗示-模仿-循环的反应过程，就是已被心理学研究证实的求同心理过程，而正是这种求同心理，构成了从众行为的心理基础(如图5-6)。

其次，从众行为也源自消费者对社会认同感和安全感的追求，消费者希望自己能归属于某一个较大的群体，不仅被大多数人所接受，而且能得到群体的保护、帮助和支持。

此外，从众行为的产生也与消费者对自身行为缺乏信心或缺乏自主性和判断力有关，这些消费者在复杂的消费活动中犹豫不定、无所适从，总是认为多数人的意见值得信赖，从众便被他们认为是最便捷、最安全的选择。

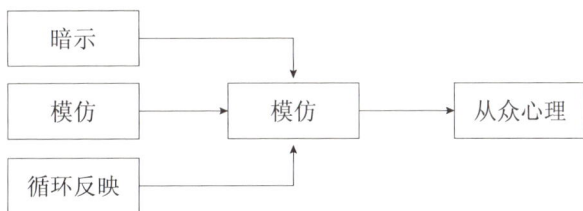

图 5-6　从众行为产生的心理依据与原因

（3）从众行为的表现形式

从众行为一般有这样几种表现形式：一是表面服从，内心也接受，所谓心服口服，从心理到行为的完全从众；二是内心拒绝，但行为上从众；三是内心接受，行为上却不从众。从众心理既有积极意义，也有消极意义，因为在多数情况下，从众行为都不同程度地带有盲目性，消费者如果不加分析地顺从某种宣传效应，随大流跟着从众，甚至发展到盲从，并不是健康的心理。

（4）消费者从众行为的特征

第一，消费者从众行为的产生一般是被动接受的过程。在从众过程中，消费者除了获得安全感、被保护感等积极感受外，还会伴有无奈、被动等消极的心理体验。

第二，一般来说，缺乏自信心的人更容易产生从众行为；而自信心较强的人，发生从众行为的可能性则比较小，因此，从众现象涉及的范围有限。

第三，从众消费行为发生的规模较大。从众现象通常从少数人的模仿、追随开始，继而扩展成为多数人的共同行为。多数人的共同行为一旦出现，就会刺激和推动从众行为在更大的范围内发生，逐步演变成更大规模的流行浪潮。

十、品牌文化对消费者消费心理的影响

1. 品牌与品牌文化

（1）品牌的含义

品牌是产品的重要组成部分，在现代市场营销中的作用越来越大。著名营销大师科特勒认为："品牌是一种名称、术语、标记、符号或设计，或是它们的组合运用，其目的是辨认某个销售者或某群销售者的产品与服务，使之同竞争对手的产品和服务区分开来。"品牌名称是品牌中可以被读出声音的部分。品牌标志是指品牌中不可以发声的部分，包括符号、图案或明显的色彩或字体。品牌本质上代表着企业向消费者长期提供的特定产品、利益和价值。只有当这些产品、利益和价值被消费者所感知、所偏爱时，品牌才能折射出无比耀眼的光辉，显现其强大的力量。

（2）品牌的核心

品牌的核心是企业的产品或服务。在消费者心目中，经过长期沉淀，形成的一种心理感觉。它由一连串故事、形象、联想、体验、产品、服务等元素构成，品牌文化代表着一种价值观、一种品位、一种格调、一种时尚、一种生活方式，它的独特魅力就在于它不仅仅提供给顾客某种效用，而且帮助顾客去寻找心灵的归属。一个品牌就是一种承诺，通过相关的、差异化的、一致的服务创造顾客价值和企业价值。

（3）品牌的功能

品牌具有商品的识别功能，能直接、概括地反映商品的产地、形状、用途、成分和性能等，便于消费者识别和认知这一商品。品牌是企业形象的象征，代表了商品生产、服务企业的产品质量与功效、经营特色与承诺，有利于优化企业形象。

品牌具有消费者权益保护功能，消费者可以依照品牌识别符号区别真伪，选择产品和服务，确保品牌承诺的兑现，维护消费者自身合法权益。

品牌还具有增值的功能，品牌在消费者心目中的感觉可以使品牌自身价值增值或贬值。良好的质量、外观、功能、服务、知名度、美誉度可以得到消费者的认知和忠诚，不仅能使无形资产增值，而且能给企业带来利益。

2. 品牌文化

（1）品牌文化的含义

品牌文化是指品牌在经营中逐渐形成的文化积淀，是凝结在品牌上的企业精华。品

文化代表着品牌自身的价值观。品牌通过消费者在精神上的认同、共鸣、持久信仰、理念追求、强烈忠诚，体现其文化魅力。

（2）品牌文化的核心

品牌文化的核心是品牌的文化内涵，是品牌蕴涵的价值内涵和情感内涵，也即品牌所凝炼的价值观念、生活态度、审美情趣、个性修养、时尚品位、情感诉求等精神象征。优秀的品牌文化是民族文化精神的高度提炼和人类美好价值观念的共同升华，凝结着时代文明发展的精髓，渗透着对亲情、友情、爱情和真情的深情赞颂，倡导健康向上、奋发有为的人生信条。优秀的品牌文化可以生生不息，经久不衰，引领时代的消费潮流，改变亿万人的生活方式，甚至塑造几代人的价值观。优秀的品牌文化可以以其独特的个性和风采，超越民族，超越国界，超越意识，使品牌深入人心，吸引全世界人民共同向往、共同消费。

3. 品牌文化对汽车消费者的心理影响

品牌文化对消费者的影响是深刻、持久且强有力的，品牌文化可以对消费者的认知活动、情感倾向、意志努力以及购买行为产生重大影响，有益于消费者按照自己的个性倾向性，选购高质量产品和服务，体现消费者自身形象和减少购买风险。

（1）品牌文化与汽车质量

品牌价值体现在企业利用品牌创造更高的价格或更大规模的能力上。一个优秀的汽车品牌，一般都视发展品质重于利润和规模。没有质的约束，品牌价值可能缩水。品牌与质量之间有着密切的关系，应该说越是在公众心目中公认的品牌，其产品和服务的质量表现就越好。

（2）品牌文化与消费者个性

汽车不仅仅是简单的代步工具。汽车体现了其主人的思想、性格、身份、抱负和性格。当各种汽车在价格上不能拉开明显距离的时候，消费者就会将汽车个性与自身性格相联系，并深深受到品牌个性的影响。为此，各个汽车厂商无一不重视自己品牌形象及其个性的塑造。可以说，世界汽车发展史，实际上就是一部激动人心的汽车品牌发展史。汽车所能展示的品牌力量很少有其他商品可以超越。品牌甚至已经成为企业决胜市场的神兵利器。

（3）品牌文化与消费者自身形象

品牌可以反映消费者不同的价值观念或消费特点，消费特定品牌的产品可以成为消费者与他人交流信息的一种手段。品牌消费者共同的偏好，使得消费者可以以明确的信号向外界传递自身的形象类型。品牌不仅可以帮助人们认识自我，并且可以向他人传达消费者对自我的认知。

（4）品牌文化与消费者选购风险

消费者在决定是否选购和使用某种产品时，常常会受到不同风险因素的影响。尽管消费者可以使用多种不同的方法来应对这些风险，但是相对而言，购买名牌产品是避免购买风险最为简单而又保险的方法。

第二节 购物环境对消费者心理的影响

一、当前汽车购买的主要渠道

1. 品牌专卖的4S店

品牌专卖的4S店，提供四位一体的汽车服务（整车销售、零配件供应、售后服务、信息反馈），这是目前我国汽车销售的主流模式。4S店与生产企业没有资金合作关系，但汽车制造商对专卖店的位置选择、销售流程、硬件设施、服务标准等都有着严格的规定，并进行严格的统一管理。

2. 特许经营

汽车特许经营，即生产企业和中间商没有资金合作关系，生产企业提供优惠的经销价格和货款结算模式，将中间商确定为生产企业的特许经销公司。经销商不能控制制造商的品牌形象；特许经销商经营汽车的品牌数量不是唯一的，制造商也不能对此进行控制。这种模式在汽车零部件和汽车精品销售领域比较普遍。

3. 汽车直销店

汽车直销店模式，即由汽车制造商及其下设的各地销售机构，直接向最终用户销售汽车。这一模式的特点是分销渠道短，流通费用低，便于企业了解市场第一手资料，能及时调整产品策略。但是该模式需要汽车制造商投入大量资金建设销售机构，也不利于市场专业分工。实行这种销售模式的企业往往规模较小，资金实力不大，而且以销售非市场主流车型为主，例如农用车、三轮汽车等。

4. 二级经销商

二级经销商一般是由4S店以扩大渠道的地理覆盖而设立的销售渠道，作为4S店的补充渠道。实行这种模式的销售店一般处在人口数量不大、人口密度不高、区域位置较偏的地方。二级经销商与4S店之间没有资金合作关系，依靠在当地的推销业绩获得4S店与其契约规定的经济利益。

5. 汽车市场

汽车市场是汽车流通领域集贸式的汽车交易有形市场。一个市场中，集合着众多的汽车经销商。国内知名的汽车超市有北京亚运村汽车市场、长春汽贸城、上海国际汽车城、成都置信经典汽车市场等。汽车市场有其独特的优势。首先，汽车市场不仅可以将多种品牌集合在一起，还可以将银行、工商、交管等部门请进来，帮助用户办理购车手续，提供一条龙或一站式服务，为消费者提供购车便利。其次，汽车市场凭借规模效益，可以降低经销商的费用。

6. 汽车集团化经营

汽车集团化连锁经营模式，即国内有实力的汽车销售集团为了降低成本、规避风险，在不同地区建立多个相同品牌或不同品牌的汽车专卖店。具体的作法有四种：一是直接投资兴建连锁店；二是收购其它公司的4S店；三是招募加盟商，采用特许连锁的方式；四是利用自己拥有的多种品牌资源开设大型汽车超市。国内采用连锁经营的汽车销售集团包括庞大汽贸集团股份有限公司、广汇汽车服务股份公司、广东广物汽贸等。连锁经营的汽车销售集团的主要优势包括：获得进货优势，优化管理体制，强化服务优势，加强融资能力，抵御经营风险。

7. 汽车产业园区

汽车产业园区是企业或政府为促进汽车产业的充分发展，实现聚集效应，增进产业联系，推动汽车产业快速发展而规划的专业化产业区。汽车产业园区在政策上有扶持，地理上有限定。

8. 汽车电子商务

汽车电子商务就是汽车互联网销售。互联网销售不仅可以超越时空，到达世界各地车市，还可以使消费者能够随意欣赏任何一款汽车，可以使其依据自身的喜好，选择自己喜爱的车型和装饰配件。汽车电子商务使汽车消费更加符合个性时代的消费特征。汽车电子商务还可以让汽车生产商节约流通成本，根据订单制订生产计划，确定汽车设计、配置和数量，及时调整产品结构，适应市场和用户的要求。这也是未来汽车营销的一种新模式。

二、4S店选址的心理功能

1. 地段选择

一般情况下，繁华地段都是商品交易最活跃最频繁的地方，因为这样的地段容易聚集消费者，方便他们选购商品。但是，汽车4S店的选址并不如此。全国各地的4S店，大部分集中在成熟的汽车街和汽车城，或靠近城市的边缘地区，目的是满足汽车消费者追求识别、选择、购买便利的心理。

2. 基本条件

4S点选址必须考虑下列几个基本条件：第一，在大城市，5公里范围内没有重复建点；第二，商圈具备一定的人口密度和与其相适应的消费品位、消费水平；第三，交通比较便利，容易寻找和乘车到达；第四，符合4S店规定面积；第五，最好朝南；第六，路段一般不在十字路口或Y型路口；第七，商品越高档，地段要求及建筑物档次越高。4S店选择这类地区的原因，一是由于城市边缘地区的地价较低；二是在中心城区往往缺少停车位，也不便于汽车物流；三是距离消费者不远，消费者到达、泊车、提车都相对比较方便（如图5-7）。

图 5-7 上汽大众4S店的外观形象

3. 建筑特征

4S店的建筑设计，不仅有形态功能，即提供购物空间，而且还要能给人以形式美感，产生美的愉悦，由此吸引更多的顾客，促成良好的购物情绪氛围。不同建筑结构和材料形成了不同档次的品牌商业形象，4S店的建筑趋势要迎合、符合目标消费群的心理需要。

三、4S店环境的心理功能

良好的购物环境和先进设施不仅能够体现出4S店大气、尊贵、可靠、正规的特点，更能让消费者产生愉悦的心情和可以信赖的感觉，从而使其获得满意的体验。

1. 展厅外设施基本要求

4S店展厅外设施，是消费者识别4S店品牌特征和企业形象的窗口。其基本要求包括：

（1）展厅入口

入口干净有序、门岗运作良好、车行道畅通、交通循环畅通有序。

（2）室外形象

室外外墙干净、明亮，品牌LOGO和立柱品牌LOGO与品牌CI的形象相称，无破损锈蚀；立柱上的品牌LOGO、店牌灯光及展厅门头、维修厂门头的品牌LOGO保持通宵照明；玻璃窗及落地玻璃干净，保持由外至内的透视度；展厅玻璃幕墙未粘贴、悬挂任何物料；展厅外正面玻璃窗前不摆放大型绿色植物，以免遮挡外界视线；停车区有专人指导顾客停车。客户停车井然有序、不混乱。

（3）客户停车位

展厅外预留出充足的客户停车位及试乘试驾停车位，停车位划线注明"客户停车位"字样，且没有挪作他用。在停车区入口处设置"入口"、"出口"、"P"标志。

（4）试乘试驾车停车位

试乘试驾停车位明显，试乘试驾车辆上的试乘试驾标识完好，车辆整洁、干净、停放整齐并能正常使用，根据主机厂提供的标准模板，在车辆上张贴试乘试驾标识，并禁止随意张贴其他标志。

（5）环境绿化

绿化带和草坪整洁，护栏干净，维护良好，且不防碍视线。

（6）地面清洁

地面干净且维护良好，地上没有垃圾，地灯干净且维护良好。

（7）室外新车展示区

室外新车展示区保持干净有序，展示车辆干净且摆放有序，新车交付区要确保干净整洁且未被挪作他用，新车待交区整洁美观、规范安全。

2. 展厅内设施基本要求

展厅内设施是销售活动的中心场所，基本要求是：

（1）墙面与地面。展厅墙面、地面未粘贴、悬挂任何物料；墙面和吊顶天花板干净且无破损。

（2）展厅入口。展厅入口处有明显的营业时间标志；门口有雨伞架；展厅入口地毯和除泥垫（雨天放置，晴天移除）符合标准且干净整洁。

（3）光源与通风。光源正常开启，色温以及亮度达到要求、灯管无损坏、展厅内通风良好、温度适宜。

（4）室内绿化。在展示厅内摆设数量适宜的绿色观赏植物，展厅内无任何人造植物；植物的叶片擦拭干净，且不能有发黄的叶片；植物花盆内没有烟头，且四周无散落尘土和枝叶。

（5）背景音乐。营业时间内确保有背景音乐播放，背景音乐轻柔，音量不打扰客户看车或交谈。

（6）待客饮料。展厅内提供三种以上的饮料供客户选择饮用，杯具洁净，饮料、茶叶在保质期内。

（7）宣传资料。车型目录齐全，数量充足，每种车型资料不少于20份；资料根据展厅的实际状况进行多处陈列，并且与实车对应；及时撤去以前宣传活动中使用的已过期的宣传品及物料；灯箱干净，光源正常开启、生活画片内容和制作符合要求。

（8）新车发布区。新车发布区有展示车辆，展牌、灯箱正常工作，背景画片平整，符合标准。

3. 接待与洽谈区、销售办公室的基本要求

（1）接待区

接待区随时保证有销售顾问值班；接待台符合标准且干净、整洁、无杂物；展厅客流统计表、顾客记录卡、试乘试驾协议已经准备好；拥有数量足够且状态完好的标准洽谈桌椅，并能随时根据客户数量增加座椅；客户洽谈桌上有充足的糖果、绿色植物和烟灰缸，且桌面上无任何粘贴物；准备了内印有试乘试驾路线图的试乘试驾协议书；烟灰缸没有积垢、发黄；销售洽谈室的装饰与展厅整体色调协调。

（2）销售办公室

销售办公室桌面整洁、干净、无灰尘，所有物品定位，文件柜状态完好且无堆放任何杂物；桌椅保持状态完好，未随意放置衣物等物品；地面、墙面清洁干净；有销售顾问业绩看板、邀约看板及工作流程图。

4.客户休憩与交车区基本要求

（1）客户休息区

客户休息区域地面木地板完好、干净；桌上摆放鲜花、糖果、烟灰缸；客户离开后及时清理杂物，保持休息区干净、整洁；顾客休息区域有三种以上的饮料可供客户选择；有当期的杂志和当天的报纸供顾客翻阅；电视能正常播放客户喜欢的节目或与品牌产品有关的节目；上网区干净整洁，电脑工作良好；儿童玩耍区搭建在合适的位置，并做到干净、整洁、安全；安放信息看板，通报当前最新的产品信息、服务信息和促销信息，接待台台面干净整洁，电话机状态完好且外观清洁干净。

（2）交车区

交车区标识明显且有新车交付流程图，保持干净、整洁、光线充足，保持良好通风，如有茶几，上面要准备糖果、饮料和纸巾等物品，且确保桌面上无任何粘贴物。

5.卫生间的基本要求

卫生间最能反映销售环境的文明程度，要求做到：保持明亮、干净、通风、无异味，卫生间所有功能均能正常使用，卫生间地面、洗手台及镜面擦拭干净且没有积水，盥洗台放置芳香剂、洗手液、烟灰缸（男厕）及绿色植物，仪容镜干净明亮，侧墙上安装搽手纸巾盒或干手吹风机，擦手纸、洗手液、卷筒纸等物品由清洁人员及时补充，卫生间门背后粘贴"卫生间记录及物品补充表"并记录和检查，男厕小便槽上台面可以设置烟灰缸，槽内放置樟脑球以消除异味，清扫工具使用之后，放回原处，并整理放好，不随意堆放清洁工具或其他杂物（如图5-8）。

图5-8 4S店卫生间

6. 4S店人员着装及仪态基本要求

着统一规定制服，大方、得体，制服、领带（或丝巾）保持干净，穿前熨烫平整，西装系胸前纽扣，胸牌佩戴在左胸口袋上。

男销售顾问不留长发，且头发清洁、整齐，精神饱满；不蓄须，短指甲，且双手及指甲保持清洁；着黑色皮鞋，且保持干净、光亮，搭配黑色袜子。

女销售顾问发型文雅，且梳理整齐（长发要盘发并扎有头花），精神饱满；化商务淡妆，且指甲不宜过长，并需保持清洁；着黑色鞋子，且保持干净、光亮（不露脚尖及脚跟，搭配肤色丝袜，无破洞；不能佩戴有可能划伤展车的饰物（如图5-9）。

图 5-9 4S店人员的着装及仪态

四、4S店产品展示的心理功能

汽车产品不同于一般商品，汽车产品夺人心魄的部分不仅在于隐含在产品内部的先进科技和历史文化，而且表现在夺人眼球的外型，包括它的色彩、线条、个性与动感。消费者的购买过程，很少能够脱离与汽车产品的直接接触，这就要求汽车产品能够通过各种手段进行展示，以彰显它的魅力，凸现它的个性，使之成为它与社会公众及消费者之间的情感纽带。

汽车4S店不仅是品牌展示的舞台和直接窗口，更是汽车营销的前沿阵地，直接面对汽车销售的终端用户。为了让消费者对具体的产品能够产生良好的心理感觉，除了注意4S店的整体形象以外，还有一个很重要的方面，就是规范、艺术地进行车辆展示，营造一个足以让消费者感觉到其专业水平的汽车展示环境。

1. 注意整体形象

汽车销售门店形象由店面形象、环境形象、设施形象、产品形象和人员形象诸多方面构成，汽车产品展示必须与门店的整体形象相一致。只有标准、规范的企业识别系统与展示的汽车产品相互映衬，才能使汽车产品展示达到理想的效果。注意整体形象，还包括对展厅氛围的营造，通过展厅音乐、饮料、灯光、绿色植物、气味、颜色、促销活动、影音、温度等各个方面展现4S店的形象。

2. 灵活展示汽车

汽车产品的展示强调气氛的和谐，通过视觉沟通、灯光、颜色、音乐的配合，刺激客户的知觉与情感，并最终影响他们的购买行为。灯光可以照亮产品、勾勒线条、烘托气氛、突出主题；音乐可以营造环境、控制客流、引导客户的注意力。为了达成这一目标，汽车展示应当遵循的相关要求包括：全面展示汽车产品，便于销售人员介绍；考虑客户走动空间，便于客户试乘试驾；附带展示必要的配套用品。

3. 精心布置展车

为了方便客户参观与操作，方便销售人员对产品的介绍，布置展车时应当注意以下几点：第一，注意系列的安排。因为所有的汽车品牌所展示的都不是单独一个产品，所以在展示时必须注意型号搭配，使展示的产品形成系列，浑然一体；第二，注意车辆的颜色搭配，体现产品的丰富层次；第三，注意摆放的角度，自由式排列、主题式排列都要注意做到错落有致，千万不能凌乱无序，更不能排列过稀或过密；第四，展示时要突出重点，刚进入市场的新车型以及特别推荐的车型应当安排在突出位置，甚至可以将它专门放到展台上，并强化灯光效果。

4. 规范展示样车

样车展示是汽车营销的一个重要环节，尽管细小，但小中见大。客户可以从样车展示的管理中看到4S店的专业水平。其具体要求是：按规定安放型录架，保持统一方向；全面清洁展车，做到无灰尘、无手纹、无水痕，清洁时注意不要拉毛漆面；轮毂中间的车标要保持正直，应与地面平行；轮胎应当干干净净，不能有异物，并用轮胎光亮剂涂黑；前排位置要调整到适当的距离，两个座位应在一条直线上；新车上的保护膜、地板纸和塑料套要事先去掉；方向盘应调至最高位置，倒车镜、后视镜均应调至合适位置；仪表盘上的时钟要调至标准北京时间；确定电瓶有电；确认各种功能开关可以正常使用；调试收音机和音响设施；准备好适当的光盘；在座位下安置同车辆品牌一致的脚垫；后备箱内不能放置任何杂物。

5. 充分认识产品

汽车展示的目的，是让消费者充分认识他所需要的产品，并对它产生感情，达到这一目的的前提是让消费者充分认识汽车产品的价值，以及它能够对顾客提供的效用。这就要求销售人员不但要熟记汽车的规格与特性，而且要充分收集与展示汽车有关的各种情报，提炼出产品对顾客的最大效用，以通过针对性的有效介绍，满足顾客的需求。

汽车销售人员对产品的充分认识，主要表现在以下三个方面：

第一，汽车产品的价值取向，即汽车产品能给使用者带来的价值。包括：汽车的品牌特征；汽车的性能价格比；企业可以提供的完整服务；汽车产品的主要优点，包括功能上的特点和品牌文化、个性特征等软性特点，以及产品可以为消费者提供的特殊利益。

第二，汽车产品的构成，包括汽车的造型与外观、动力与操纵、舒适实用性、安全能力、超值表现、品牌、竞争车型等。

第三，研究消费者关心的问题。销售人员的根本任务是根据顾客的需求，提供购车的解决方案。消费者的需求与问题主要表现在商务价值、汽车技术和实际利益等三个方面。调研显示，顾客在购买汽车过程中提出的问题，表面上看多数是商务价值或技术问题，但其实质是利益问题。调查显示，顾客在购买过程中提出的问题中，表面是技术问题但实质是利益问题的数量占总提问数量的73%，而绝对的技术问题只占9%，商务问题只占18%。

6. 有效陈述汽车产品

一般的销售人员往往都是从汽车的造型与外观、动力与操控、舒适实用性、安全能力以及超值表现这五个方面向消费者介绍汽车，并且让消费者接受。销售人员产品陈述的目的是让消费者认识到该汽车产品可以有效降低他们的投资风险。因为顾客表面上关心的是汽车技术，而实际上关心的则是这些技术会给他们带来的利益。

五、汽车产品的魅力展示

为了张扬汽车产品的科技和艺术魅力，汽车产品除了通过4S店进行展厅展示外，还经常利用车展和路演等方法向公众进行更大规模的展示。

由于展示的目的不同，其展示形式也各不相同。

4S店的汽车产品展示，其目的是加深消费者对产品的认知与情感，推动消费者购买决策的确立和购买行为的产生。

车展的目的主要集中在汽车企业的品牌推广、产品科技的突破和企业实力的展示以及产品文化的宣传上。

路演的目的相对比较简单，主要是为了推广新品、促进销售。除此以外，汽车产品的展示，还包括各种竞赛、俱乐部活动，这些活动的目的比较复杂，但更多的是为了张扬品牌，凸显企业自身的汽车品牌在市场竞争中的地位。

1. 汽车展览

汽车展览会是汽车制造商展示新产品的舞台，在流光溢彩的样车背后，是汽车制造商之间为争夺市场份额的殊死较量。汽车展览会展示更多的概念车、新车型；展示汽车制造商掌握的最新技术；展示汽车制造商特有的文化和风格，让人们感受到世界汽车工业跳动的脉搏。

法国是世界汽车的发源地，世界第一次车展在法国举行。1898年，在法国汽车俱乐部倡导下，第一次国际车展在巴黎的一个公园里进行。吸引了14万游客，232辆各式汽车在展览期间往返于巴黎与凡尔赛之间，成了当时公众瞩目的焦点。

因此以后汽车展览在世界各地蓬勃开展起来。目前世界上的车展主要有：巴黎车展、北美车展、日内瓦国际汽车展、法兰克福车展、东京车展、纽约车展、北京国际车展、上海国际车展等。随着中国汽车工业的迅速崛起，我国其他一些城市如长春、南京、广州、成都也都开始经常举办汽车展（如图5-10）。

图 5-10 汽车车展图片

2. 汽车路演

路演是汽车营销过程中常用的促销手段，一般的做法是在促销现场设置活动背景，放置适当展车，配合一定的文艺节目，由业务人员向路人派发宣传资料，建立一定的客户关系。做得比较好的汽车路演，除了有创意以外，基本上都经过了周密策划，目的思考、主题确定、协作单位、舞台搭建、情景设计、展示车辆 、节目安排、人员安排、现场咨询、情况记录都安排得井井有条。当前汽车路演的主要问题是：安排过于随意，拉起来就干，主题大多千篇一律，缺少事先策划。

3. 汽车竞赛

汽车竞赛实际上是流动的汽车展示。汽车竞赛丰富了人们的生活，造就了不少优秀的赛车手，也使各种优秀的汽车品牌在极速运动中尽显风采。赛车来自于法语GRAND PRIX。1904年6月10日，法国成立了国际汽车联合会（FIA），1922年成立了国际汽车运动联合会（FISA），国际汽车运动联合会由世界汽车运动联合会（World Motor Sport Council）的22个小组掌管。中国汽车运动联合会（FASC)则于1975年成立，1983年加入国际汽联。

汽车竞赛是使用汽车在封闭场地内、道路上或野外，比赛速度、驾驶技术和性能的一种运动项目。1887年4月20日，法国《汽车》杂志社主办了世界上最早的汽车赛。1895年6月11日，法国汽车俱乐部和《鲁.普奇.杰鲁纳尔》联合举办了世界上最早的汽车长距离公路赛。最早的汽车跑道赛于1896年，在美国的普罗维登斯举行。1905年，法国的勒芒市举行了第一次真正意义上的场地大奖赛。世界上著名的汽车竞赛主要有汽车方程式大奖赛、勒芒24小时汽车赛、美国印第500英里汽车大奖赛、汽车拉力赛、卡丁车赛等。其中F1汽车方程式大奖赛在五十年的历史中组成过许多车队，最有影响力的是法拉利、麦克拉伦和威廉姆斯三支车队。在过去的五十届F1赛季中共有27人获得世界冠军，其中夺冠次数最多的是阿根廷车手胡安·凡乔（5次），四次夺冠的是法国人普罗斯特，登上"三冠王"榜的有5人，他们分别是伯拉汉姆、斯图华特、劳达、毕奇和塞纳（如图5-11）。

图 5-11 汽车赛与赛车手

4. 汽车俱乐部活动

世界经济日益繁荣，汽车产业已成为各国经济发展的火车头。一批忠实的、热心的车迷聚集在一起，切磋驾驶技术、交流爱车心得、结伴驾车出行、讨论修理技术、寻觅配品备件、互相救助救援，这种实践的凝聚力催生了汽车俱乐部。人们对汽车的需求与期盼不仅推动了汽车生产和汽车后服务市场的发展，同时也使各种品牌的汽车有了动态展示自己的舞台。

1897年英国成立了世界上最早的汽车协会——皇家汽车俱乐部，即现在的R.A.C前身；1902年美国AAA汽车俱乐部，1904年FIA国际汽车联合会，1905年ACI意大利汽车俱乐部等汽车俱乐部相继诞生。世界上最早的汽车俱乐部已度过其百年诞辰。中国的汽车俱乐部出现较晚，但现在正呈现日益活跃的势头，各种汽车俱乐部活动此起彼伏。

5. 汽车的其他展示方式

汽车展示的方式很多，除了实物展示以外，还可以通过报刊、杂志、电视、广播、网络、影视作品、平面资料、模特大赛、特技表演等多种形式进行展示。这些展示方法因为各自的载体不同，各有特点，但都是汽车产品实物展示形式的重要补充，而且可以起到一般实物展示不能达到的作用，它们可以使汽车展示更加精彩纷呈、更加充满动感、更加富有色彩、更加凸显个性。

课后实训

1. 实训课题

新能源汽车推广辩论会

2. 实训目的

通过网络搜索，了解国家有关发展新能源汽车的相关政策、新能源汽车推广的现状和发展总体趋势。并通过政策学习，发现和利用市场机会。

3. 实训过程

（1）要求学生上网收集下列信息：第一、国家有关发展新能源汽车的相关政策；第二、新能源汽车推广的现状和发展总体趋势。

（2）将学生分组为辩论正反两方。假设正方观点为：新能源汽车推广马上会有迅速发展。反方观点为：新能源汽车推广障碍重重，不会出现很快的发展。

（3）组织实施新能源汽车消费政策辩论会，让学生寻找各种证据和理由自由发言。

（4）教师小结，并给学生以鼓励性评价。

（5）学生完成《新能源汽车推广速度辩论会》实训报告。

《新能源汽车政策辩论会》实训报告

班级：_____   姓名：_____

辩论会主题：
辩论会主要观点：
正方：   反方：
辩论会心得体会：

思考题

1. 什么是消费习俗？消费习俗对消费者心理有什么影响？

2. 什么是消费流行？消费流行有哪些类型和运行阶段？

3. 针对消费流行的特点，企业可以采取什么营销策略？

4. 暗示、模仿、从众的起因与其在营销中的应用有哪些？请举例说明。

5. 举例说明社会环境对消费者心理与行为的影响作用。

6. 什么是社会文化？它对消费者行为有哪些影响？

7. 什么是社会群体？它对消费者行为有哪些影响？

8. 家庭消费有什么特征？家庭生命周期与消费行为有什么关系？

9. 一般的消费者购物习惯与商店类型有什么关系？

10. 4S店是如何按照商场环境心理的理论进行硬件建设的？

第六章　汽车营销心理策略

学习目标

1. 知识目标：
   （1）掌握不同消费群体的消费心理。
   （2）熟悉应对不同消费群体的心理策略。
   （3）掌握汽车产品推销的心理策略。
   （4）熟悉汽车价格设计的心理策略。
   （5）掌握汽车商务谈判的心理策略。
   （6）熟练应用汽车促销组合的心理策略。

2. 能力目标：
   （1）提高对不同消费者群体进行心理分析的能力。
   （2）提高运用心理学原理、采取应对性心理策略的能力。

3. 情感目标：
   （1）热爱汽车专业，建立对消费者进行心理研究的职业兴趣。
   （2）确立与消费者心理同步的情感倾向，热情地为消费者服务。

导入

"80后"的汽车消费心理及营销策略探析

20世纪80年代出生的一代人被称为"80后"。据《中国统计年鉴》，中国在1980-1989年之间出生的"80后"约为2.04亿。逐渐掌握话语权、拥有一定经济力量的"80后"一代正纷纷涌入汽车市场，成为一股强劲的购车新势力，越来越多的"80后"已经或者即将成为车主。不少汽车制造商已把"80后"视为自己不可缺少的消费群体，也针对"80后"采取了种种营销举措，获得了一定成效。

一、中国"80后"的汽车消费心理分析

1. 追求个性、时尚、前卫

"80后"个性张扬、追求时尚。他们接受新事物的能力非常强，对独特、时尚的事物

抱有极大的兴趣和强烈的尝试欲望。这种特点体现在消费上，就是排斥购买同质化的商品，追求个性消费，不走寻常路。他们正以个性、时尚、前卫的消费标签成为购车军团中不可小视的一个群体。

2. 强烈的情感色彩

"80后"的虚荣心较强，喜欢通过消费名牌产品来彰显自己的个性与品位，喜欢向别人炫耀自己更懂生活、更富有或更有地位，以满足他们的心理需求，其消费行为带有强烈的情感特征。很多"80后"在选择汽车时，就算是面对同一品牌的同一车型，也会通过各种方式来改装自己的汽车。比如，酷爱运动、爱耍酷的男性会给汽车装个高高的尾翼，显得非常运动，非常有力量，再给汽车换双鞋子——运动版的轮辋、轮胎，把前后保险杠换成运动型的前后大包围，装饰时尚车贴（如Sport的字样）等。

3. 易受广告影响、注重品牌

"80后"受广告的影响较大喜欢跟随流行之风。一则动感、时尚的广告会吊足他们的胃口。"80后"有着强烈的品牌意识，对知名度、美誉度高的产品购买倾向强。他们觉得品牌可以显示自己的个性，购车也倾向知名品牌。年轻人买车时只考虑那些有影响的大品牌，例如大众、标致、丰田、本田、通用、福特等。他们承认多少有些与朋友比较的心理，但同时认为追求名牌也是追求高品质的生活质量。

4. 冲动消费

很多"80后"都会冲动、非理性地购买某一款汽车，他们仅仅因为汽车的外观、颜色、某项配置，或者是驾驶的乐趣而选择一款车。"80后"在读书的时候就开始接触互联网，在这种新媒体上获得了大量信息，促使其喜欢追求新鲜刺激，喜欢娱乐化的生活。"80后"买车最看重的是外型，造型独特、运动感强、颜色明快鲜艳的车型往往受欢迎。而一些实用的装备、配置恰恰被他们忽略，比如用车费用、安全系统等。

5. 超前消费

"80后"多数还处在未婚阶段，父母有自己的职业和收入，因此没有太大的家庭压力，自己对经济的支配力强，很多事情可以随自己的喜好决定。在他们眼中，当车主比当"房奴"轻松，毕竟一辆普通家用轿车价格与房价相比要便宜许多。自己暂时不买房，等以后自己的收入水平提高后再买。尽管他们还要支付不少的用车费用，但仍很乐意购车。

（资料节选自233网校论文中心 周军、马亮文章）

阅读以上内容，思考以下问题：

1. 你和你的同学们在消费过程中有哪些心理特点？

2. 按照你和你的同学们目前的消费心理，你认为怎样的服务才能让大家更加满意？

随着我国经济快速发展、汽车国际化程度的不断加深，不同品牌汽车之间的激烈竞争也在不断加剧，消费者的消费心理日趋成熟，消费需求变得越发多样化。为了在竞争中取得优势，汽车营销企业除了要高度关注自己的品牌战略、产品质量和汽车服务外，还必须深入研究消费者的心理变化及心理需求，以便采取有针对性的心理策略。

一、我国汽车消费市场的主要特点

1. 汽车消费市场容量很大

汽车消费市场容量极大，刚刚进入汽车社会的我国市场容量更大。2013年，我国汽车整车年销售量已经超过2100万辆，二手车年销售量接近500万辆，汽车保有量已经超过1.35亿辆。未来10年内全国新车和二手车年销售量有望达到4000万辆规模，1∶1的成熟汽车市场标志将在全国实现。与此同时，汽车保有量也会成倍增长。这是因为，住房和汽车这些大件商品，全面普及所需的时间很长。国际先进国家的经验表明，以建筑业和汽车工业支持的工业化中期进程，以及城镇化对汽车产业的推动，一般要持续几十年，至少需要20年。

2. 汽车消费档次日益提高

汽车消费与社会经济发展、居民收入的增长有密切关系。经过三十几年改革开放的积累，我国富裕人口的绝对数量已经为世界第二，消费者使用汽车的平均价格和汽车的档次还会有相应的提高，我国汽车消费已经出现了明显的消费升级现象。

3. 汽车消费需求与时俱进

汽车消费需求随着时代发展而发展，是汽车消费市场十分明显的特点之一。以我国汽车发展的历史为例：

（1）汽车市场的增速随经济发展而变化。解放后我国汽车行业的恢复起步于1953年，发展缓慢，销售量用了差不多40年的时间才突破100万辆。改革开放以后，增速逐步加快，从每年增加100万辆到2009年一年增加400万辆，2010年一年增加了500万辆。2011年，由于货币紧缩以及结构调整等因素的影响，增幅有所减缓，增速回归理性。2013年，全国汽车产销量均突破2100万辆，恢复了2位数增长。

（2）汽车消费需求随经济发展越发多样。汽车不仅是交通工具，丰富多彩的汽车产品还可以满足各类消费者的多样需求。这些需求包括：上下班、休闲旅游、接送家人、喜欢汽车、体现身份、享受乐趣、出入方便、扩大业务、节省时间、运送货物等等。有调查表明，目前我国汽车消费者购车的动机，思考更多的因素按顺序排列依次为：上下班方便、休闲旅游、接送家人、喜欢汽车以及有购买能力。汽车消费升级，完全与居民生活水平的提高相一致。汽车消费者对产品质量、服务、车型的追求，与时代进步、居民的物质文化生活日益丰富紧密相关。

4. 汽车消费的层次清楚

汽车消费明显的层次性主要表现在：消费能力越强，汽车消费的品味越高。在实践中也不难发觉，消费者再次购买的汽车级别往往比前一次要高。

5. 汽车消费的连带效应

汽车消费需求具有连带效应。这种效应不但表现为汽车市场的发展对整个汽车产业链上下游相关产业的带动，而且表现为对社会生活方式的影响，表现为对居民活动半径扩大以及城市化的推动。

6. 汽车消费的结构变化

在汽车作为生产资料的年代，汽车消费基本属于专业购买。而在汽车进入市场以后，私人汽车购买者大量增加，并且成为汽车消费的主要力量，汽车市场非专业购买的特点逐步显现。私人购买者，特别是首次购车的消费者对于汽车产品认识不足，更加需要汽车营销专业人员强化产品宣传、提供专业咨询。在销售活动中要求咨询先于销售。

7. 汽车消费的促销升级

促销可诱导汽车消费需求，推动汽车销售。在卖方市场，汽车供不应求，消费者对于汽车产品的思考主要是数量上。随着供求关系的变化，买方市场的特征越发明显，消费者有了更多的选择和比较，对于质量、服务、满意和情感满足的需求越发凸现。在这种情况下，一般的促销活动已经很难打动消费者的心，各种创新的促销方法应运而生，促销策划技能日益成为汽车市场上重要的武器。

8. 汽车消费的渠道下移

我国汽车市场的多元特点是由我国国情所决定的。由于城乡差别、地理人口因素，以及各地经济发展水平的差异，我国汽车市场有着十分明显的本土特点。人口密集、经济发展较快的地区发展相对较早，而人口密度稀疏、地理环境相对恶劣、经济发展较慢的地区，发展相对滞后。现在我国的二三线城市和许多农村地区，也已经进入或正在进入汽车社会，这些地区甚至成了汽车销售增速最快的市场，汽车销售集中在大城市的格局已经被打破，渠道下移成为必然。

二、汽车消费者的分类与特征

汽车既是生活性消费品，又是生产性消费品。根据购车用途各自的不同，汽车消费者可以分为私人用车购买者、生产经营用车购买者、商务及事业单位用车购买者、机关公务用车购买者（如图6-1）。私人用车购买者包括个人消费者和家庭消费者，是目前我国汽车消费者中消费量最大的一部分，属于个人消费者。截至2013年10月底，我国汽车保有量为

1.35亿辆，其中私家车已经超过8500万辆。生产经营、商务及事业单位、机关公务用车的购买者统称组织用户，也称业务用户，属于组织消费者。虽然在整个汽车保有量中占到的比例相对私家车更少，但由于他们的购买数量一般较多，汽车厂商也把他们称之为大用户。

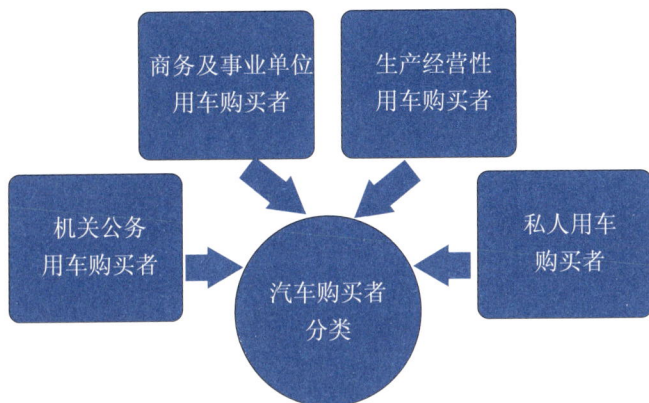

图6-1 汽车购买者的简单分类

1. 个人消费者的基本特征

个人消费者的汽车消费主要是为了满足其个人或家庭的需求，受家庭结构、家庭人员的职业特征、价值取向、个性因素、经济条件等因素影响较大。

个人消费者大多不是汽车专业人员，他们对汽车产品并不真正熟悉，容易接受专业销售人员的诱导，购买时相对比较感性。

个人消费者在购买活动中可能既是采购人也是使用者，采购决策相对较快。面对个人消费者，销售人员往往与消费者实行一对一的销售，最多涉及经销商和消费者两方利益的争夺，一旦完成汽车产品与服务的价值认知，与销售人员建立了良好关系，几次沟通后就可能成交。

尽管汽车营销企业希望与所有的个人消费者建立长期关系，但就大部分消费者来讲，他们并不认为自己与汽车经销商之间的关系是一种长期关系。

2. 组织消费者的基本特征

组织消费者购买汽车的目的并非是为了满足个人需要，而是为了满足机构或企业生产、业务或公务活动的需求，受环境、组织、人际因素影响很大。

组织消费者的汽车购买活动一般要先经过计划和立项，决策耗时长，采购过程比较理性。

组织消费者的采购人员相对比较专业，对汽车产品相对比较熟悉，而且谙熟采购流程，但采购人与使用者不一定是同一个人，因而经销商必须要与多方面的人员沟通。

组织采购人员的汽车采购活动，不可能完全依照自己的思考独立完成，必须要受到组织上下各个环节相关人员的制约，涉及组织内外多方利益的争夺，因而采购过程比较复杂，沟通时间可能更长，往往需要长达数日或数月的拜访，才能最终成交。

由于组织消费者采购质量的好坏，直接影响相关组织公务活动、业务活动和经营活动的绩效，因而一旦成交，组织消费者就会望与经销商建立长期关系，以获得更有质量和更加及时的服务响应。组织消费者的购买活动是团队与团队的销售，必须强调经销团队作战的能力。

三、个人消费者的消费心理

1. 青年消费者的消费心理

在我国，青年消费者人口众多，是汽车市场最活跃的人群，也是所有汽车营销企业竞相争夺的主要消费目标。

（1）追求时尚和新颖。青年人热情奔放、思想活跃、富于幻想、敢于冒险，喜欢购买时尚产品，享受汽车生活。青年人购车追求时尚和新颖。

（2）个性化特征明显。改革开放、经济全球化，大大激发了青年人个性化发展的热情，青年人的自我意识日益增强，追求独立、张扬个性的心理特征十分明显。在汽车消费上，青年人喜欢购买那些能够充分体现自己的个性特征、具有鲜明特色的汽车。

（3）消费比较感性。青年人生阅历较浅，思想感情、兴趣爱好、个性特征也不完全稳定，容易感情用事，产生冲动性购买。在选择汽车产品时，青年人往往只以喜欢不喜欢作为标准，只要喜欢，就会想方设法购买。

2. 中老年消费者的消费心理

汽车消费者中，中老年消费者消费能力较强，他们之中不乏社会中坚力量、富裕人士或事业成功者，是汽车营销企业争夺的重要消费对象。

（1）消费心理惯性强。中老年消费者更多受到过去生活习惯的影响，比较相信自己有过良好体验的传统产品，心理惯性强，对新产品的购买比较保守，不太容易接受营销人员的诱导。

（2）理智且不易冲动。中老年消费者社会生活经验丰富，情绪比较平稳，分析相对仔细，较少感情用事，善于对需要购买的汽车进行各种比较，消费行为相对理智。

（3）补偿心理强烈。中老年消费者的经济条件一旦有所改善，对过去的消费缺失具有强烈的补偿心理。补偿心理其实是一种对过去缺失的"移位"，是表达自己的优势，赶上或超过他人的一种心理适应机制。

（4）强调良好服务。中老年消费者对良好服务的追求更加强烈，要求也比较高。中老年消费者在购买汽车时防范意识较强，一般会提出详细的服务要求，并写入购买合同，以保证自己的利益不受侵害。尤其是老年消费者，他们更加希望得到周到的服务，如产品咨询服务、导购服务、良好的购物环境和舒适的休息环境。

（5）相信优质企业。中老年消费者，比较喜欢选择大品牌、大企业和离家较近的4S店购买汽车。他们认为这些企业在购物环境和服务方面有较大优势，提供的商品和服务质量有所保障。

（5）希望得到尊重。中老年消费者痛恨夸大性和虚假的广告，自尊且希望得到别人的尊重。希望在购车过程中受到营销人员的尊重和礼遇。特别是老年消费者，如能受到积极、主动、热情、耐心、周到的客户服务，就容易成交。

3. 女性消费者的消费心理

汽车不是男性的专利。随着女性社会地位和自身经济能力的迅速提高，我国女性汽车消费者的队伍正在逐渐扩大，成为汽车消费的新兴力量。女性消费者的汽车消费心理尤其独特：

（1）追求靓丽的汽车外观。有人说汽车是女人的衣服，靓丽的外观往往是女性消费者的第一选择。整体造型小巧玲珑、外表靓丽、车身轻盈、活泼俏丽、颜色鲜艳的乖巧小车，通常都会是女性消费者的最爱。例如：宝马3系女车主大约占到该车型整个销量的60%以上，而甲壳虫车主则几乎百分之百是女性。

（2）**强调操控舒适性**。女性购车更看重车辆驾驶时的舒适性，大多数女性在购车时会选择带有助力转向、可调座椅、自动变速、大后备厢、精细化用品配置等的车型，从而方便驾驶，享受舒适空间。

（3）**女性购车更加果断**。过去一般认为女性在汽车购买中处于被动地位。现在，这种情况正在发生逆转。随着"70后"、"80后"甚至"90后"女性经济和个性的日渐独立，购车正在成为现代女性的一种主动消费行为，只要看中某款汽车，出手非常果断。

（4）**女性主宰家庭购车**。过去一般认为，女性在家庭购车中处于从属地位，这种认识正在被现实所打破。现在很多女性消费者不但自己购车，而且在家庭购车过程中，也往往起着最后决定的作用。为此，不少汽车厂商开始将更多的注意力转向女性消费者，在以女性为受众主体的电视、广播和杂志上大量投放广告。有的汽车公司还专门成立了女性评估小组，让她们通过女性的视角来评估正在开发的汽车。

（5）**购车呈现多极分化**。女性购车多极分化的现象正在显现，女性购车不再满足于中低端的家用轿车。现在，女性购车同样强调张扬的个性化路线，豪华车、SUV、跑车、甚至男同胞喜欢的越野车，也成了女性消费者的喜好。

4. 不同圈层消费者的消费心理

（1）**圈层的概念**。在阶层分化的社会背景下，消费者中会出现相对中高端的特定社会消费群体，这是社会发展中必然会出现的特征。一方面，消费者中会产生明显的多阶层分化（如图6-2）；另一方面，同一类消费者往往具有相似的生活形态、艺术品位，很自然就会产生更多的联系。

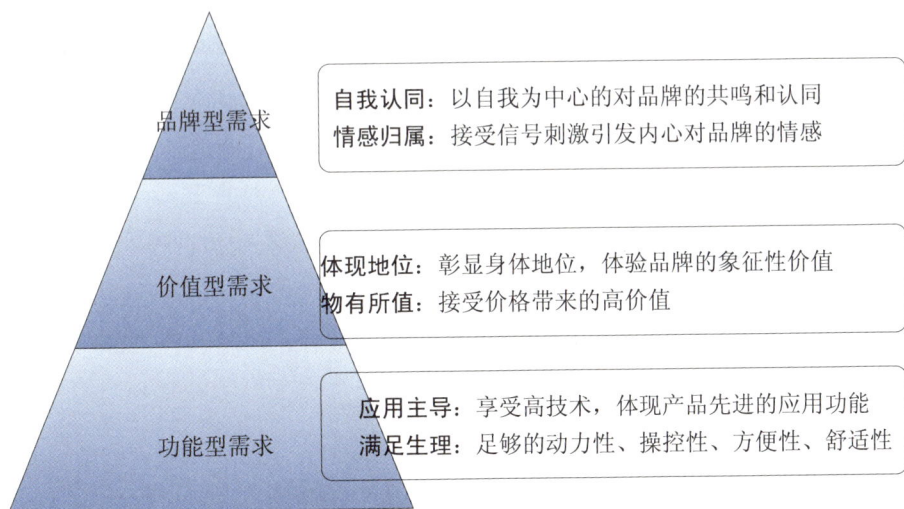

图 6-2 汽车消费者需求类型的分化

（2）**圈层的内容**。圈层可分为内圈层与外圈层。圈层营销的目标消费群在内圈层，汽车产品与服务的价值构造也是围绕内圈层来进行的，但精神层面的附加值的形成很大部分是在外圈层完成的。因此，层营销应该延伸到产品价值构造阶段，从而目标圈层消费者提供最符合其需求的产品。例如，表6-1所列的就是高端车消费者的消费心理和购买特征。

表6-1 高端车客户的特征描述

主要人群	消费心理	购买特征
企业家、企业精英、白领、高管、外企管理人士、各类专业户、境外背景成功人士、各类明星人物、具有较高职业声望和收入的其他顾客、富二代……	追求品牌产品、强调身份特征、强调消费品位、追求个性、体现自我、追求时尚、有时代气息、商品的情感功能、强调商品的审美功能、追求科学消费、高技术产品、追求服务品质	决策迅速、有独特见解、强调价值、强调服务、购买意识明确、注重情感、易冲动、超前消费、不过分计较价格

（3）圈层营销。圈层营销是目前高端产品要重要的营销手段，主要面向相对高端的消费者，通过点对点的营销方式，以有效地将信息传达给目标客户，切实做到从引导客户需求的角度去发现契机，只有这样才能形成圈层的自我扩容、逐步升级和再复制，从而积累更多的忠诚客户。

四、组织消费者的消费心理

1. 组织消费者购买行为类型

组织消费者的购买行为包括全新采购、修正重购和直接重购三大类。全新采购是指组织消费者首次购买某种产品或服务。因为是首次，其购买的决策过程及影响因素会显得相对复杂。修正重购就是指产品规格、价格、交易条件等经过协商加以调整，进行再次购买。在修正重购中组织消费者要求经销商能理解他们调整的原因和希望达到的新的标准。直接重购是指客户要求依照以往惯例购买产品和服务。在直接重购中，组织消费者更加强调产品和服务质量的一贯性，尽力减少重新购买的成本。

2. 组织消费者购买的参与者

组织客户的购买过程比较复杂，其中最大的原因是组织客户在购买过程中的参与者众多，而且使用者、购买者和决策者的人物角色往往由不同人承担。组织客户购买的参与者一般包括：发起者、使用者、影响者、采购者、决策者、批准者、控制者等（如图6-3）。

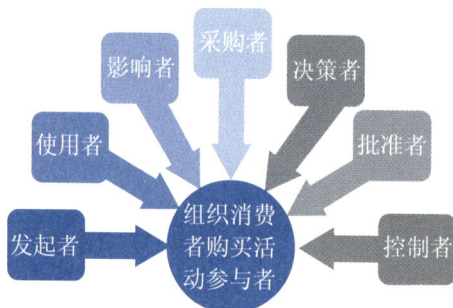

图 6-3 组织消费者购买参与者的复杂性

3. 组织消费者的购买特征

组织消费者与个人消费者的购买活动间存在着明显的差异性，组织消费者的购买活动具有如下特征：

（1）集中性与大量性。汽车组织消费者市场规模很大，涉及行业众多，面对需求复杂。 组织消费者的购买活动，在更多情况下是集中在某个项目执行时间段里进行的批量采购。组织消费者往往直接采购商品，需求弹性较小，但单次购买数量较大。

（2）专业性与技术性。组织消费者的购买目的与企业或社会组织的所承担的任务或业务项目密切有关，专业性强，价值概念明确，强调技术保证。

（3）引申性与派生性。组织消费者对汽车产品的需求是多样的，采购范围比较广，包括乘用车、商用车及专用汽车等。在购买活动中会有许多引申性与派生性的需求。派生需求是指对生产要素的需求，它是由对该要素参与生产的产品的需求派生出来的，又称引申需求。汽车营销企业应当深入分析组织消费需求及潜在需求，整理、判断并在需求上创新，培养出目标消费者对引申或派生产品或服务的需求，并使目标消费者乐意交换和购买，从而真正做到差异性竞争，开拓新产品，开发新市场，以赢得更大的市场，创造更多的利润。

（4）配套性与比例性。由于业务、公务、生产的需要，组织消费者采购汽车产品，往往需要配置相应的配套设备，并有一定预算作保证。例如，采血车需要在汽车上加装采血设备；校车需要加装特殊的安全设施；指挥车需要加装一定的通信设备。

（5）双利性与专家性。组织消费者为了保证自己采购业务的绩效，希望具有规定资质的企业和相关专家为其提供服务，以保证自己组织任务的顺利执行。在此过程中，既要满足机构的需求，又要满足相关个人的需求。机构需求的主要表现是：企业要求保持或改善生产力和业绩，或满足时间上的要求；在财务上要求保持或改善机构在金钱上的利益，或控制成本；在形象上，希望通过采购保持或改善机构声誉、信用。相关个人需求的主要表现是：采购者和决策者在权力问题的思考上，需要将个人的控制力和影响力，延展到他人和其他事情上；在成就问题的思考上，需要做出成绩，或推动积极的转变；在做事的条理上，需要获得明确的定义和清晰的结构；在安全问题上，需要做事有保障，避免冒险。影响决策者和其他人则要求通过采购过程被赏识，被人器重，被接纳，受人尊敬，反映自己对团队的贡献。

4. 组织消费者的购买决策过程

汽车组织客户的决策过程相对规范、科学、流程清晰。一般过程是：按照业务项目和任务目标提出需求；经过反复研究确定需求；向相关决策者说明购买需要；物色可能的供应商； 向相关供应商征求供货建议书；经过比较选择合适的供应商；经过洽谈签订采购合同；购买后对整个购买过程进行绩效评估（如图6-4）。

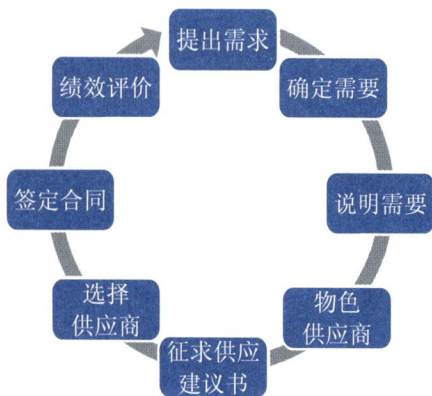

图 6-4 组织消费者的决策过程

5. 组织消费者的采购流程

组织客户的采购分为一般采购和招标采购两类（如图6-5）。

一般采购的程序是：车型选择——询价——品牌选定——计划报批——确定经销商并与之签订合同——实施购买。

招标采购分为公开招标和议标两类，基本程序类似。

公开招标的程序是：车型选择——计划报批——标书起草——邀标——招投标——评标——中标通知——签订合同——实施购买。议标与公开招标的区别是不公开评标，而进行内部议标，然后确定供应商。公开招标相对议标更加公开、公正。

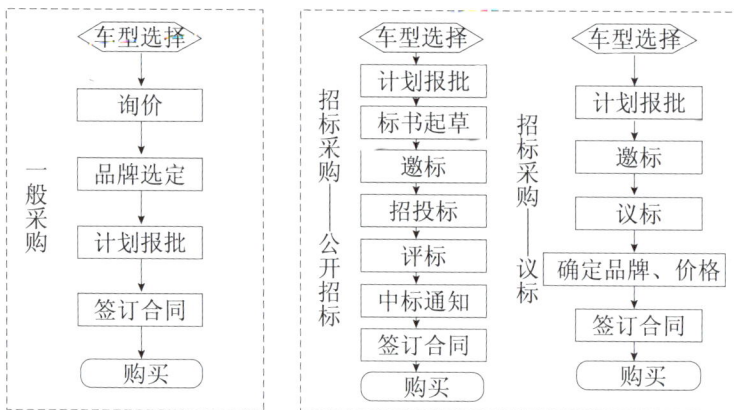

图 6-5 组织客户的采购流程

6. 组织消费者市场开发的原则

做好组织消费者市场开发工作应当遵循下列基本原则：

（1）确定规划。根据分解的年度销售计划和预算计划，编制区域组织消费者市场发展规划和销售目标。

（2）分析潜力。分析所在区域的市场潜力、机遇和问题，了解竞争对手政策和状况，提出年度组织消费者政策建议和阶段性调整建议。

（3）拓展业务。开展组织消费者销售业务，开展VIP客户业务。

（4）管理定单。负责合同洽谈履约管理，审核组织消费者日常销售定单管理，监督所销定单预算完成状况。

（5）组织活动。拟订组织消费者年度活动计划并组织实施。

（6）执行预算。执行组织消费者预算规定，高效地开展组织消费者销售业务，确保公司效益和组织消费者市场份额增长。

（7）重视反馈。及时处理组织消费者突发性事件和反馈重大信息，创造性地提高组织消费者的基础管理和体系建设。

7. 组织消费者市场开发的关键要点

开发组织消费者市场必须抓住以下关键要点：

（1）发展内外关系。组织消费者在采购过程中提出者、决策者、购买者、使用者不是一个人，因而需要广泛发展内外关系。

（2）研究实际需求。组织消费者购买汽车的动机与个人消费者不同，更重视汽车产品的使用价值，因而必须深度研究消费者的实际需求。

（3）应对复杂心理。组织消费者对汽车采购的流程更多采用招标方式，因而需要熟知招标流程，把握招标过程中各相关人员在招标不同阶段的复杂心理倾向。

（4）耐心关注进程。组织消费者购买汽车取决于预算，并因生产性和管理性不同而不同，因而不可操之过急，必须有足够的耐心关注程序的进展。

（5）建立长期关系。组织消费者对汽车购买活动完成以后的服务响应尤其重视，希望与汽车经销商建立长期关系，因而必须保持和组织消费者高层的接触，保证服务响应，特别关注与组织消费者的关系维护。

（6）把握谈判心理。组织消费者在采购过程中比较强调谈判协商，尤其是大单子，因而必须熟悉商务谈判的基本原则和相应技巧。

（7）强化双方信任。对组织消费者需要利用备忘录等方式来强化双方的信任感，因而不但需要承诺，更需要行动。

（8）做好售后服务。组织消费者购买汽车的使用周期长，强调使用效益，因而更需要全方位、全天候、满意的售后服务。

（9）强调技术咨询。组织消费者对汽车的技术非常重视，强调技术咨询和技术交换，因而必须与之保持经常的沟通，及时传递产品和技术趋势。

（10）维护客户关系。组织消费者的决策人、采购人经常可能变化，因而必须要抓住时机，及时成交，并有效地衔接相应人际关系。

8. 拓展组织消费者市场

（1）发现项目。针对组织消费者的营销活动主体一般都是项目。因此，必须及时发现项目，紧紧抓住项目，因为没有项目就没有销售。

（2）传递价值。组织消费者更多关注产品项目所能实现的价值，而非价格。因此，必须尽力为组织消费者创造和传递价值。

（3）便捷渠道。因为流通渠道的每个环节都有费用产生，为了减少成本，组织消费者更加强调便捷渠道，减少渠道成本，以使产品与服务价值得到有效传递。

（4）建立互信。组织消费者希望寻求优秀的供应商作为自己的长期合作对象，信任尤其重要。

第二节 汽车产品推销与消费心理

一、汽车产品与服务质量

1. 消费者的购买过程

消费者购买汽车的行为一般需要经过如下8个阶段：

（1）发现产品。根据自己的需求，发现合适产品的存在。

（2）了解产品。广泛了解产品的功用、质量、价格、造型美观度等属性，并进行多方面比较。

（3）核对需求。将产品与自己的需求进行核对，确认产品可以解决自己的需要。

（4）产生情感。对产品产生好印象；对产品的好印象扩大到其他方面，在感情上接受产品。

（5）产生欲望。由情感上的偏好而产生购买的愿望。

（6）分析能力。考虑自己的支付能力和决策权力。

（7）期待服务。在购买产品时，事先按照自己的服务期望，要求商家提供服务承诺。

（8）实现购买。由积极的态度转变为实际购买行动，实现成交。

2. "合适"是消费者购买的基础

消费者的购买活动，是一个不断寻找"合适"的过程；而对营销者来讲则是一个不断创造合适的时间、合适的地点、通过合适的人、用合适的方法、向合适的消费者提供合适的产品的过程。对消费者来讲，合适的产品才是可以购买的产品。消费者往往是在确认合适后，才希望从众多合适产品中挑选价廉、质优的产品。

3. 质量是消费者购买的保证

（1）质量的概念

商品的质量是指产品能满足规定或潜在需要的特征和特性的总和。其中"规定"是指标准或规范。"需要"是指用户或消费者对产品有关质量和特性的要求。

（2）产品的质量

产品的质量主要从产品的适用性、符合性、可靠性、安全性、适应性、经济性、时间性、美观性等几个方面体现。

（3）服务的质量

汽车服务质量是指为保证和提高汽车服务质量所进行的调查、计划、组织、协调、控制、检验、处理及信息反馈等各项活动的总和。它的任务是加强服务质量管理教育；制定企业的服务质量方针和目标；严格执行汽车服务质量检验制度；对服务全过程进行监督控制；积极推行全面质量管理；推行全面的客户满意度管理。

事实上，客户对质量的评判，不仅表现在对具体产品质量的感觉上，而且常常表现在对与此相关的服务的评价上。其评判标准包括：是否便利；是否尊重客户；是否提供更多的选择；是否提供相关知识；是否得到客户认知；是否提供有益的产品和服务；是否让客户获得回报和荣耀等。

二、汽车价值体验与消费者满意

1. 汽车价值

汽车价值是指汽车产品与服务对于消费者所表现出来的积极意义和有用性。消费者对产品与服务积极意义和有用性的认识，不仅来自汽车厂商的宣传和承诺，更来自消费者对产品和服务的体验。

2. 汽车价值体验

消费者对汽车价值的体验通常是消费者通过对事件的直接观察或参与而得出的。汽车价值体验不仅涉及消费者的感官、情感、情绪等感性因素，也包括消费者的知识、智力、思考等理性因素，同时也可能涉及消费者亲力亲为的一些活动。体验的基本事实会清楚地反射于语言中，例如描述体验的动词：喜欢、赞赏、讨厌、憎恨等；形容词：可爱的、诱人的、刺激的等。体验通常不是自发的而是诱发的，营销人员必须充分利用体验媒介，让消费者体验汽车价值。

3. 体验式营销

体验式营销是指在整个营销行为的过程中，充分利用整体信息的能力，通过影响消费者的感官感受，介入购买汽车的行为过程，影响消费者的决策过程和购买行为的营销方式。体验式营销以体验为基础，开发新产品、新活动；强调与消费者的沟通，并触动其内在的情感和情绪；通过创造体验吸引消费者，并增加产品的附加价值；以建立品牌、商标、标语及整体意象塑造等方式，取得消费者的认同。

4. 体验式营销的5大关键特点

（1）关注顾客的体验。体验的产生是一个人在遭遇、经历或是生活过一些处境的结果。汽车营销企业应注重与消费者之间的沟通，发掘他们内心的渴望，站在消费者体验的角度，审视自己的产品和服务。以顾客的真实感受为准，建立体验式服务。

（2）检验消费情景。体验式营销要求营销人员不再孤立地去思考一个产品，而是要通过各种手段和途径来创造一种综合的效应以增加消费体验。

不仅如此，还要跟随社会文化消费倾向，思考消费所表达的内在的价值观念、消费文化和生活的意义。消费者购车前、中、后的体验已成为增加顾客满意度和品牌忠诚度的关键决定因素。

（3）**体验要有主题**。体验式营销要从一个主题出发，所有服务都要围绕这一主题。体验式营销必须有严格的计划、实施和控制等一系列管理过程，而不能仅仅追求形式。

（4）**方法工具多样**。体验是五花八门的，汽车营销业要善于寻找和开发适合自己的营销方法和工具，并且不断地推陈出新。

（5）**注重顾客体验感受**。体验式营销应考虑消费者在消费过程中的体验感受，把企业、品牌与顾客的生活方式联系起来，赋予消费者个体行动和购买时机更广泛的心理感受和社会意义。体验式营销的营销人员不仅要考虑产品的功能和特点，更主要的是要考虑消费者的需求，考虑消费者从消费产品和服务的经历中所获得的切身体验，考虑顾客对与产品相关的整个生活方式的感受。

5. 体验式营销的心理策略

体验式营销主要的心理策略包括感官式营销策略、情感式营销策略、思考式营销策略、行动式营销策略和关联式营销策略等。

（1）*感官式营销心理策略*

感官式营销是通过视觉、听觉、触觉与嗅觉建立感官上的体验。它的主要目的是创造知觉体验。感官式营销可以强化公司和产品的识别，引发消费者购买动机并增加产品的附加值。

（2）*情感式营销心理策略*

情感式营销是指在营销过程中，要触动消费者的内心情感，创造情感体验，其范围可以是一个温和、柔情的正面心情，如欢乐、自豪，甚至是强烈的激动情绪。情感式营销需要真正了解什么刺激可以引起某种情绪，并能使消费者自然地受到感染，融入到这种情景中来。

（3）*思考式营销心理策略*

思考式营销是启发人们的智力，创造性地让消费者获得认识和解决问题的体验。它运用惊奇、计谋和诱惑，引发消费者产生统一或各异的想法。

（4）*行动式营销心理策略*

行动式营销是通过偶像、角色来激发消费者，使其生活形态发生改变，从而实现产品的销售。

（5）*关联式营销心理策略*

关联式营销是包含感官、情感、思考和行动或营销的综合。

6. 服务满意

（1）*服务满意*

服务的本质是满足被服务人的需求，使其满意。服务满意是指被服务人的所得超过他心里的期待。1986年，一位美国心理学家将顾客满意界定为"消费者在商品消费过程中需求满足的状态"，使客户满意度（CS）成为一个科学概念。在此基础上，企业界对它的内涵进行了扩展，将它从一种界定指标，演变成一整套战略，直接指导企业的所有活动。

（2）客户满意度的内涵

客户满意度（CS）是一个完整的体系，包括销售满意度（SSI）、产品满意度（IQS APEAL）、客户满意度（CSI）、汽车可靠性（VDS）和服务方式（SURS）5大方面。

目前汽车行业典型的客户满意度调查主要集中在销售满意度（SSI）和客户满意度（CSI）两个方面。销售满意度（SSI）是客户对销售流程各环节的评价，客户满意度（CSI）是客户对售后服务方面的评价。

（3）客户满意度调查

客户满意度调查CSR（Consumer Satisfactional Research）是针对服务性行业的消费者满意度调查系统的简称。CSR旨在通过连续性的定量研究，获得消费者对特定服务的满意度、消费缺陷、再次购买率与推荐率等指标的评价。CSR能够对企业当前服务的质量进行量化的评估，并通过对服务要素的SWOT分析模型判断服务中急需改进的因素，以此作为企业改善服务质量、维护并扩大现有客户群的基础。我国目前客户满意度调查大量使用J.D.Power的调查数据（如图6-6）。

CS

	SSI项目	权重
1	经销店环境	15.3%
2	销售人员	15.8%
3	交易条件	12.4%
4	书面文件	11.6%
5	交车时间	12.2%
6	交车过程	32.8%

	CSI项目	权重
1	入厂的方便程度	10.2%
2	服务顾问	11.5%
3	服务等待	12.1%
4	服务交车	15.4%
5	修理品质	14.7%
6	服务便利	15.8%
7	车辆品质	20.3%

图 6-6 J. D. Power CS调查概要

（4）客户满意度指数测评的潜在变量

客户满意度指数测评模型包括六个潜在变量：预期质量，即消费者在购买该产品或服务前对其质量的预期；感知质量，即消费者购买和使用该产品或服务后对其质量的评价；感知价值，即消费者通过购买和使用该产品或服务对其所提供价值的感受；客户满意度，即消费者对该产品或服务的总体满意度；客户抱怨，即消费者对继续选购该产品或服务不满的正式表示；客户忠诚度，即消费者继续购买该产品或服务的可能性。

（5）客户满意度管理

客户满意度指标是一种测量商品和服务质量的指标体系，是一种以客户为核心、以信息技术为基础，由客户依据自身的感受，对我们提供的商品与服务的综合评价。客户满意度包括行为意义上的客户满意度和经济意义上的客户满意度。

行为意义上的客户满意度是指客户在历次购买活动中逐渐积累起来的连续的状态，是一种经过长期沉淀而形成的情感诉求。它是一种不仅仅限于"满意"和"不满意"两种状态的总体感觉。

经济意义上的客户满意度可以从其重要性方面加以理解。企业的客户服务处于一般水平时，即客户"没有不满意"时，客户的反应不大；一旦其服务质量提高或降低一定限度，客户的赞誉或抱怨将呈指数倍的增加。

在供大于求的买方市场，客户对企业的态度极大程度地决定着企业的兴衰成败。正是由于这个原因，汽车营销企业必须加强客户满意度管理。企业只有在认真分析自身长处与不足的基础上，采取积极有效的步骤，不断修正自己的行为，才能提高企业的美誉度，增加客户的回头率，减少客户的抱怨率，提高企业的销售力，提升企业的知名度，取得经济意义较高的客户满意度。

（6）客户满意度的实施

企业实施客户满意度管理，必须注意以下几个要点：

第一，站在顾客的立场上研究、设计产品（包括有形产品和无形服务）。

第二，不断完善服务、生产与提供系统，最大限度地使顾客感到安全、舒适和方便。

第三，重视顾客意见、顾客参与和顾客管理；千方百计留住顾客，尽可能实现相关销售和推荐销售。

第四，创造企业与顾客彼此友好和忠诚的局面，使服务手段和过程处处体现真诚和温暖。

第五，根据以顾客为中心的原则，建立富有活力的企业组织。

（7）顾客满意度管理的心理策略

顾客满意的核心在于提升服务，从全面化服务、个性化服务、特色化服务、品牌化服务和承诺化服务等各个方面理解服务，策划服务活动，全面推行旨在提高客户满意度的心理策略，预防将服务简单地理解为售后服务。具体来讲，可以通过以下几点完成这一目标：

第一，执行严格的5S管理，为顾客传达愉快感觉，提供环境服务。

第二，利用广泛的知识支撑，帮助客户选择产品与服务，为顾客提供顾问服务。

第三，设计便捷的购买流程，便利客户购买，为顾客提供购买服务。

第四，用放心的替代功能减轻客户负担，为客户提供委托服务。

第五，通过过硬的技术保证，保证产品质量，为顾客提供产品服务。

第六，给顾客放心的情感体验，担负起销售和服务的责任，为顾客提供售后服务。

第七，用专业的解惑能力，向顾客递送知识信息，为顾客提供咨询服务。

第八，通过感人的人文关怀，扩大服务的内涵和外延，为顾客提供附加服务。

第九，用真诚的人际纽带，与顾客建立牢固的关系，为顾客提供朋友服务。

第十，用一贯的全面表现，打造企业的品牌形象，为顾客提供品牌服务。

三、汽车产品推销对象的心理分析和应对策略

1. 推销对象的心理类型

（1）管理方格理论

美国管理学家罗伯特·R·布莱克等教授学者利用"管理方格理论"对推销活动进行研究，在这一理论基础上建立了"推销方格理论"（包括：推销人员方格、推销对象方格、

推销人员与顾客之间关系方格）。

（2）推销方格理论

推销对象（顾客）方格为研究顾客心理表现及特征作出了有益的尝试。顾客在推销活动中，一般有两个关注目标：一是对购买的关注，二是对推销人员的关注。每个顾客对两个目标都有不同的关注程度，其心理表现在管理方格上，就是"顾客方格"。顾客方格把消费者按不同的心理类型进行了分类。图6-7顾客方格中1.1为冷漠型，1.9为软弱型，5.5为干练型，9.1为保守型，9.9为理想型。

（3）顾客方格中各类顾客的心理表现

第一，冷漠型（1.1）。对推销人员和购买两个方面的关注度都很低。心理表现为：设法逃避推销活动，并拒绝作出购买决定，视推销活动为义务性应付差事。这类顾客一般缺乏购买决策权。

第二，软弱型（1.9）。对推销人员十分关注，而对购买关注度很低。心理表现为：对推销活动一般不拒绝。这类顾客大多重感情、轻理智。

第三，干练型(5.5)。对推销人员和购买两个方面的关注度适中。心理表现为：在购买过程中比较冷静，比较容易受消费潮流的支配，这类顾客既重感情，又重理智。

第四，保守型（9.1）。对购买的关注度很高，而对推销人员不关注。心理表现为：对推销人员的推销冷淡，对推销产品关注。这些顾客一般有过不良的购买经验，传统观念强，比较保守。

第五，理想型(9.9)。对推销人员和购买两个方面的关注度都很高。心理表现为：十分清楚自己的需求，又十分了解行情。这些推销对象是最成熟的顾客，只要产品能满足其需要，便会采取购买行动。

对推销人员的关注程度	9	1.9								9.9
	8									
	7									
	6									
	5					5.5				
	4									
	3									
	2									
	1	1.1								9.1
顾客方格		1	2	3	4	5	6	7	8	9
		对 购 买 兴 趣 关 注 程 度								

图6-7 顾客方格

2. 推销对象的心理分析

（1）消费者心理分析

消费者在面对推销活动时大致可能出现下列心态：

第一，尝试心态。面对推销人员，认为推销人员所推销的商品或许是自己需要的。即使不需要，也可以见识一下。所以抱着一试的心态，一般情况下，他们不拒绝人员推销。

第二，疑问心态。面对推销人员，他们一方面可能感到适应需要、方便及时，另一方面又可能担心商家主动上门是为了推销卖不出去的劣质商品。

第三，欢迎心态。面对推销人员，认为商家是为了满足顾客需要而展开营销活动，因而表示欢迎。

第四，否定心态。面对推销人员，往往出于以往不好的购买经历而产生戒备心理，认为推销的商品不值得信赖。

（2）消费者心理评价

消费者面对推销活动表现出的态度，可以反映出不同的心理评价。

第一，心理趋同。由于所处团体、生活方式、个人动机、文化环境等因素的影响，某些消费者在消费过程中会表现出相对的一致性。在营销活动中，营销人员往往以此为标准，把目标市场划分成许多子市场。

第二，心理趋异。同样是由于所处团体、生活方式、个人动机、文化环境等因素的影响，某些消费者在消费过程中却表现出相对的差异性。心理趋异是营销活动中市场细分的重要依据。

3. 推销活动的心理模式

关于推销过程阶段心理的分析有许多典型的模式。例如吉姆模式、埃达模式、埃德帕模式等。

（1）"吉姆"模式

吉姆模式又称"GEM模式"，吉姆即英文单词推销品（Goods）、企业（Enterprise）、推销人员（Man）的第一个字母的组合GEM的译音。吉姆模式认为：推销成交的实现是推销品、企业、推销人员三个因素综合作用的结果。吉姆模式旨在帮助培养推销人员的自信心，提高其说服能力。其关键是"相信"，即：

推销人员一定要相信自己所推销的产品（G）。推销人员应对推销品有全面、深刻的了解，同时要把推销品与竞争产品相比较，看到推销品的长处，对其充满信心。而推销人员对产品的信心会感染顾客。

推销人员一定要相信自己所代表的公司（E）。推销人员必须相信自己的企业和产品，因为企业和产品的信誉是企业成功的基础。而信誉是要靠推销人员与企业的全体职工共同创造的。企业和产品的良好信誉，能激发推销员自信和顾客的购买动机。

推销人员一定要相信自己（M）。推销人员要充满自信，正确认识推销这一职业的重要性和自己的工作意义，正确认识未来的汽车行业和企业的发展前景，使自己充满信心，这是推销成功的基础。

总之，推销人员在推销过程中应深入研究顾客对推销的心理认识过程，同时十分注重自己的态度与表现，只有这样才能成功地进行推销。

（2）埃达模式

埃达模式认为，推销过程的主要策略应当分为以下四个部分：引起消费者的注意、唤起消费者的兴趣、激起消费者的欲望、最终促成消费者的购买行为（如图6-8）。

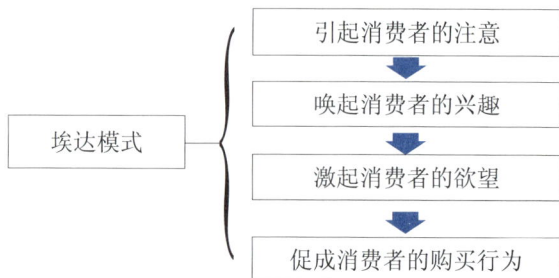

图 6-8 推销的埃达模式

第一，引起消费者的注意。埃达模式认为推销的原则是通过强化刺激唤起顾客的有意注意。引起顾客注意的理论依据是必须重视推销给予顾客的第一印象。理由是人们只注意与自己密切相关的事物；顾客只注意他们感兴趣的事物；顾客注意力集中的时间、程度与刺激的强度有关。引起消费者的注意的具体方法很多，包括形象吸引法、语言口才吸引法、动作吸引法、产品吸引法等。

第二，唤起消费者的兴趣。埃达模式认为，兴趣是在注意的基础上发展起来的，反过来又强化注意；兴趣是以需要为基础而产生并发展起来的，只有了解才会产生兴趣。唤起消费者兴趣的方法也有许多，包括向顾客示范所推销的产品，了解顾客的基本情况等。

第三，激起消费者的欲望。埃达模式认为，激起顾客购买欲望的理论依据是：产品具有满足顾客需要的使用价值，是激起顾客购买欲望的物质基础；顾客的购买欲望还取决于对满足需要方式的选择；顾客的购买欲望多来自情感，而非来自理智；情理并重才能强化与维持欲望；要充分说理就必须依据大量信息；不能用相同的理由去激发所有顾客的购买欲望。激起消费者欲望的方法包括：建立与检验顾客对推销的信任；强化与消费者的情感交流；多方诱导顾客的购买欲望；充分说理，说明利益，提供充分的证据；激发顾客购买欲望时要注意例证的重要性；在说明事理时要具体合理，避免用"最"字及其他笼统词句；推销人员态度要热情，要相信自己的产品等。

（3）埃德帕模式

埃德帕模式强调：推销必须确认顾客需要，把推销的产品与顾客的愿望联系起来；必须向顾客示范合适的产品，同时淘汰不宜推销的产品；必须证实顾客已作出正确的选择，如此才能促使顾客最终接受推销产品，作出购买决定。

4. 推销活动的心理障碍

（1）推销障碍的心理因素

推销活动实际上是从排除推销障碍开始的。在推销活动中，营销人员可以预见的心理障碍可分为一般障碍、真正障碍和隐蔽障碍三大类。

一般障碍通常表现为推销对象对某一商品有反对意见和异议，但并没有经过深思熟虑，往往带有随意性。例如：消费者购买信心不足；消费者购买目标不明确；消费者购买时间不紧迫；消费者认为购买利益不充分等。

真正障碍通常表现为推销对象对某一商品持有反对意见和异议，是经过思维、想象等心理活动后采取的决定。例如：消费者没有购买欲望；消费者对推销商品有偏见；消费者对推销人员有偏见；消费者认为推销商品离自己的需要还很远等。

隐蔽障碍通常表现为推销对象对某一商品持有反对意见和异议　是出于某种需要,但却不能把真正原因说出来。隐蔽障碍的原因往往是不真实的,甚至是违心的。例如:消费者的购买欲望不强；消费者对商品的认知度差；消费者的决策能力不充分；消费者的购买能力不足等。

（2）正确看待推销障碍

推销障碍是推销活动过程中的必然现象；推销障碍是推销对象对推销商品感兴趣的指示器；推销障碍是企业改善营销工作的催化剂。正确看待推销障碍是正确采取排除推销障碍的心理策略的前提。

（3）排除推销障碍的心理对策

排除一般障碍的心理策略包括：加强对消费者的消费教育与指导；向消费者灌输产品与服务新知识；切实从消费者的需求出发，改进产品与服务，提高产品服务的吸引力；帮助消费者确认自己的真实需要；积极充当消费者的购买参谋。

排除真正障碍的心理策略包括：设法转移消费者的注意目标，为消费者创造新的需求；创造宽松的消费环境，减轻消费者的心理压力；向消费者提供耐心细致的购买与售后服务，使消费者留下对汽车品牌、产品和服务的良好印象。

排除隐蔽障碍的心理策略包括：理解、尊重和谅解消费者的心理需要；不要强人所难，留下良好感觉，为下次推销创造机会、作好准备。

四、消费者接待迎送的心理策略

1. 消费者应接的心理分析与对策

（1）消费者的心理类型

对于消费者的心理，有众多的分类方法，不同学者和汽车从业人员各有不同的分法，但大致可分为冷漠型、犹豫型、虚荣型、好事型、急躁型、随和型6种。

（2）消费者应接心理对策

汽车推销人员必须熟悉消费者的心理类型，在接待中根据不同消费者的心理特点采取相应的心理对策。

冷漠型消费者以挑剔的眼光审评商品，喜欢推销人员在自己面前无能为力，容易产生抗拒心理。面对冷漠型消费者，必须善于发问，探知其需求，耐心细致地为其提供服务，唤起顾客的认同和共鸣。

犹豫型消费者往往有过不良的购买经历，尤其害怕上当。面对犹豫型消费者，推销人员应当先推销自己，建立良好的第一印象，诱导顾客消除疑虑。

虚荣型消费者在购买过程中喜欢自以为是，独断专行。面对虚荣型消费者，推销人员要善于聆听，适当称赞与寒暄，避免与其直接冲突。

好事型消费者喜欢借题发挥，善于言辞，好管闲事，往往追求细小利益。面对好事型消费者必须保持耐心，投其所好，必要时可以赠送一些小礼物。

急躁型消费者一般情绪过程比较激烈，反应敏感。面对急躁型消费者，要注意自己的言辞，保持心理平稳，不被消费者的情绪所左右，耐心沟通，适当赞美，注意细节的提醒和合同签订，避免合同签订以后出现变化。

随和型消费者，比较和善，较好相处，一般不太计较细小问题，有的甚至能与推销人员一见如故。面对随和型消费者，要真诚相待，不要拖沓，尽量速战速决，一旦承诺，必须严格执行。

2. 消费者应答的心理对策

汽车推销人员，不仅在接待中要根据不同消费者的心理特点采取相应的心理对策，而且在应答消费者的过程中，同样要把握消费者的心理特点。做到微笑应答，以求在消费者内心建立良好的第一印象；掌握时机、简明扼要地针对消费者心理进行询问和回答；观察顾客的心理变化，伺机应答消费者；在应答过程中做到礼貌待客，努力满足消费者渴望受尊重的需要。

3. 消费者送往的心理对策

推销人员不能用是否成交来决定自己的态度，要做到对成交与不成交的消费者保持态度一致；成交前与成交后也要保持态度一致。做到成交后能使消费者获得更多的满足感；即使不能成交，也能使消费者愉快离店，保持良好感觉，为以后可能出现的商机留下机会。

五、商品推介过程中的心理策略

1. 消费者选购商品的心理过程

消费者选购商品一般都要经过引起注意、产生兴趣、激发欲望、进行联想、与人探讨、产生信赖、采取行动、评价满足等一系列完整的心理过程（如图6-9）。

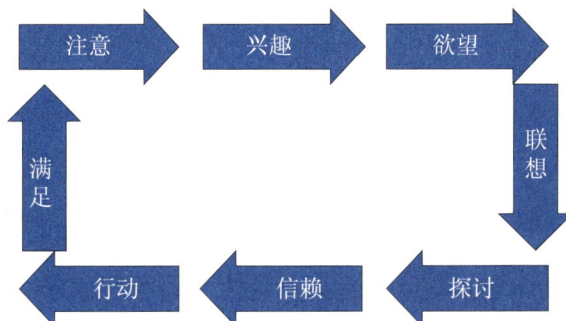

图 6-9 消费者选购商品的心理过程

2. 消费者选购商品的心理类型

消费者选购商品的心理类型各有不同。例如，在选购商品信息的收集上，有的侧重自主收集；有的侧重主动询问收集；有的则侧重被动接受收集。又如，在商品的购买决策中，有的善于独立决策；有的喜欢寻求帮助；有的则被从众心理左右。再如，消费者在购买过程中的社会心理需要也有区别，对商品选购欲望的强度各有不同。

消费者在选购商品时，在心理上虽然各有侧重，但在有些方面却非常一致。例如，消费者都希望受到热情的接待和尊重；消费者都寻求自我表现、喜欢在选购商品时自由自在、不受干扰；消费者都希望选购商品过程能融购物、享乐于一体。

3. 商品推介中的心理策略

消费者购买商品，目的是追求商品用途和可以为自己带来的利益。例如：消费者购买化妆品是为了使自己年轻漂亮，消费者购买钻头是为了打洞，消费者购买汽车是为了满足丰富多彩的物质与精神享受。在商品推介中必须注意相应的心理策略。包括：强调商品可以为消费者带来的价值与利益；在商品推介中，应强调"合适"，而不要使用"最好"；要避免正面否定消费者的话；要巧妙地运用正反对比的方法让消费者更准确地了解商品，并注意说话的语气、恰当地使用赞扬，达成消费者与商品推介目的的一致性。

4. 商品推介中体态语言的运用

推销人员在商品推介中必须注意倾听与观测消费者的体态语言，从观察中了解消费者的暗示，学会情绪的运用，并善于运用体态语言来推介商品。图6-10为推销人员在日常业务活动中可以观察到的消费者的体态语言。

（1）自信的姿势	（2）焦虑、克制的姿势	（3）疑虑的姿势
（4）批评性评价的姿势	（5）拒绝发言的姿势	（6）采取守势时的姿势
（7）不接受、不服气的姿势	（8）准备好了的姿势	（9）极有信心的姿势

（10）不同意的姿势	（11）负责人居高临下的姿势	（12）紧张不安的姿势
（13）真诚友好的姿势	（14）权威可信、投入专注的姿势	（15）随便看看的姿势

图 6-10 消费者的体态语言

说明：

（1）自信的姿势——消费者面对商品推介人员的推荐，充满信心，认为自己完全可以理解和判断推介内容。

（2）焦虑、克制的姿势——消费者面对商品推介，心中无数，生怕判断失误。

（3）疑虑的姿势——消费者对销售人员的推介内容存在疑问。

（4）批评性评价的姿势——消费者认为销售人员的推介不对，采取否定的态度。

（5）拒绝发言的姿势——消费者面对推介、不知可否，拒绝表态。

（6）采取守势的姿势——消费者生怕上当，采取守势。

（7）不接受、不服务的姿势——消费者对夸张的推介内容存有疑问，表示不服气。

（8）准备好了的姿势——消费者听了商品推介，产生购买欲望，准备深入洽谈。

（9）极有信心的姿势——消费者对推介商品极有信心、决意购买。

（10）不同意的姿势——消费者不同意推介者的意见。

（11）负责人居高临下的姿势——消费者处在强势地位听取商品推荐。

（12）紧张不安的姿势——消费者缺乏自信，生怕决策错误。

（13）真诚友好的姿势——消费者信任推介者，友好沟通。

（14）权威可信、投入专注的姿势——消费者非常相信推介者，视之为专家、权威，认真听取推介意见。

（15）随便看看的姿势——消费者没有购买动机，随便听听商品推介。

第三节 汽车价格设计与消费心理

一、汽车价格设计原则

1. 整体原则

价格策划是企业为了实现一定的营销目标而协调处理各种价格关系的活动,不仅是指价格的制定,而且是指在一定的环境条件下,为了实现特定的营销目标,协调配合营销组合的其他各有关方面,构思、选择并在实施过程中不断修正价格战略和策略的全过程。

价格策划必须从整体出发,根据不断变化的内外部环境与条件,对原有的战略、政策及策略进行适时、适当的修正或调整。这是保证价格策划有效性的基本条件。

2. 弄清背景

进行价格策划要以市场和整个企业为背景,将企业内部的价格策划工作作为一个整体来看待。价格策划要注意各个局部之间的协调,把握策划的整体性和系统性。

以市场为背景是指联系市场状况,把价格策划建立在对现有竞争者和潜在竞争者的状况,以及竞争者对本企业行为可能产生的反应进行全面清醒分析的基础上。

以企业为背景是指要考虑企业的资源限制和资源优势,考虑企业价格工作与其他各项工作的衔接,不能脱离企业的背景独立进行价格策划。

3. 协调原则

要处理好不同产品或服务间价格的协调,同一产品或服务价格的协调,具体价格制定与整体企业价格政策的协调,这是进行价格策划的基本前提。

4. 动态原则

价格策划必须要有动态观念。在营销活动中,从来不存在一种适合于任何企业、任何市场情形的战略、政策或策略。

成功的价格策划必须适应市场的客观变化和它的区间适应性,而且与企业经营总体目标相一致。

成功的价格策划要立足历史和现实,更要放眼未来。尽管价格调整较其他营销策略的调整简单,但仍然需要注重对未来的分析,包括对竞争者的未来状况、消费者的未来状况、企业未来可以使用的资源状况等因素的分析,以保证价格策划具有强大生命力。

另外,成功的价格策划还要考虑选择最佳时机,适时变动。

5. 出奇制胜

出奇制胜意为用对方意料不到的方法取得胜利,这是汽车价格策划的重要技巧。在大多数企业采用一以贯之的汽车定价策略时,以对手和市场难以预料的方法进行价格策划,可以取得意料之外的好效果。

例如，当相当多的企业纷纷采用降价策略时，某品牌汽车在坚持市场价格的同时，将其中可以降价的空间部分让给经销商，对外张扬了"一分价钱一分货"的形象，而对内则扩大了经销商的利益，调动了经销商的积极性。此计可谓一箭双雕。

二、针对消费者心理的定价策略

这是一种运用心理学原理，根据汽车消费者心理要求来制定的定价策略。通过汽车消费者对汽车产品的偏爱或忠诚，诱导消费者增加购买，扩大市场销售，获得最大效益。

1. 整数定价策略

高档汽车定价时往往定成整数，使其不带尾数。这种定价方法可以给汽车消费者造成汽车属于高档汽车的印象，提高品牌形象，满足汽车消费者显示身份的心理需求。

整数定价策略一般适用于汽车档次较高、需求的价格弹性比较小、价格高低不会对需求产生较大影响的汽车产品。由于目前选购高档汽车的消费者一般都是高收入阶层，接受较高的整数价格时通常都不会产生异议。

2. 尾数定价策略

尾数定价策略是与整数定价策略相对的一种定价策略，它迎合汽车消费者求廉的心理，在汽车定价时，采取不取整数而带尾数的定价策略。带尾数的汽车价格会在直观上使汽车消费者产生价格精准和便宜的感觉，可以提高消费者对该定价的信任度，从而激起消费者的购买欲望。尾数定价策略一般适用于汽车档次较低的经济型汽车，这类汽车的价格高低会对需求产生较大影响（如图6-11、图6-12）。

图 6-11　报价79万的奔驰轿车

图 6-12　报价7.29~9.99万元的起亚K2

3. 声望定价策略

声望定价策略是一种根据汽车产品在消费者心目中的声望、信任度和社会地位来确定汽车价格的汽车定价策略。声望定价策略可以满足某些汽车消费者的特殊欲望，如地位、身份、财富、名望和自我形象等，还可以通过高价格显示汽车的名贵优质。声望定价策略一般适用于具有较高知名度、有较大市场影响、深受市场欢迎的著名品牌的汽车

（如图6-13、图6-14）。

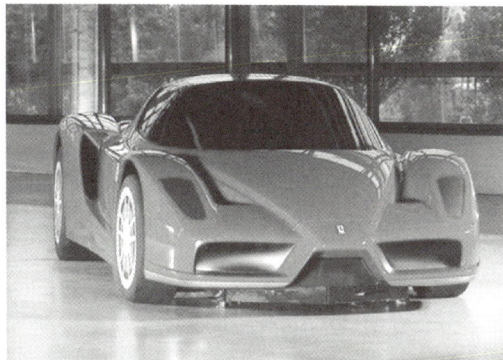

图 6-13 标价260万美元的布加迪威龙　图 6-14 标价87万美元的法拉利轿车

4. 招徕定价策略

这种方法把某种汽车产品的价格定得非常高，或者非常低，以引起消费者的好奇心理和观望行为，带动该企业其他汽车产品的销售。招徕定价策略常为汽车超市、汽车专卖店所采用。

5. 分级定价策略

这是指在定价时，把同类汽车分为几个等级，不同等级的汽车采用不同价格的一种汽车定价策略。这种定价策略能使消费者产生货真价实、按质论价的感觉，因而容易被消费者所接受。而且这些不同等级的汽车若同时提价，对消费者们的心理冲击不会太大。但是，分级定价策略的等级划分要适当，级差不能太大或太小，否则就起不到应有的分级效果。

三、汽车价格的心理功能

1. 汽车价格的认知功能

在现实生活中，消费者常常以价格为尺度来认识商品。品质相似的汽车，消费者往往认为价格高的那辆品质好、价值高，而价格低的那辆则容易被理解成品质差、价值低。在汽车产品层出不穷的情况下，消费者很难依靠经验去判断产品的优劣，价格就容易被消费者当作衡量产品品质与价值的尺度。

2. 自我意识的比拟功能

汽车产品不仅表现价值，而且在消费者的自我意识中，还被当作衡量自身社会、经济地位的象征，以满足自身的社会性需要。消费者可能通过汽车产品进行社会地位的比拟、经济地位的比拟、文化修养的比拟和生活情操的比拟。

3. 调节消费需求的功能

价格对供求关系具有杠杆作用。在其他条件不变的情况下，消费者需求量的变化与价格变动呈相反的趋势。价格变动对消费需求的影响表现在：第一，越是需求强烈的产品，消费者对价格越敏感；第二，价格变动的结果也可能使需求曲线向不同的方向发展，影响顾客的追涨等跌心理。例如：一般来讲，调低商品价格理应有利促进消费，激发消费者购买欲望，促使大量购买，但现实生活中消费者却可能从"便宜——便宜货——质量不好"的逻辑思维出发，引起对商品的心理不安；"便宜——便宜货"的认知有损消费者的自尊心和满足感；认为可能有新产品问世所以抛售老产品；认为降价的可能是过时产品、残次产品或低档产品；认为商品已降价，可能还会降。因此，降价必须慎重。

四、消费者价格心理

1. 消费者价格心理的概念

消费者价格心理是指消费者对商品价格的心理反应，这是影响消费者购买行为的诸多因素最敏感、最重要的因素。

2. 汽车价格与消费者心理行为

（1）消费者用价格衡量商品价值。价格是消费者衡量商品价值和品质的直接标准。消费者不是汽车产品与服务专家，他们对商品品质、性能了解有限，主要通过价格来判断商品品质。一般情况下，消费者会认为价格高商品质量就好，价格低商品品质就差。因此，低廉的价格不一定能促进消费者的购买欲，相反可能会使人们产生对商品品质、性能的怀疑。适中的价格，才可以使消费者对商品品质、性能有比较放心的感觉。

（2）消费者用价格衡量自身价值。消费者往往把价格作为自身社会地位和经济收入的象征。他们往往把某些高档商品同一定的社会地位、经济收入、文化修养等联系在一起，认为购买高价格的商品，可以显示自己的社会地位、经济实力，以此可以吸引别人的眼球，赢得别人的尊敬。相反，使用价格便宜的商品，则有损自己的身份地位。

（3）价格直接影响消费者的需求量。一般来说，汽车价格上升会引起需求量下降，从而抑制消费；而价格下降则会增加需求量，刺激消费。但汽车市场经常会出现与此相反的情况：有些商品价格上升时，反而会使消费者对未来价格的预期上升，增加即期需求；反过来，如果消费者对未来价格的预期下降,则会减少消费者的即期消费，出现买涨不买跌心理。

3. 消费者价格心理的主要特征

（1）习惯性价格心理。反复的购买活动会使消费者对某种商品的价格形成一种较为固化的概念，这种价格也叫习惯价格。消费者再次购买汽车商品时，往往会以习惯价格作为标准来判断价格的高低。消费者认为习惯价格以内的价格是合理的、正常的，若超出习惯价格就会认为太贵。但是，如果价格远远低于消费者的习惯价格，消费者则会对汽车质量产生怀疑，在购买时举棋不定。

（2）敏感性价格心理。消费者对商品价格的心理反应程度的强弱，取决于这种商品价格变动幅度的大小。一般情况下，消费者对需要经常购买的日用品价格变动很敏感，对少次重购的高档消费品，如汽车的价格变动则相对比较迟钝。但是，由于对各种商品价格变动的敏感性不同，消费者在面对商品价格变动时的心理反应区别很大。例如，有些高端汽车即使价格调整幅度很大，消费者也不会产生强烈的心理反应。

（3）感受性价格心理。消费者对商品价格高低的判断，受到众多因素的影响，不全以绝对价格为标准。商品的品牌、商标、色彩、造型、服务方式，商品陈列的场所、氛围、使用价值和社会价值都可以影响消费者对汽车价格的判断。

（4）倾向性价格心理。消费者对商品价格的选择具有明显的倾向性。消费者倾向性价格心理的产生，不仅受经济能力的影响，而且受到消费者购买心理的影响。一般情况下具有求名、显贵动机和炫耀心理的消费者倾向于购买高价汽车，而追求实惠的消费者则会选择价格稍低的汽车。但这种情况并不绝对。例如，有些经济条件并不优越的消费者，由于追求"面子"，也可能购买高价汽车；而一些经济状况颇佳的消费者，为了"低调"，也可能购买价格并不一定很高的汽车。

五、汽车价格调整的心理策略

1. 汽车产品价格调整

汽车产品价格调整是汽车生产企业为某种产品制定出价格以后，随着市场营销环境的变化，对现行价格予以适当的提价或降价的市场行为。

2. 消费者的价格意识

价格意识是指消费者对商品价格高低强弱的感觉程度，直接表现为顾客对价格敏感性的强弱，包括知觉速度、清晰度、准确度和知觉内容的充实程度。价格意识是掌握消费者态度的主要方面和重要依据，也是解释市场需求对价格调整反应的关键变量。

3. 汽车价格的调整

汽车企业通常不仅仅是制定单一价格，而是建立一个价格体系，以反映地理位置、成本、细分市场需求、购买时间、订货水平、服务合同和其它因素的不同。企业产品价格调整的动力既可能来自于内部，也可能来自于外部。企业利用自身的产品或成本优势，主动地对价格予以调整，将价格作为竞争的利器，称为主动调整价格。

（1）汽车产品提价。汽车产品提价确实能够增加企业的利润率，但却会引起竞争力的下降、消费者的不满、经销商的抱怨，甚至还会受到政府的干预和同行的指责，从而对企业产生不利影响。因此，这些年来在我国汽车销售中，汽车价格总体是逐步下降的。但是，在市场实践中，也有少数汽车厂商对汽车产品进行提价，或者以收取加急费的名义进行实际提价。汽车厂商对汽车产品进行提价的原因无非以下几类：为了应付产品成本压力，适应通胀、减少损失，供不应求、遏制消费；或者利用顾客追新、追优的心理。

（2）汽车产品降价。汽车产品降价，是汽车厂商面临的最严峻且具有持续威胁力的问题。企业降价的原因很多，包括企业外部需求及竞争等因素的变化，企业内部的战略转变、成本变化，以及国家政策、法令的制约和干预等。这些原因具体表现在：通过降价回笼现金；通过降价开拓市场；通过降价排斥对手；主动应对产能过剩；成本允许企业降价；满足经销商家需要；外界环境迫使降价等。

4. 汽车价格调整的心理策略

汽车企业调价，对消费者、竞争者、中间商都会产生影响。不论是降价还是提价，经营者在调价前都要把握以下几点：调价理由要充分；调价幅度要适当；调价时机要选准；对调价后消费者、竞争者、中间商的反应估计要充分。

（1）要预防随意降价。价格是营销过程中最敏感的因素之一，合理降价对于销售具有一定的推动作用，但价格大战从来都不会使一个品牌的实际地位发生根本改变。相反，在我们面前表现得岌岌可危或已经黯然退出市场的产品恰恰是一些"超低价"的产品，原因在于：其一，它根本化解不了自己的成本；其二，它本身可能就是"超低值"。

汽车市场的激烈竞争，表面上是价格之争，本质上却是质量之争、服务之争、品牌之争。决定价值流入还是流出的根本原因是产品是否真正符合消费者的需求。由此，我们应当清醒地认识到：降价不是汽车市场的唯一策略。

消费者正在成熟，没有价值的降价或抽掉某些价值的降价，不但不能赢得消费者，相反只会被消费者视为判断真实价值的工具，从而去否定产品的价值。这样的降价对汽车工业的发展不利，对企业的发展不利，对市场的健康成长同样不利。

（2）降价的基本条件。降价必须慎重，商品降价应当具备相应的条件。这些条件包括：消费者注重商品的实际性能和质量，很少考虑其他因素；消费者熟悉这一商品，并有信任度；有降价的理由；厂家信誉度高，确保消费者用较低价格照样能买到好东西；对于时尚商品和新潮商品，进入模仿阶段后就应当降价；对于一般商品，进入成熟期后就要降价；降价幅度要适宜，因为降价超过一定比例时消费者会对商品表现出不信任。其实，有时采用暗降策略也是好方法，因为这有利于维护企业形象，避免竞争者不满和攻击。

（3）降价8项原则。降价必须遵循下列8项原则：第一，消费者注重商品的实际性能和质量，很少考虑其他因素；第二，消费者熟悉这一商品，并有信任度；第三，确实有降价的理由；第四，厂家信誉度高，确保较低价格照样买到好东西；第五，对于时尚商品和新潮商品，进入模仿阶段后就应当降价；第六，对于一般商品，进入成熟期后就要降价；第七，降价幅度要适宜，降价超过一定比例时消费者会对商品表现出不信任；第八，采用暗降策略有利于维护企业形象，可以避免竞争者不满和攻击。

（4）把握提价的时机。为了保证提价策略的顺利实现，提价时机可选择在这样几种情况下进行：第一，产品在市场上处于优势地位；第二，产品进入成长期；第三，季节性商品进入销售旺季；第四，竞争对手产品正在提价。

在方式选择上，企业应尽可能多地采用间接提价，把提价的不利因素减到最低程度，使提价不影响销量和利润，而且能被潜在消费者普遍接受。同时，企业提价时应采取各种渠道向顾客说明提价的原因，配之以产品策略和促销策略，并帮助顾客寻找节约途径，以减少顾客不满，维护企业形象，提高消费者信心，刺激消费者的需求和购买行为。

第四节 汽车商务谈判与消费心理

一、商务谈判的基本概念

1.什么是商务谈判

商务谈判是谈判的一种类型（如表6-2）。商务谈判是为重大问题进行会谈，是当事人想从对方获得所需而通过沟通和信息传递进行协商、达成交易协议的过程。商务谈判的目的是尽可能为公司争取到最有利的条件并且保持积极的业务关系。商务谈判的本质是营销展示。商务谈判既要讲究科学又要讲究艺术。

表6-2 不同机构的谈判类型

类型	举例	参与方
日常管理类谈判（这种谈判涉及单位内部问题和员工之间的工作关系）	商定薪水、合同条款和工作条件；界定工作角色和职责规范	管理人员、下属、同事、工会、法律顾问
商业谈判（买卖双方之间谈判的动机通常是为了赢利或合作）	为满足客户需求而赢得一份合同；安排交货与服务时间；就产品质量、服务和价格达成一致意见	管理人员、厂商、客户、政府、工会、法律顾问
法律谈判（这些谈判通常是正式的并具有法律约束力。对先例的争辩与讨论主要问题一样重要）	遵守地方与国家的既定法规；与主管部门沟通	地方政府、国家政府、主管部门、管理人员

2.商务谈判的原则

（1）双赢原则。实现双赢，就是谈判一方的利益必须以谈判另一方利益的存在为前提，通过不断化解双方利益的冲突，求同存异，实现双方在商业利益上的相互认同。

（2）平等原则。过程的公平比结果的公平更重要，机会的平等是谈判双方能够做到的最大公平，谈判双方只有在一个平等的机制下进行谈判，才能使双方相互信服。

（3）次序原则。谈判必须注意次序结构。一般来讲，凡是一方想要达到的利益，估计对方能给的，就先谈、多谈；凡是对方想要的，而自己不能给的，就设法后谈、少谈。

（4）合法原则。所有谈判的结果必须符合国家商务活动的基本准则，符合行业公认、市场通行的商业道德。

二、商务谈判前的准备过程

影响谈判效果的主要因素包括谈判的准备程度、谈判阶段的控制和谈判策略的运用。任何一项成功的谈判都必须建立在良好的准备工作的基础之上，没有谈判前充分、细致、全面的准备工作，就不会有谈判的顺利进行。充分的谈判准备包括：收集对方信息；理清我方思路；制定谈判方案；组建谈判队伍；选择谈判地点；做好谈判培训；进行谈判模拟。

1. 了解自己、了解对手

汽车商务谈判是汽车商家与消费者的正面对话，双方的思维方式直接影响谈判的进程和结果，必须做到知己知彼。知己，是分析企业所拥有的各种资源。包括自己的产品、价格、服务、人脉关系、厂商支持以及自己对于谈判成功的信心，从中发现自己的优势，发现真正能为我所用的资源优势。知彼，是充分了解消费者包括组织消费者的购买背景，分清相关客户的类型，了解消费者是交易型的还是价值型的，或是合作伙伴型的。因为，不同文化背景条件下的人有着不同的价值观、不同的态度、不同的民族文化。事先了解对手的心理特征和行为方式比什么都重要。

2. 各类消费者的心理特点

（1）交易型消费者的心理特点

交易型也称价格型。交易型的消费者，对价格比较敏感。对于交易型的消费者，必须考虑影响客户采购决策的一切有关因素，并通过与竞争对手的比较分析来决定是否需要降价、如何进行降价、如何进行报价。

（2）价值型消费者的心理特点

价值型也称附加价值型。价值型消费者不仅重视价格，更重视问题的解决。对于价值型（附加价值型）的消费者，必须洞察消费者所从事行业的情况和业务模式，发现和评估消费者需要解决的问题，主动扩大解决问题的范围，不但为消费者提供产品，更重要的是为消费者提供问题的解决方案，在谈判前形成自己的"黑匣子"。

（3）合作伙伴型消费者的心理特点

合作伙伴型消费者是比较理想的消费者，即已经与商家有过交易记录，对商家比较满意，并已经建立了信任关系的消费者。对于合作伙伴型消费者，在谈判前就应当主动考虑消费者新的需求，并努力做好各种准备，为消费者提供更为及时和周到的解决方案。

3. 制定计划、成员分工

谈判前应有计划，包括时间、地点、主题、议程及对策，并对自己一方进行成员分工，确定各成员的角色、任务。如果是组织消费者，应当事先拟好谈判计划书（如表6-3）。

表6-3 组织客户谈判计划书

客户名称			客户编号		
项目名称					
地址			邮政编码		
联系人		职务	联系电话		传真
谈判目标					
谈判小组成员及成员安排					
谈判计划	合同样本				
	合同工作范围				
	产品策略与产品配备				
	价格折让与策略				
	价格底限				
	付款方式				
	阶段验收成果				
	……				
风险评估					
内外协调事宜					
计划阐述					

4. 做好其它准备工作

（1）场地选择。场地对谈判风格有着非常大的影响，不同的场地和布置起到的作用是不同的。谈判所用的沙发，最好是不带扶手的靠背椅，座椅排列的方式，可以是面对面的，也可以是L式侧面交谈型的，也可以安排成促膝谈心式的。谈判地点可以按照不同需要安排在办公室、商务茶馆或酒店饭桌。

（2）谈判演练。重大项目的谈判，在谈判前需要进行演练。演练的目的是发现问题，检查各步骤是否要修改；评估谈判的气氛；制作谈判准备分析表。好的演练是一次成功谈判的重要环节之一。

5. 谈判力量的来源

谈判力量来源于大量的消费者信息以及对消费者需求的正确分析和把握；来源于预定解决方案的准确性；来源于企业一定的投入、投资和正确的选择；来源于企业通过长期努力建立起来的信誉；来源于良好客户关系的建立和维持；来源于汽车经营企业对市场压力的清晰认识和对未来发展的愿景和期望。

6. 谈判的两个阶段

谈判包括准备阶段和正式阶段。正式阶段的谈判包括四个过程。第一，探询。通过旁敲侧击，窥测对方的意图，评估自己的策略，清晰阐明立场。第二，报价。通过比较权衡，凸显自己可以为消费者带来的利益，表明报价。第三，还价。面对消费者的还价，要询问消费者还价的根据，坚守自己可以让价的余地，确定让价步骤，避免出现僵局。第四，签约。获得一致、拍板成交、签定合同、固定内容。

7．预测谈判发展方向

理想的谈判结果是谈判按照既定的路线进行，取得理想结果。谈判的准备工作做得越充分，预设的谈判路线越接近谈判双方的利益平衡，越容易成功（如图6-15）。预测谈判能否沿着事先设定的方向发展，关键在于严格遵守谈判原则，坚持正确的谈判路线，设定好可以接受的让步。

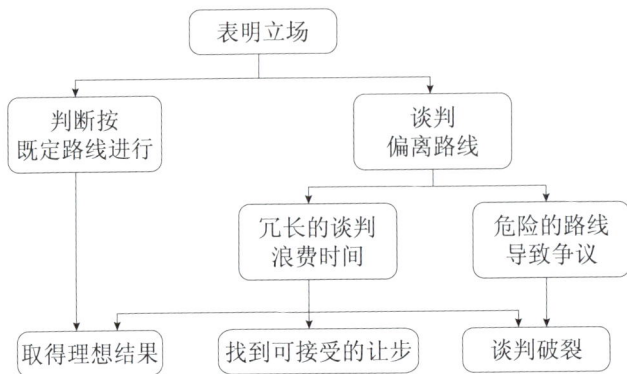

图 6-15　谈判的发展方向

三、商务谈判过程的心理策略

1．开局谈判的心理技巧

（1）**营造气氛**。热烈、积极、友好、轻松的谈判气氛，能够反映诚挚、合作、认真的态度，适合发展商务关系。必须在谈判开局中首先营造良好的气氛。营造气氛的要点包括：注意个人形象，因为第一印象一旦建立，就较难改变；认真做好准备，合理安排不受干扰的场地，以理相待，事前拟出一个详细的计划方案，以免忙中出乱；轻松进入谈判，避免在谈判开始阶段就进入实质性的谈判；熟悉对手情况，分析研究对方的行为，引导对方与己方协调合作。进入会场时，以开诚布公、友好合作的姿态出现；在握手及第一次目光接触时，要表现出真诚、可信及自信；在谈判过程中，行为要谦虚谨慎，说话要轻松自如，不快不慢，言之成理，以理服人；在"开场白"阶段，最好是站着交流，其内容最好以沟通思想、建立友谊为目的，不要过早地将话题转入实质性问题；不要过早地对对方的特点、意图形成固定的看法，应随着谈判向实质性阶段的过渡而做出更深入的分析。

（2）**延迟报价**。开始谈判时不要马上报价，如果对方一定要求报价，可以提出一个大致的、比你真正想要的价格还要高的价格，但要注意拿捏好分寸，告知客户首先要解决的是交流各自的需求。

（3）**控制期望**。千万不要接受对方的第一个提议，哪怕对方要求的某一个期望买价高出你的心理买价，也不能立即接受。因为若轻易接受对方的第一个提议，对手会觉得此事必有蹊跷，立即会产生"我可以拿到更好的价格"的想法，并且有可能在后来的谈判过程中，不停地挑毛病和要求其他利益。

（4）**表示惊讶**。在对手提出议价时表示惊讶。因为客户虽然已经提出议价要求，但一般不会认为你马上就会接受他的提议。如果你不表示惊讶，等于告诉对方他的价格你愿意接受；如果你毫无惊讶的神情，对手的态度会更加强硬，附加条件会更多。

（5）**勉为其难**。扮演勉为其难的销售人员。这是在谈判开始之前，压缩对手议价范围的绝佳技巧。当你使用这个技巧后，对手往往会放弃一半的议价范围。

（6）**坚持立场**。适当的时候要做到立场坚定、紧咬不放。以立场坚定的态度应对对方的杀价或超低报价，然后让客户给出一个更合适的报价；如果对方以同样的方法对付你，应该反其道而制之，千万不可轻易松口。

2. 中场谈判的心理技巧

（1）**把握谈判走势**。中场谈判是商务谈判的核心环节，也是最能展现谈判技巧的环节。在中场谈判中，要想取得谈判的最终成功，必须把握并引导谈判的走势。中场谈判要以实质性谈判内容为主，对重点内容，要明确、清晰、科学地界定，切忌含糊不清。

（2）**借助高层威力**。如果消费者要求的价格超出销售人员想要成交的价格，销售人员在两次让利之后消费者还是要求再让，销售人员可以借助高层的力量，表明自己实在无能为力，可以将决定权推到上面，并在取得客户的相对承诺后，让客户表明他现在就有签单的权利，再去请示领导。在这种情况下，只要消费者同意，便可以立即成交签单。

（3）**避免对抗谈判**。如果客户一上来就反对你的说法，不要和他争辩，千万不可造成对抗的氛围。可以使用"了解、我明白、我同意、感受到、发现"等字眼来化解对方的敌意，用转化的方法消除对方的抗拒。

（4）**分清各种借口**。消费者总是会找一些客观理由作借口，销售人员首先要确认消费者讲的是真是假，如果是假的，坚持原则；如果是真的，那就稍稍调整你的报价，再以询问的方式来问他。销售人员必须永远记住，要想方设法在不降低价格的情况下解决问题。

（5）**机智交换条件**。在确认成交的基础上，如果客户再提出一些要求，销售人员也要提出一些要求作为回报，例如，"如果我帮了您这个忙，那么您可以帮我一点忙吗？"这样做可以避免客户再提更多的非分要求。

3. 终局谈判的心理策略

经过谈判双方一定时间的讨价还价，谈判接近尾声。在谈判看似即将结束时，销售人员首先要恭喜对方，让对手感觉赢了谈判。其次，可以使用一些技巧，争取更多的利益。

（1）**红脸、白脸法**。白脸吹毛求疵，施加压力，要求对方作更大的让步；红脸表现得平静、理性，而且十分专业，以取得消费者好感，再建议他让步。

（2）**蚕食鲸吞法**。当消费者基本决定得差不多的时候，努力让他同意之前不同意的事情。销售人员一定要在最后作出进一步的努力，成交后启发消费者购买更多的东西。

（3）**取消之前的议价**。谈判获得一致结果后，少数消费者在这种情况下，还会再次要求降价。面对这种情况，销售人员可以明确表示要取消以前的议价，使消费者为了保持原来的议价而放弃新的议价要求。这个方法比较冒险。因此，只有在买主不停杀价的情况下才可以使用。为了避免正面冲突，也可以请一个上级主管来当红脸。

（4）小步让步法。在商务谈判中，价格让步的次数要越少越好，避免贪婪与等待。让价的幅度要一定要由大到小，速度要恰到好处。让步太慢，会使消费者感到卖家谈判诚意不够，而让步太快，又会引起消费者更高的期望。在价格让步中，错误的方法有：等额让步；最后一步中让价太高；一起步就全部让光；先让少后多让。

（5）拟定合同法。在谈判差不多的时候，可以借给客户倒茶水的机会离开谈判桌，等再次回到位置上的时候，可以顺便拿上一份合同在自己的手上，有意地为客户解释合同上的条款，并往有利的方向引导客户签约，让客户感觉不好意思不签合同。

4. 处理谈判危机的心理策略

商务谈判有时也会出现危机，遇到僵局、困境或走进"死胡同"。但只要认真对待，采用合理的心理策略，有些危机也是可以化解的。

（1）处理僵局的心理策略。谈判僵局是指谈判有分歧而进展放慢。遇到谈判僵局可以考虑使用暂置策略，搁置有严重分歧的问题，想办法先解决一些小问题，以此作为双方打破僵局的心理契机。

（2）处理困境的心理策略。谈判困境是指谈判双方有分歧，且没有进展。在这种情况下，必须调整谈判气氛。讨论如何与对方共担风险，尤其是那些对方会比较感兴趣的问题，要多谈一些细节。例如，增加一些服务承诺或融资方案，减轻消费者的紧张心理，避免更大矛盾的产生。

（3）处理"死胡同"的心理策略。谈判如果走进"死胡同"，表明谈判双方有巨大分歧，对方准备撤了。唯一的办法就是引入第三方，如你的上级或你的同级。因为第三方看上去应该是中立的。不管是否已经知道情况，他都应要求在现场重新了解一下事情的来龙去脉，可能会找出一些双方的共同点。当然，不要为了摆脱"死胡同"而不惜一切代价，因为这只会使你失去更多。到此为止总比失去更多要好。

四、商务谈判的心理方法与技巧

1. 谈判人员性格类型分析

进行商务谈判必须摸清对方谈判人员的性格类型。谈判人员的性格类型大致分为三类：

（1）主导型。主导型谈判人员权力欲强、敢于决策、富于挑战性，但比较急功近利。与这类人员谈判，要注意聆听，防止急躁，要做到欲擒故纵、旁敲侧击、强调事实。介绍产品与服务，要简洁明了，强调产品与服务的价值，守住价格底线。

（2）说服型。说服型谈判人员注重社交、潜藏雄心、团体性强，但不拘小节。与这类人员谈判，要充分发挥团队的力量，不能急于求成，要做到各个击破，并重视合同细节的说明。

（3）保守型。保守型谈判人员独立性差、注意细节、安于现状。与这类人员谈判，过程会比较冗长，谈判人员必须有足够的耐心。要做到投其所好、攻心为上。

2. 谈判是征服对方的艺术

（1）充足准备

在商务谈判中，要做到充足准备，必须做到：谈判前后讲礼貌，关键时刻讲原则；在准备好谈判材料的基础上，开始时泰然处之，遇到困难时淡淡一笑；倾听对手的讲话，展现自己的魅力；遭到拒绝要坚持不懈；在谈判中，关心内容更关心态度；遇到无望的谈判，也要设法在对方心中留下好印象；要善于用轻松的话题来渲染谈判气氛；如果是电话联络，要连续说话，不能中途停下；在谈判中想要说服别人，先看看能否说服自己，理解自己需要陈述的内容；谈判开始时，不要做过多的铺垫性陈述，因为太多的铺垫是心虚的表现；重要的是在谈判中要融入感情，尊重客观、审时度势；好的构思方案要有成熟的充分展示，应当牢记枯燥的数字和名字；在谈判中还要牢记：公司内部的斡旋实际上要比对外谈判更加困难，为此要注意内部关系的协调。在谈判中要以专家的自信出售方案；在谈判中把握对手的生理节奏，抓住有利时机提出关键问题；在谈判前，先与对方关键人物有所接触，谈判过程中必须准确看出对方的关键人物，甚至让对手知道自己和他上司的关系亲密。另外，在商务谈判中，不要迷信商务手册，要区分谈判对手的文化背景和地方性特点，这样谈判结果会更好。

（2）把握方向

在商务谈判中，要做到把握方向，必须做到：考察对方的谈判素质，不与无权决定的人消磨时间；耐心说服，把握自己的方向，不要把烦恼留给自己；开始谈判时，不要把资料交给对手，而要把自己的构思展示给对手，并为对手准备说服他们上司的材料和理由；在谈判中，不用"但是"，多用"所以"、"正因如此"；在谈判中，要把对方当成内行，不要轻视对手，且注意使用兴趣性语言，诱发对手自尊心；要牢记与固执的人谈判比与头脑灵活的人谈判更方便；在谈判中，要抢在对方反驳自己以前敲山镇虎；在谈判中，要重复顺耳的概念，在方案上留个尾巴；在谈判中，要善于说服围观者，争取把更多的人拉到自己这边来；谈判忌讳讲不必要的废话，强调愉快的合作精神；在阐述意见前，最好先听听对方的意见；在介绍新技术、新事物时，要先让对手进行体验；在谈判中，如果有人乱提要求，要设法让提出问题的人先解难题；一般情况下，谈判电话从自己这里打出去更为主动；在谈判中，要用专业的形象去取信对手。

（3）虚实相间

在商务谈判中，要做到虚实相间，必须做到：谈判要观察对方的反应，以变制变；如果对方指出自己的弱点，不要不敢承认，并且要将存在的问题与解决方案配套；如果遇到大项目的谈判，可以将它分割成若干小项目来进行；谈判内容切忌贪多，因为内容过多，反而会偏离谈判主题；在谈判中，要给对方一个改变主意的机会，给对方留一个下台的台阶；在谈判中，要多使用肯定句，少用否定句；在谈判中，如果呈现拉锯状态，可以停下来先个别聊聊；在谈判中，重要的话一定要轻声讲；谈判中，如果直呼对方大名，而不称对方的职务，往往会给对方更大的压力；谈判中可以先使对手处于上风，再逐步进入关键，这样可以让对方认为方案是他们自己构思的。

（4）随机应变

在商务谈判中，要做到随机应变，必须做到：把不想被人采纳的方案推倒重来；让对方先出牌，如果对方使用专业用语，可以让对方自己解释；如果对方刺痛自己，要善于说声"谢谢"，并借用对方的比喻来袭击对方；谈判要使用具体词汇，说话开门见山；一旦打不开局面，可以使用无聊的笑话改变谈判形势；在给出方案时，可以准备一个更偏激的方案先试探对手，再拿第二个正常的方案来继续谈判；谈判给出的方案，最好加一个引人注目的标题。特别需要注意的是，千万不要当场同意修改合同。

（5）运用艺术

在商务谈判中，要做到运用艺术，必须做到：在对方面前故意内讧指出同伴的错误；讲出严厉的话后要嫣然一笑；在谈判中身边要有一个一言不发的保镖；谈判有时可以表现出感情用事的一面，该说的决不讳言；对方发言要边听边记，这样对方会比较满意；若方案被否决，可以若无其事地再提出来，希望对方帮别人一把，甚至故意将板书擦掉，引起对手紧张；谈判时应当让自己保持一部分神秘色彩，与对手对弈，但不与对手对立。

（6）坚持诚信

坚持诚信，是使谈判获得实质性进展的最重要的因素，因为诚信不但有关自身的形象，更关乎企业的价值。所谓诚信，凡是承诺的，在实际工作过程中一定要做到；凡是做不到的，绝对不轻易承诺。坚持诚信要做到"三要三不要"：要客观评估自己实力，规范与客户的沟通内容，不要超出自己的能力；要控制沟通频度，不要过量宣传；要把握沟通时机，不要过于超前或滞后（如图6-16）。

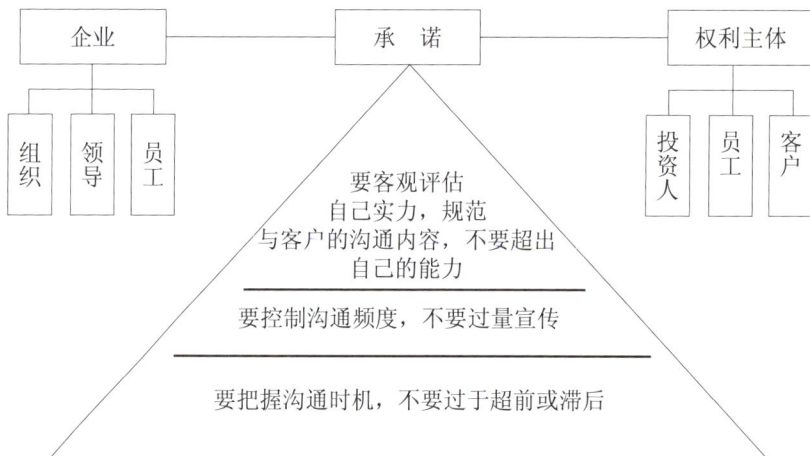

图 6-16 诚信三要三不要

第五节 汽车促销组合与消费心理

一、汽车销售促进组合的概念

汽车促销是汽车企业针对汽车消费者进行的信息沟通活动，通过向消费者传递汽车企业和汽车产品的有关信息，使消费者了解汽车企业和信赖汽车产品。促销的实质就是传播和沟通信息。其目的是促进销售、提高公司的市场占有率及增加公司的收益。现代市场营销将各种促销方式归纳为四种基本类型，即广告、人员推销、营业推广和公共关系。这四种方式的运用搭配称为促销组合。

1. 广告

广告即通过报纸、杂志、广播、电视、广告牌等传播媒体向目标顾客传递信息。采用广告宣传可以使广大客户对企业的产品、商标、服务等加强认识，并产生好感。其特点是可以更为广泛地（如在推销员到达不了的地方）宣传企业及其商品，传递信息。

2. 人员推销

人员推销即企业通过派出推销人员与一个或几个可能的购买者交谈、介绍和宣传产品，以扩大产品销售的一系列活动。

3. 营业推广

营业推广由一系列短期诱导性、强刺激性的战术促销方式组成。它一般只作为人员推销和广告的补充方式，刺激性很强，吸引力很大，其形式包括赠送免费样品、赠券、奖券、展览、陈列、折扣、津贴等，它既可以鼓励现有顾客大量、重复购买，并争取潜在顾客，还可以鼓励中间商大量销售。与人员推广和广告相比，营业推广不是连续进行的，只是一些短期的、临时性的能使顾客迅速产生购买行为的措施。

4. 公共关系

为了使公众理解企业的经营活动符合公众利益，有计划地加强与公众的联系、建立和谐的关系、树立企业信誉而进行的一系列活动即属于公共关系。其特点是不以短期促销效果为目标，而是通过公共关系使公众对企业及其产品产生好感，并树立良好的企业形象。

二、广告设计技巧与心理策略

1. 确定汽车广告目标

汽车广告目标是指在某个特定时期内，对特定的目标市场所要完成的特定信息的传播任务。广告的具体目标一般包括加强新产品宣传；扩大或维持产品份额；提高产品或企业的知名度；介绍老产品的新用途；对推销员一时难以接近的潜在顾客起预备接触作用；加强广告商品的品牌商标印象；帮助消费者确认其购买决策是正确的、有利的；提高消费者对企业的好感；纠正错误或不实的传闻；在销售现场起提示作用，促进消费者的直接购买行动；通过广告宣传，延长产品使用季节或提高对产品的变化使用和一物多用的认识，以增加产品的销售；劝诱潜在客户到销售现场或展览陈列场所参观访问以提高对产品的认识，增强购买信心等。

2. 汽车广告目标分类

汽车广告按其目标可分为通知性、说服性和提醒性三种。

（1）通知性广告：主要用于汽车新产品上市的开拓阶段，旨在为汽车产品建立市场需求。例如日本丰田汽车公司在进入中国市场时，就打出了"车到山前必有路，有路必有丰田车"的广告，震撼人心。

（2）说服性广告：主要用于竞争阶段，目的在于建立消费者对某一特定汽车品牌的选择性需求。汽车企业在使用这类广告时，应确信自己处于宣传的优势，并且不会遭到其他更强大的汽车品牌产品的反击。

（3）提醒性广告：用于汽车产品的成熟期，目的是保持消费者对该汽车产品的记忆。例如，别克凯越在上海通用中贡献率最大，达到43.0%；其次是别克君威，贡献率为23.4%。上海通用之所以能屡屡成功，关键在于本土化的品牌推广和产品开发战略。善于本土化运作的上海通用多年来一直采用媒体的提醒性广告。

3. 广告与消费者心理图象

不同类型的消费者在选购汽车时，有着不同的心理图象。私人用车的关注目标是自己的经济实力与对汽车价格、性能的理解；购买商务用车的用户最为关心的是汽车的价格和使用期限；公务车用户尤其关心汽车的使用性能，包括动力性、舒适性、外观特征等。消费者购买汽车时最关心的6个问题依次是：安全可靠、合理价格、完善服务、乘坐舒适、优异性能和漂亮外观。为了对应消费者不同的心理图象，应当选择不同的广告媒体。例如：大多数购买跑车的消费者是中青年的成功人士，最关心的是汽车的性能优异与否，针对这一群体广播和电视就是最有效的广告媒体；又如，安全是汽车产品的首要因素，通用五菱在《人民日报》刊登广告，广告语是"先买安全，后买汽车"，《人民日报》的公信力和广告中凸显的安全诉求，使其大获成功。

4. 广告传播的心理原理

广告传播的心理原理包括注意原理、说服原理、个性原理、记忆原理和暗示原理（如图6-17）。

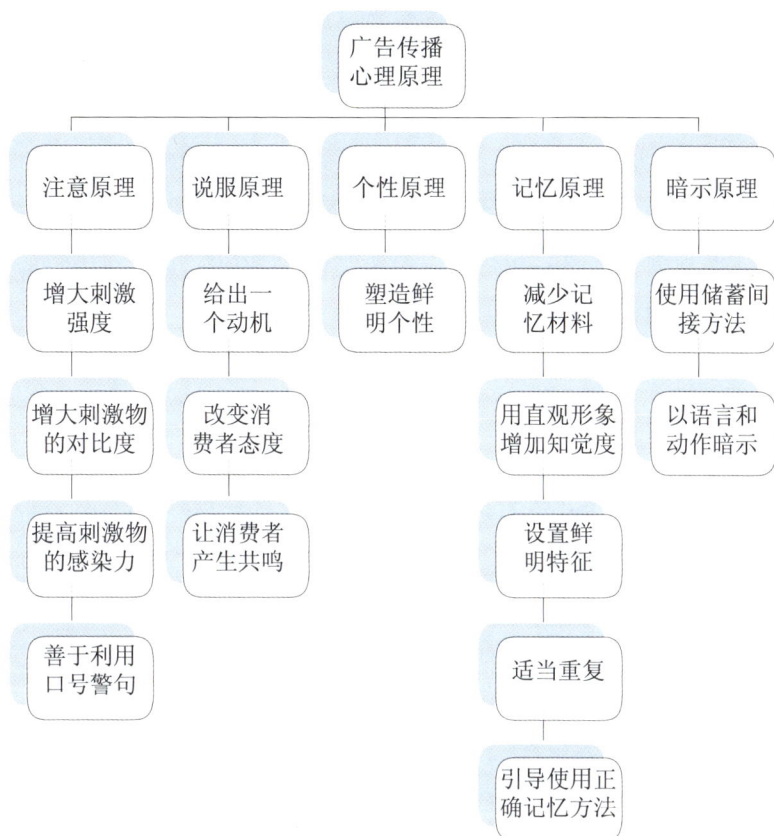

图 6-17 广告传播的心理原理

（1）注意原理：通过利用口号、警句，提高刺激物的感染力，增大刺激物的对比度，增大刺激强度，来引起消费者的注意。

（2）说服原理：通过广告宣传，让消费者产生共鸣，改变消费者态度，说服消费者，给一个能使消费者产生购买动机的理由。

（3）个性原理：广告要塑造产品、服务和企业的鲜明个性。

（4）记忆原理：广告要用直观形象设置鲜明特征，通过最简明的方法，减少不必要的记忆材料，增加受众的知觉度，便于受众记忆。

（5）暗示原理：用广告等含蓄间接的方法，以语言和动作暗示受众，让他们对广告对象产生兴趣，激发其欲望，促使其作出购买决定。

5. 广告设计步骤

（1）前期准备：第一、市场情况分析；第二、分析企业信息传播中存在的问题。

（2）调研分析：结合本企业的经营现实，对营销环境及经济、产业政策、政治法律文化等进行定量、定性分析，并给出结论性意见。

（3）产品分析：找出本产品在市场上存在的问题、机会点、消费者购买理由，并与竞争产品进行比较。

（4）受众分析：明确自己的目标消费群及与之相关的媒体，以使宣传活动具有针对性。

（5）**竞争分析**：找出现有和潜在的竞争者，从企业发展、产品特征、营销广告策略等方面分析自己的优势和差距。

（6）**目标确定**：确定自己的广告目标，即确定究竟是为了提高知名度，还是抑制竞争对手、品牌价值宣传、劝服消费者、改变消费观念，或是短期销量的提升。

（7）**确定目标市场和产品定位**：选择、确定和细化目标市场，确定产品的进入策略。

（8）**广告诉求与创意策略**：提炼、广告所要传达的中心思想，针对诉求的对象、内容、要点和方法，提出创意的概念和具体创作要求。

（9）**广告表现执行策略**：将广告诉求和创意诉诸实施，确定广告的创意方案、媒体的发布策略、促销组合策略等，并以强有力的表现和整体的媒体组合运作，将信息传播给目标受众。

（10）**制定实施计划**：提出广告实施计划，落实媒体、预算，以及广告预热、广告效果测评等具体执行方案和执行日程表。

（11）**广告工作总结**：能否对广告进行有效的计划与控制主要基于广告效果的测量。评价广告效果的目的，是要了解消费者对广告的接受和理解程度，以及广告对推销商品所起的作用。及时总结广告工作有利于测定广告效果，改进广告工作。

6. 平面广告设计的心理策略

平面广告设计的标题，必须清楚表达利益诉求；平面广告设计的正文，要支持利益诉求，用信息刺激购买欲，与创新者同步；平面广告设计的视觉效果，要让视觉自己说话，清楚表达利益诉求，充分展示车型，善用色彩，强化视觉对比；平面广告设计的总体效果，要强调利益诉求；清晰明了地传达利益诉求，通过创新性地吸引受众的眼球。做到以奇取胜、以新取胜、以巧取胜、以诚取胜、以情取胜（如图6-18）。

图 6-18 一则汽车广告

三、人员推销技巧与心理策略

1. 人员推销的概念

汽车人员推销是指汽车企业的推销人员利用各种技巧和方法，帮助或劝说消费者购买该品牌汽车产品的促销活动。

2. 人员推销的步骤

汽车人员推销的过程大致可以分成七个不同的阶段，即寻找顾客、事前准备、接近客户、产品介绍、克服障碍、达成交易、售后追踪。

（1）寻找顾客。客户是企业赖以生存和发展的基础条件，寻找客户是推销工作的第一步。推销人员要进行推销活动，必须要有推销对象。寻找顾客的办法很多，包括：通过缘故关系发现潜在客户；运用人际互动的理论发展客户关系；创造忠诚客户，让客户为自己推荐客户；发展和利用社会关系，寻找客户；利用二级渠道，发展客户关系等。

（2）售前准备。推销人员在售前必须进行充分准备，除了对自己仪表仪容的准备、推销材料的准备、选定接近顾客的方式、访问时间、应变语言之外，还应掌握下列三方面的知识：第一，产品知识，即关于本企业产品与服务的特点、用途和功能等方面的信息和知识；第二，顾客知识，即包括潜在客户的个人情况、具体客户的生产、技术、资金情况、用户的需要、购买者的性格特点等；第三，竞争者的知识，即竞争者的能力、地位和他们的产品特点。

（3）接近客户。即用各种方式与客户取得联系或直接登门访问，与潜在客户展开面对面的交谈。

（4）产品介绍。注意倾听对方的发言，判断顾客的真实意图，摸清消费者的需求。在介绍产品时，要注意说明该产品能给顾客带来的利益，并设法制造印象冲击。

（5）克服障碍。推销人员应随时准备应付来自客户的不同意见，熟悉各种问题的应对话术，克服障碍。

（6）达成交易。通过充分接触和耐心洽谈，引起消费者的兴趣，激发消费者的购买欲望，最终与消费者达成交易。

（7）售后追踪。推销人员应认真执行订单中所保证的各项服务承诺，及时交货，负责任地提供售后服务和维护客户关系，了解顾客对购买和服务过程的评价和改进建议，提升顾客满意度，争取顾客的重复购买。

3. 人员推销的特点

（1）沟通性强。与客户直接沟通，双向互动，有利于正确反映客户的真实需求，提供适合消费者的产品与服务。

（2）灵活性强。销售人员在访问的过程中可亲眼观察到消费者的反应，从而揣摩消费者心理变化的过程，因而能酌情改变推销话术和销售方法，主动适应消费者的需要，促进最终交易的达成。

（3）**针对性强**。人员推销直面消费者，因而能根据客户的需求和个性特征，有针对性地提供个性化服务，减少无效劳动。

（4）**专业性强**。人员推销是激烈竞争的产物，特别适用于推销价格昂贵且性能复杂的商品。对专业性很强的汽车产品，仅仅靠一般的广告宣传是无法促使潜在消费者购买的，而人员推销，有利于训练有素的销售人员为消费者展示汽车产品，处理消费者的异议，为消费者提供有针对性的问题解决方案，促进成交。

4. 人员推销的心理策略

衡量推销人员能力的重要标准之一，就是推销人员的沟通能力。而沟通能力的具体表现则是推销人员是否能根据消费者的心理倾向和推销气氛，审时度势，巧妙而灵活地采用不同的方法、技巧吸引用户，促使消费者做出购买决定，达成交易。

（1）**掌握推销方法**。推销人员必须掌握的基本推销方法有如下几种：第一，试探性方法，投石问路，对消费者的购买心理进行试探；第二，针对性方法，有的放矢地宣传、展示和介绍产品，使消费者感到推销员的确是自己的好参谋，真心地为己服务，进而产生强烈的信任感，最终愉快地成交，一般把这种销售技巧称为顾问式销售；第三，诱导性方法，推销员要能挖掘、唤起客户的潜在需求，事先设计出鼓动性、诱惑性强的购货建议（但不是欺骗），通过恰当的氛围、准确的语言，诱发客户产生某方面的强烈需求，并激起客户迫切要求满足这种需求的购买动机，然后抓住时机向客户介绍产品的针对性效用，说明自己所推销的正好是能满足这种需求的合适产品，从而诱导客户购买。

（2）**运用心理技巧**。推销员在了解了上述推销方法后，还必须掌握相关的心理技巧。第一，善于营造气氛，要建立和谐的洽谈气氛。推销员与客户洽谈，首先应给客户留下良好的第一印象，懂礼貌、有修养、稳重而不呆板、活泼而不轻浮、谦逊而不自卑、直率而不鲁莽、敏捷而不冒失。第二，巧妙进入洽谈的技巧。在开始洽谈阶段，推销人员不应直接进入洽谈，应当在营造一定心理氛围后，自然、轻松、巧妙地转入推销正题。第三，排除心理障碍。一是排除消费者的异议障碍，二是排除消费者的价格障碍。第四，寻找合适理由。一是要选好见面的时间，以免吃"闭门羹"；二是可采用请熟人引荐、名片开道、同有关人员交朋友等策略，赢得客户的欢迎，从而抓住成交机会。总之，推销员应善于体察消费者在洽谈过程中的情绪状态和心理特征，在营造消费者良好的感觉和信任后，抓住机会，发动进攻，争取签约成交。

四、公共关系技巧和心理策略

1. 公共关系的概念

公共关系是指汽车企业在个人、公司、政府机构或其他组织间传递信息，以改善公众态度的政策和活动。公共关系包括以下含义：公共关系不仅是指汽车产品的公共宣传，而且是指汽车企业的形象、汽车产品的品牌形象的树立。公共关系有助于发展企业与公众的关系，为汽车企业的发展创造一个良好的外部环境。公共关系以通过媒体或直接传播的方式传播信息。

2. 公关活动的内容

公共关系的主要任务是沟通和协调汽车企业与社会公众的关系，以争取公众的理解、支持、信任和合作，从而扩大汽车销售。根据企业公共关系的对象和企业的发展过程，公共关系主要的内容总体上是围绕调节着以下各种关系而确定的：汽车企业与消费者的关系；汽车企业与相关企业的关系；汽车企业与政府及社区的关系；企业与新闻界的关系；企业内部公共关系。

3. 公共关系的作用

（1）建立知晓度。公共关系利用直接的人际接触和媒体宣传，向公众告知企业和产品的信息，帮助消费者认知，吸引公众对汽车企业、品牌、产品和服务的兴趣。例如，上海大众帕萨特在诞生过程中，就充分利用了媒体宣传和各种公关活动的作用，吸引了广大公众和目标消费者对该车型的注意力。

（2）树立可信性。公共关系可通过社论性的报道来传播信息，以增加可信性。例如，"一汽汽车质量万里行"的报道，在媒体上公开发表，获得了公众的认可和信任，提升了企业形象和一汽产品质量上的可信度。

（3）提高积极性。公共关系有助于提高促销人员和经销商的积极性。新车投放市场之前，先以公共宣传的方式披露产品信息，有利于在消费者心里形成先入为主的良好印象，也便于经销商将新车推销给目标消费者。

（4）降低促销成本。公共关系的成本比广告的成本要低得多，促销预算少的企业，适宜较多地运用公共关系的力量，以便获得更好的宣传效果。

4. 汽车市场营销公关的工具

汽车市场营销公关的主要工具有：

（1）公开出版物。第一，汽车年度报告、小册子、文章、视听材料以及公司的商业信件和汽车杂志等。美国克莱斯勒公司的年度报告，几乎就是一份促销新车的小册子。小册子能在向目标消费者介绍汽车产品的性能、使用、配备等方面起到很重要的作用。第二，在公开出版物里，汽车企业领导人撰写的文章，能够引起人们对汽车企业及其产品的关注。第三，企业的商业信件和汽车杂志可以树立汽车企业的形象，向目标市场传递重要新闻。

（2）公关事件。汽车企业通过安排一些特殊的事件来吸引人们的注意力，使人们对该企业的新产品和企业其他事件感兴趣。这些事件包括记者招待会、讨论会、展览会、竞赛、周年庆祝会、运动会和各类赞助活动等。

（3）新闻传播。公关人员发展或创造对汽车公司及其汽车产品有利的新闻，并争取使传媒录用新闻稿和参加记者招待会。福特汽车公司曾在豪华游轮的在甲板上发布新产品，就是一次成功的公关策略。福特汽车公司的"金全垒打"在上市之前，针对新闻媒介的发布会极具创新性和新闻性，因而引起了广泛关注，不但使媒体为之作图文并茂的介绍，甚至还创造了话题，使该新车未上市先轰动。

（4）公关演讲。公关人员和公司领导人鼓动性的演讲，能打响汽车公司和汽车产品的知名度，大大推动汽车产品的销售。公司负责人应经常通过宣传工具，利用各种公关场合，圆满地回答各种问题，并在相关的销售会议上进行演讲，以树立汽车公司良好的品牌形象。例如，艾科卡在众多听众面前具有超人魅力的讲话，大大增强了公众对克莱斯勒汽车的喜爱。

（5）公益活动。公司可以通过向某些公益事业捐赠一定的款项和实物，以提升公司信誉，扩大公司在这些地区的影响，提高公司的社会形象。

（6）形象识别媒体。通过公司的持久性媒体，如广告标识、文件、招牌、企业模型、业务名片、建筑物、制服标记等，创造一个公众能迅速辨认的视觉形象，赢得目标消费者的注意。事实上现在几乎所有的4S店就是这样做的。

5. 公共关系心理策略

（1）坚持事实在先。企业在进行具体的公共关系活动时，不管是为了解决什么问题，都必须事先进行调查，掌握事实依据，然后再有的放矢地开展公共关系活动。

（2）高度尊重公众。企业在公共关系活动中要把公众利益放在企业本身利益的前面，高度尊重公众，平等对待公众。千万不能居高临下、信口开河、误导公众或者欺骗公众。否则，企业所希望的公众对企业的合作与谅解就不可能实现。因此，企业在考虑和平衡双方利益时应首先考虑和满足公众的利益，然后才是企业本身的利益。

（3）平衡双赢互利。公共关系从本质上来讲，是企业与公众之间的一种利益关系。只有当双方的利益达到基本平衡时，双方才能产生和谐的关系。这就要求企业在制定公共关系策略时要坚持对企业、对公众双方都有利的原则。

（4）主动发展关系。企业的公共关系是企业与公众之间的关系，当企业在公众面前的形象很好时，公众就会利用口碑帮助企业传播可信赖的品牌和产品信息。反之，公众就会放弃购买该企业的产品而去购买能够使自己的利益达到平衡的其他企业的产品。为此，企业必须随时注意采取主动的态度，发展公共关系，去寻找和消费者的利益平衡，发展和谐关系。

（5）善于角色互换。企业在制定公共关系策略时，必须站在公众的立场上思考问题，善于角色互换，放弃偏见，充分认识公众要求的合理性，一旦公众利益受到某种损害，企业应主动给予补偿或保护。

（6）提倡情感相融。情感是社会组织运转的润滑剂，也是公共关系的黏合剂。这一理念不仅应当体现在企业外部的公共关系上，而且应当体现在企业内部的公共关系上。企业公共关系的对象是公众，企业公共关系活动在本质上是与公众发生关系。始终利用情感的手段，与公众建立和保持一种融洽亲密的关系，在此基础上开展公共关系活动，才能收到事半功倍的良好效果。

（7）保持沟通协商。企业与公众在法律上是平等的，不能使用命令方式，只能使用协商沟通的方式。企业要想在公众面前树立良好的形象，获得公众的支持、合作与谅解，不但应当遵守公众在先的原则和互利的原则，而且必须利用大众传播方式与公众保持良好的沟通与协商。

（8）实施补偿原则。汽车企业的产品和营销活动会在不同程度上影响公众的利益，尽管有些是在所难免的甚至是合法的。例如，汽车带来的污染、噪声、电子干扰对人体和通讯有害，虽然生产这些汽车现在是合法的，但公众并不认为天经地义。对于公众的这些维护自己利益的要求，企业除了不断改进自己的产品和营销活动外，应给予一定的经济和精神补偿。只有这样，企业才能得到公众的谅解与合作，否则企业的形象将受到严重损失。现在许多企业长期大量地向公益事业和环境保护公益事业捐款，其根本出发点就是上述补偿原则。

（9）坚持一以贯之。企业树立企业形象的活动和企业公关活动，必须长期坚持，不能断断续续，更不能只图眼前利益。树立一个好的企业形象，不可能一蹴而就。现代企业的公共关系活动应当从企业诞生那一刻开始，到企业生命结束那一刻为止，一直不停地进行着。

课 后 实 训

1. 实训课题
不同消费者应接心理对策运用比赛

2. 实训目的
还原真实工作场景，让学生通过角色扮演和情境模拟对所学理论和方法进行综合演练，熟悉不同类型消费者的心理特点和应接策略，提高销售接待的综合能力。

3. 实训过程
（1）选出实训评委五人（一名教师、四名学生）。

（2）将学生分为甲乙两组，并推选组长，教师预告实训内容，调动学生的注意力和兴趣。

（3）事先设计《学生自身消费者类型、特点分析表》、《不同消费者应接心理的对策表》和《实训评分表》以及1张奖状。

（4）大屏幕打出《不同消费者应接心理的对策表》，给学生参考。

（5）结合销售接待的典型工作任务，让学生填写表格，确认自身消费者类型，并描述购买过程的心理特点。

（5）将材料《学生自身消费者类型、特点分析表》分组集中。

（7）甲乙两组各派出一位同学，任意抽取对方组一位同学的《学生自身消费者类型、特点分析表》，并对对方被抽同学进行销售接待（时间允许可以反复进行几轮）场景是接待一位来店购买一辆帝豪汽车的消费者。

（8）统计评委打分，获取各组平均得分，决出优胜组。

（9）教师进行活动总结和点评，对比赛各方给予鼓励性评价。

学生自身消费者类型及心理特点描述表

姓名：		消费者类型：	
心理特点			

不同消费者应接心理的对策表

消费者类型	特点	心理对策
冷漠型	以挑剔的眼光审评商品，喜欢推销人员在自己面前无能为力，容易产生抗拒心理	善于发问，探知其需求，耐心细致地提供服务，唤起顾客认同和共鸣。
犹豫型	往往有不良的购买经历，尤其害怕上当	先推销自己，建立良好的第一印象，诱导顾客消除疑虑。
虚荣型	在购买过程中喜欢自以为是，独断专行	善于聆听，适当称赞与寒暄，避免与其直接冲突。
好事型	喜欢借题发挥，善于言辞，好管闲事，往往追求细小利益	保持耐心，投其所好，必要时可以赠送一些小礼物
急躁型	情绪过程比较激烈，反应敏感	注意自己的言辞，保持心理平稳，不被消费者的情绪所左右，耐心沟通，适当赞美，注意细节的提醒和合同签订，避免合同签订以后出现变化。
随和型	比较和善，较好相处，一般不太计较细小问题，有的甚至与销售人员一见如故。	真诚相待，不要拖沓，尽量速战速决，一旦承诺，必须严格执行。

比赛成绩评分表

	评分点	评分标准	权重分	得分
1	礼貌接待	问候、感谢、自我介绍、名片递交、引导入座、提供饮品	20	
2	语言规范	语气语调、普通话、表述正确	20	

（续表）

	评分点	评分标准	权重分	得分
3	需求分析	提问得当、分析仔细、结果清晰	30	
4	对策正确	符合消费者类型特征	30	
总得分				
评分范围		各项最高分不能超过权重比例，最低不能低于权重分50%		

思考题

1. 消费者动机有哪些特征？

2. 简述青年人的消费心理和购买特征。

3. 简述汽车消费者的购买决策过程。

4. 简述组织客户的购买特征。

5. 简述公务、政府部门客户特征。

6. 简述公开招标的一般流程。

7. 商品价格的心理功能和心理特征是什么？

8. 请就价格和消费者需求之间的变动关系进行心理分析。

9. 新产品的定价策略有哪些？

10. 举例说明商品营销过程中可以采取哪些定价策略。

11. 如何根据消费者的价格心理进行商品调价？

12. 影响商务谈判的主要因素有哪些？

13. 为什么说谈判的准备阶段十分重要？

14. 谈判的过程分为哪几个阶段？

15. 谈判人员有哪几种性格类型？主要特点是什么？

16. 在谈判中可以采取哪些心理策略？说说它们的适用条件。

17. 如何依据公众消费者的心理特点与公众消费者搞好关系？

18. 举例说明企业形象与产品销售的关系。

19. 举例说明公共关系心理策略的运用。

20. 消除公众消费者疑虑，转变公众消费者态度的策略有哪些？

21. 阅读别克赛欧的上市公关策略，说明掌握公共关系心理的重要性。

第七章　汽车营销人员的心理素质

学习目标

1. 知识目标：

（1）掌握汽车销售和服务的核心流程。

（2）掌握汽车销售和服务流程过程中的心理策略。

（3）明确汽车营销人员应有的心理素质。

（4）明确汽车营销人员进行自我修炼的基本要求和途径。

2. 能力目标：

（1）提高执行汽车销售和服务核心流程的能力。

（2）提高自我修养的能力。

3. 情感目标：

（1）热爱专业、热爱工作岗位。

（2）与消费者保持情绪同步，真诚为消费者服务。

导入

人才缺口影响本土车企发展 合资反哺成趋势

在竞争激烈的中国汽车市场，企业高管跳槽已是屡见不鲜。这种高层变动仅是行业人才流动的冰山一角，其背后折射出的汽车产业对人才的严重饥渴现状，更加值得关注。

2015年汽车人才缺口或达44.5万

"按照最保守的估计，到2015年，我国汽车市场容量将达到2250万辆。按照这一数字计算，从2010年至2015年，汽车行业从业人员数量需求要从220.3万人增加到264.7万，这意味着有近44.5万的人才缺口。"中国汽车工程学会理事长付于武在2013中国汽车自主品牌发展与汽车人才培养座谈会上透露。

这一数字是由中国汽车工程学会与中国人才研究会联合发起中国汽车行业科技人才发展状况调查后得出的。按照各类人员对汽车产量的贡献率，行业科技人才需求数量将从31.1万人增至37万人，缺口为5.9万，研发人员需求数量将从16.9万增至23.1万，缺口为5.2万。

十多年来，我国汽车行业飞速发展，从业人员数量也随之快速增加。从2001年年末的150.55万人增至2010年年末的220.27万人，总体增长0.46倍。其中科技人才数量从15.6万增至31.1万，增长0.99倍；研发人员数量从4.47万增至16.95万，增长2.79倍。与同期汽车产量增幅相比，从业人员数量增长显得微不足道。从2001年至2010年，我国汽车年产量增加了6.8倍。

人才培养机制影响自主车企发展

与需求急剧增加相对应的是汽车人才培养机制的滞后。目前，我国有155所大学本科及以上高等院校和2300所职业院校设有汽车相关专业。院校数量看似不少，但无论是师资力量、课程设置还是实训机会都普遍存在欠缺，从而导致毕业生不受企业欢迎，备受批评。因而导致的巨大人才缺口将给汽车行业的可持续发展带来严峻的考验。

付于武表示，通过对中国12家整车企业的调查发现，人才质量已经成为制约行业发展的一大障碍。35岁以下的年轻人是科技人才队伍的主体，他们的资历多在六年以下，而技术成熟却需要 4～10年时间。此外，后备科技人才综合素质与企业需求差距较大。除了整车，后市场面临人才学历偏低、高端人才匮乏、流动性强等问题的困扰。每到节假日，各汽车维修店的技师需求紧张以及昂贵的工时费都是很好的证明。

作为自主品牌中的佼佼者，吉利控股集团董事长李书福对此深有同感："中国汽车行业发展面临三大问题，除了研发创新能力弱以及零部件体系和整个同步研发力差之外，人才培养体系以及全球竞争力弱是另一大问题。"

"按现有培养机制，不可能培养出适合企业需求的人才。一步步从小学读到中学、大学，学生知识体系太理论化。"李书福说。

以自动变速箱的研发为例，吉利曾投入大量人力财力开展自动变速箱研发，并加入国家自动变速箱开发课题组，但仍无法攻克难关。"样机我们做得出来，研发人员什么都懂，但就是不了解实际情况，无法贴近实际。"李书福说。

经过60年的发展，中国汽车工业取得了巨大的进步，但与世界汽车业中领先的同行相比，我们在核心技术的创新能力方面仍有不小差距，这背后就是人才匮乏的问题。在人才教育、培养领域需要对原有体系进行突破性的改革，根据市场和企业的需求多元化、多层次、多渠道地培养实用型和创新型人才。只有这样，才能使中国汽车工业真正做大做强。

（本文节选自2013-11-26Motorlink综合材料)

阅读以上内容，思考以下问题：

1. 我国汽车人才的现状如何？

2. 按照我国汽车人才需求的要求，你准备采取什么行动，全面提高自己的综合素质？

第一节　汽车销售服务过程中的心理策略

一、汽车销售与服务的主要内容

1. 汽车服务是一项工程

汽车服务是一项内容丰富、结构完整的工程，包括：汽车生产前的汽车前服务，汽车生产过程中的汽车生产制造，汽车出厂后的物流、销售、维修、使用以及处置等各方面的服务（如图7-1）。

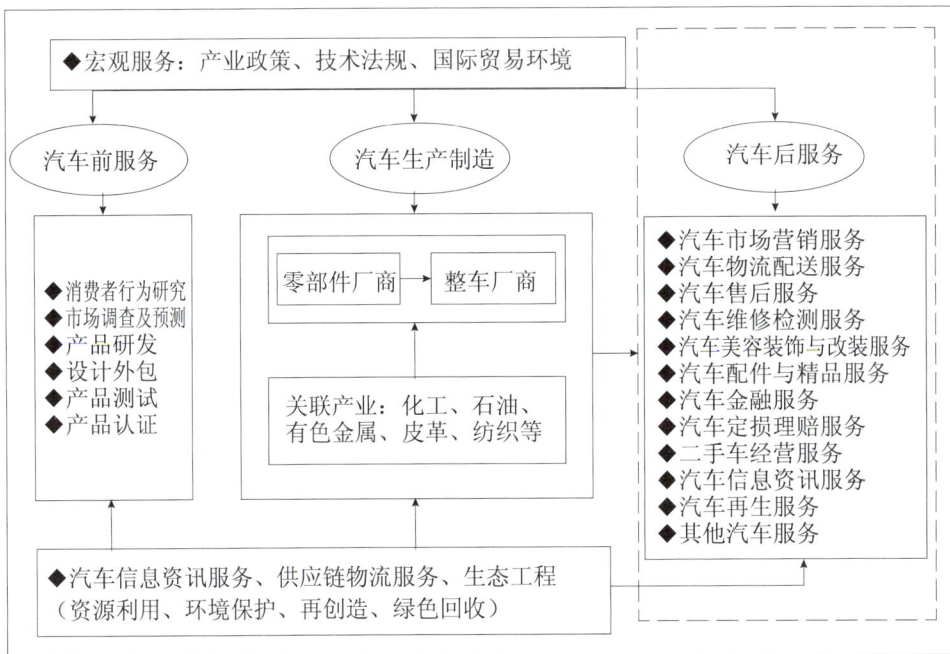

图 7-1　汽车服务的主要内容

2. 汽车销售与服务的核心流程

（1）汽车销售核心流程

传统的汽车销售流程包括：售前准备、顾客接待、需求分析、产品介绍、签约成交、交车结账、跟踪服务。随着市场竞争的加剧，汽车经销商已经深刻认识到，流程的执行必须建筑在客户开发成功的基础上，没有客户，一切流程都没法执行，没有客户，汽车营销企业就难以生存与发展。为此，目前众多的经销商都把客户开发作为核心工作流程的起点，而把客户关系管理作为培养忠诚顾客，推动汽车营销企业长期发展的重要环节（如图7-2）。

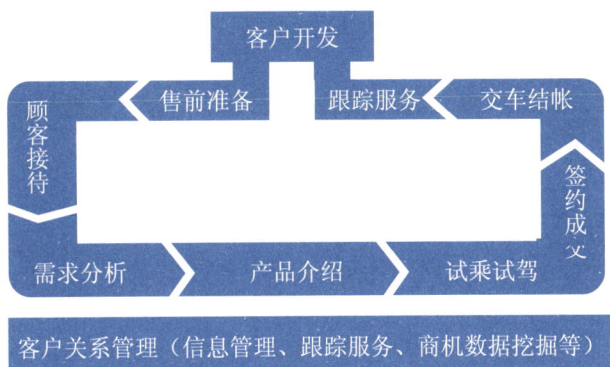

图 7-2 汽车销售核心流程

（2）汽车服务核心流程

汽车服务的核心流程包括：客户预约、准备工作、制单修车、车辆修理、内部交车、交车结账、售后跟踪。与汽车销售一样，汽车的服务核心工作同样涉及如何开发客户与进行客户关系管理的重大任务。只有这样，才能减少客户流失，按照客户需求，为客户提供更多的增值服务、增项服务，提高服务部门的利润（如图7-3）。

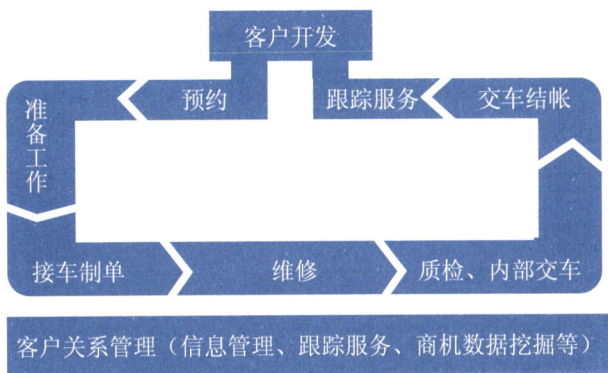

图 7-3 汽车服务核心流程

二、汽车营销人员心理活动过程对经营活动的影响

1. 汽车营销人员的认识活动对企业经营活动的影响

汽车营销人员对消费者来说是信息的沟通者、商品的推介者、选购的指导者和感情的融通者。汽车营销人员对消费者有着重要的影响力，直接影响企业经营活动的结果。汽车营销人员只有充分认识本职工作的社会意义，乐于从事自己的专业；充分认识企业经营活动的本质特点，时刻关注消费者的需求和客户满意度；充分认识个人需要与企业目标之间的关系，理解个人利益与企业效益的关系；充分认识企业利益与消费者利益之间的关系，满腔热情地为消费者服务，才能真正做到乐业、敬业、专业，提高企业经营活动的效果。

2. 汽车营销人员的情感活动对企业经营活动的影响

营销人员的情感活动是指营销人员在从事企业经营活动过程中，针对企业经营活动的目标、方式、结果是否符合自己的需要形成的态度。情感活动是由一定客观事物引起的，离开了客观事物，情感活动不可能产生。积极的情感状态，能够使汽车营销人员保持饱满的热情，积极投入有益于消费者的各种经营活动，使企业的经营活动充满活力。

3. 汽车营销人员的意志活动对企业经营活动的影响

在汽车行业产能过剩、市场竞争激烈的客观条件下，汽车营销人员的工作极具挑战性，困难时刻相伴，挫折经常发生。营销人员的意志活动，是营销人员自觉遵照企业确定的经营目标，并有计划地组织自己的行动，在行动中克服各种困难的心理过程。意志活动的能动性与制约性的相互作用能够推动营销人员心理的发展与变化，在困难与挫折面前，保持足够的自信，坚定不移地完成营销任务。这不仅有利于营销人员个人目标的达成，而且有利于企业经营目标的达成。

三、执行汽车销售核心流程的心理策略

1. 售前准备的心理策略

（1）明确售前准备的目的

售前准备的目的在于：做好接待客户准备、精神面貌准备、服装仪容准备、产品知识准备、生活素养准备和汽车行业消息准备，从而塑造专业的销售形象，建立顾客信心，取得顾客的信任；建立销售员自己的信心，充分准备和利用各项工具和销售流程，顺利开展汽车销售工作。

（2）建立信心的吉姆模式

信心是汽车营销人员获得销售成功最基本的条件。吉姆模式旨在帮助培养营销人员的自信心，提高营销人员的说服能力。吉姆模式认为：销售成功是推销品、企业、推销人员三个因素综合作用的结果。吉姆模式的关键是"相信"，即：营销人员一定要相信自己所推销的产品（G）；相信自己所代表的公司（E）；相信自己（M）。

（3）做好充分的心理准备

汽车营销人员在面对的工作任务时，必须在认知能力、人际关系、知识储备、思维方式和自我调控上做好充分的心理准备（如图7-4）。

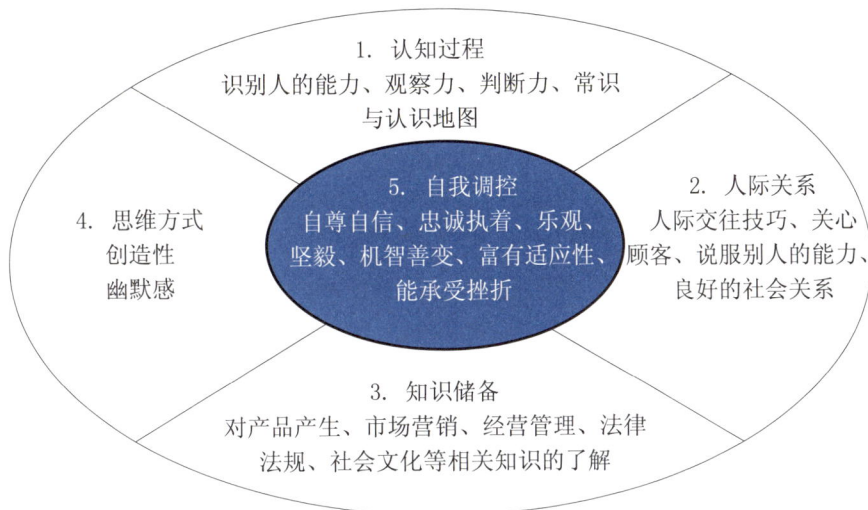

图 7-4 营销人员的心理素质的结构

（4）做好精神面貌的准备

保持饱满的精神，在工作环境中展现乐观、积极的面貌。生活应有充分的调适，睡眠充足，不要酗酒，在工作场合中永葆旺盛的斗志。

（5）做好服装仪容的准备

销售人员应仪容端正，穿着统一的制服，并保持制服整洁、合身；携带好笔和文件夹，随时准备记录；保持名片清洁挺括。

（6）做好产品知识准备

销售人员应当掌握各车型的配置、性能和所有技术参数，以便随时可以提供给消费者，作为介绍和讲解的依据；掌握竞争品牌的车型特征，有能力为顾客进行参数分析和比较；产品资料必须保证充分供应。

（7）做好生活素养的准备

为了提高自己的综合能力与知识，以便在工作中顺利地与顾客接触、交谈及成为朋友，汽车营销人员应较多地掌握各种相关生活素养信息，如：掌握一般的社会新闻；经济、工业和商业新闻；体育、娱乐新闻；子女教育问题的信息；金融、房产投资的信息；相关旅游休闲的策略等。

（8）汽车行业消息的准备

营销人员应该充分掌握和了解各汽车品牌及车型和企业发展的信息，以便顺利应对汽车市场的变化，运用最新的品牌、产品知识、技术信息，为消费者服务。

2. 客户接待的心理策略

（1）建立良好的第一印象

与顾客建立关系是销售的第一步。顾客来店或来电是最常见的购车方法，热情、周到的接待可以建立积极的第一印象。第一印象也称首因效应，即人与人第一次交往中给人留下的印象，在对方的头脑中形成并占据着主导地位的效应。第一印象作用很强，持续的时间也很长，比以后得到的信息对于事物整个印象产生的作用更强。在通常情况下，顾客在与汽车营销人员初次接触时往往比较紧张，也怀揣某些疑虑。专业化的接待有利于建立良好的第一印象，消除顾客的疑虑并建立顾客的信心，营造一种友好、愉快、舒适的气氛，让顾客体验到营销人员的热情。

（2）营造轻松热情的氛围

消费者上门购车时，营销人员接待可能会有各种不同的态度，营造不同的环境氛围。热情的态度可以使消费者产生情感上的倾向性，轻松的接待可以让消费者消除紧张。客户接待正确的方法是：在与客户首次接触时，首先热情招呼，任消费者自由观察，并紧随客户，时刻准备提供客户所需的咨询服务。在消费者需要提供咨询时，主动上前进行介绍（如图7-5）。

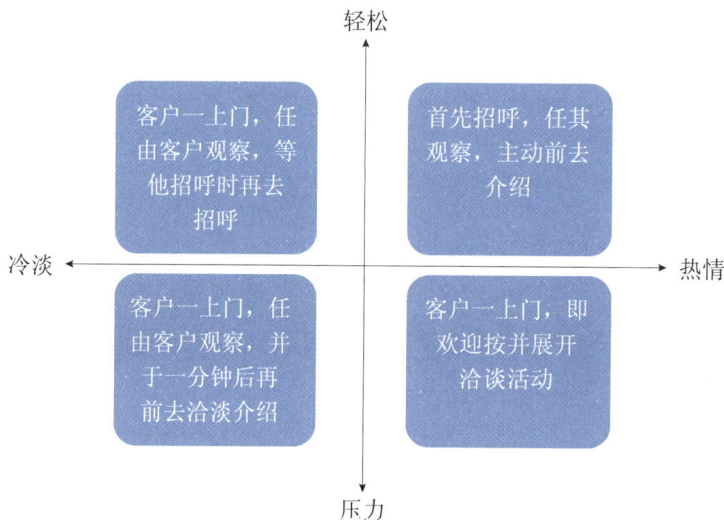

图 7-5 顾客接待的不同方式

（3）耐心地接听客户电话

电话接待是客户接待的另一种方法，接听电话时应当严格执行电话接听流程，做到礼貌接听、亲切问候、和善安慰、认真解答、详细记录。如客户需要转问其他人员，要迅速为其转达，并注意及时回访（如图7-6）。电话接听过程必须坚持：以顾客的需求为出发点，以顾客满意为终点的立场；微笑接听电话，诚恳沟通问题的态度；要感谢客户来电；尊重客户个性，规范接听语言；语气要柔和，语速要稍慢，声音要甜美；注意耐心倾听，及时解答；要熟悉企业、汽车、产品、流程、渠道、规程、法规，做到专业可信；一旦客户需要，提供问题处理路径，迅速转达，建议客户尝试，最终与客户建立信任关系。

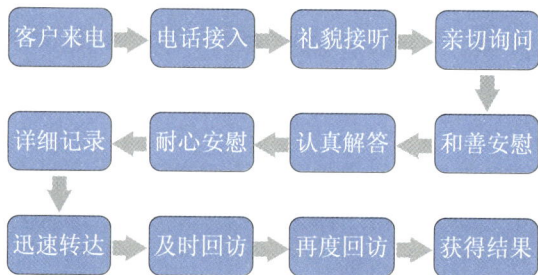

图 7-6 客户来电接听流程

（4）了解客户的气质特征

客户接待要善于了解客户的气质特征，采取符合客户个性特征的沟通方式，以期获得更好的接待效果。客户的气质特性可以参照艾森克人格环理论（如图7-7）。

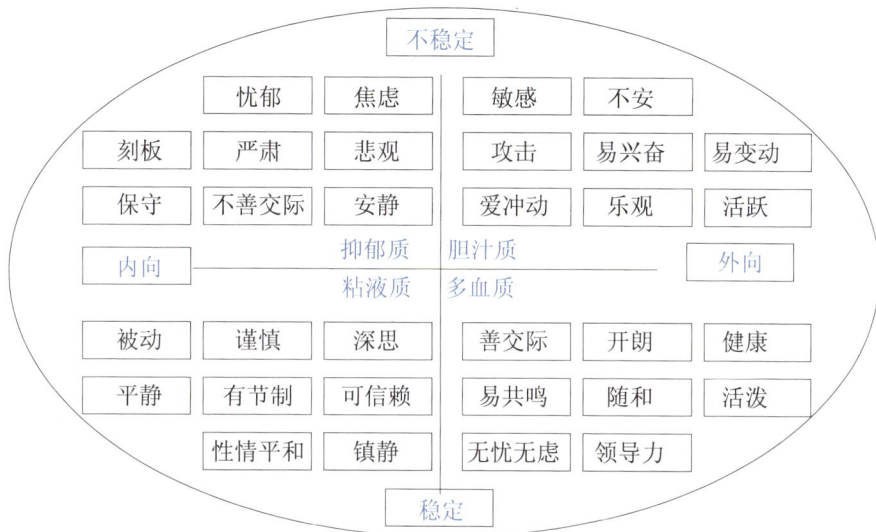

图 7-7 艾森克人格环理论

3. 需求分析的心理策略

（1）理解客户需要的层次

汽车消费者的需要有着极为丰富的层次。包括：在生理需要上，享受汽车的速度、舒适性、通过性、操纵性等；在安全需要上，得到汽车的安全使用保证；在社会需要上，受到家人和别人的赞许；在尊重的需要上，受到良好的礼遇与尊重；在求知的需要上，了解汽车的技术信息和汽车文化等；在求美的需要上，体验汽车的设计思想、造型、线条和色彩；在自我价值实现上，体现消费者自身的价值与地位（如图7-8）。

图 7-8 消费者汽车需要的7个层次

（2）了解需求分析的内涵

进行需求分析，必须通过提问和沟通弄清消费者的买车理由、文化背景、个性心理、购买能力和决策权力。只有对上述内容进行全面分析，才能真正弄清消费者的真实需求

（如图7-9）。

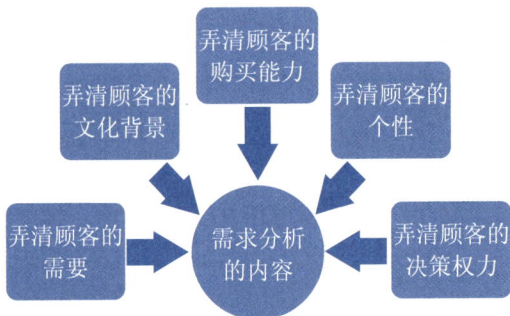

图 7-9 消费者需求分析的完整内容

4. 产品介绍的心理策略

（1）完整理解产品

产品不仅是物理上看得见、摸得着的东西，而且也包括了无形的心理、精神层面上的服务等。完整的产品包括五个层次：一是产品的核心利益，这是顾客真正需要的服务或利益；二是产品的基本形式，包括实惠核心的利益，如产品的造型、式样、品质、风格、商标等；三是汽车的期望产品，包括与汽车产品购买相关的一整套属性、条件和物质，如服务、保证、付款方法、提车服务等；四是附加产品，即与汽车产品相关的附加的服务或利益；五是潜在产品，即潜在的、所能发掘或提供意想之外的额外服务或利益的东西。

（2）抓住关键时间

日本著名推销员井户口键二提出，客户虽然有各种类型，但7-8分钟内出现购买欲望是其共同的特点，推销人员必须抓住这个机会。井户口键二把这种方法称之为十分钟推销法（如图7-10）。提高产品介绍的能力，利用最有效的时间激发消费者的欲望，是产品介绍中最重要的实际问题。

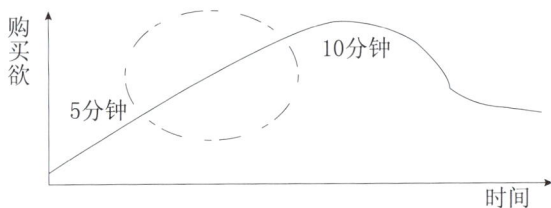

图 7-10 十分钟推销法示意图

（3）把握介绍技巧

产品介绍的前提是需求分析，产品介绍的内容要对应需求，产品介绍的次序要遵守流程，产品介绍的功夫是激发欲望，产品介绍的难点是异议处理，产品介绍的技巧是竞品分析，产品介绍的过程要注意互动，产品介绍的结果是促进销售。

（4）善作竞品分析

为了更好地直接面对消费者，使消费者更加直观地了解产品，一定会涉及相关竞品，为此营销人员必须选取同类、同级别竞品进行对比分析，其目的在于从整体上或部分上凸现本产品的优势。在竞品分析中，应当使用解释、说明、数据分析、情景演示、案例分析、第三方作证、权威机构说明等综合手段，以加强说服力。竞品对比的原则是：充满热情和自信心；不攻击竞争产品；强调自己的产品更适合消费者，而不是哪一款车更好；尽可能让顾客自己下结论。

5. 试乘试驾的心理策略

（1）通过体验让汽车说话

试乘试驾是产品介绍的延伸，是让顾客动态地了解车辆有关信息的最好机会，通过切身的体会和驾乘感受，顾客可以加深对销售人员口头介绍的认同，增强购买信心。试驾路线需精心规划，在试乘试驾过程中，应针对顾客需求和购买动机，以顾客的实际体验强化产品优势。让顾客动态、感性地了解车辆，激发顾客的购买欲望，增强顾客的购买信心。

（2）运用话术使客户动心

试乘试驾是一个消费者从知、情、意三个方面体验汽车产品的完整过程。在试乘试驾中，消费者除了体验汽车产品在精心设计的试乘试驾线路上的表现以外，还能大量感知销售人员通过话术为消费者带来的对汽车产品特征、好处、利益的进一步认识。消费者凭借这种新的认识，再次核对自己的需求。一旦发现汽车产品符合自己的需求，消费者就会点头肯定，从情感上接受汽车产品。由此可见，在试乘试驾中，销售人员的话术表达必须针对消费者的实际需求，适时表达、适量表达，而不是死背话术。只有这样，话术才能真正打动消费者的心。

6. 签约成交的心理策略

（1）严格执行三步报价法

签约成交是汽车销售核心流程中非常关键的环节，临门一脚，关系到能否实现成交。要签约成交就一定会涉及报价，何时报价、如何报价就显得十分重要。为使报价获得理想效果，应当严格执行三步报价法：第一步，总结本车型的好处，强调本车型的价值；第二步，强调产品与服务能够满足消费者所需的相关利益，给消费者带来心理上的冲击；第三步，在顾客理解本车型的价值，并在实质上已显示出购买意愿时，才开始价格商谈和正式报价。

（2）理智应对商谈中的争执

消费者与经营者在报价过程中的矛盾是客观存在的，发生争执在所难免。这些矛盾主要表现在：第一，消费者想付得越少越好，而经营者则想赚得越多越好；第二，消费者认为不讨价还价容易被销售人员欺骗，所以讨价还价；第三，由于信息不对称，消费者往往并不完全了解他将要购买的产品或服务的全部价值；第四，在买方市场条件下，消费者总是认为自己可以从众多的经销商那里买到产品，所以大有余地。理智地应对价格商谈中的争执可以从以下几个方面着手：第一，在开始与消费者接触时，就要建立良好的、真诚的第一印象，这会降低消费者在价格商谈中与销售人员发生争执的几率；第二，提供更多信息，让消费者全面理解产品；第三，强调产品与服务可以为消费者带来的全部价值（如图7-11）；第四，了解市场实际，合理商谈价格。

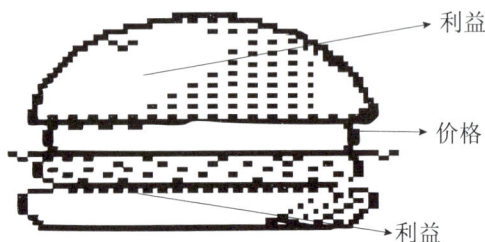

图 7-11 三明治报价法

（3）掌握价格商谈的技巧

在价格商谈中：第一，一定不能说"价格不是问题"，因为价格反映了价值，也应该反映价值；第二，要坚持自己的价格，保持自信；第三，为价格稳定而战，绝对不要主动提及降价，因为不会谈车的人只会谈价，而一个好的销售人员必须为既定的价格而战；第四，对过分的折扣要求明确地说"不"。

掌握价格商谈的技巧的目的是：通过所有对产品优势与利益的阐述，让顾客觉得物有所值。销售人员应尽量避免价格波动，让顾客认可：他的需求、愿望和要求都通过产品真正地实现了。

7. 交车结账的心理策略

（1）明确交车结账的目的

交车是一次交易的顺利结束，更是与用户间的一段良好关系的开始。标准的交车流程、快捷的结账过程，可以让用户对汽车品牌的服务体制及商品保证产生高度的认同，进而提升顾客满意度。交车结账过程做得好，可以激发消费者的热情，与消费者建立长期关系；加强顾客满意度，并以此为契机发掘更多商机；让用户充分了解车辆的操作与使用方法、安全注意事项，与消费者建立长期的服务联系，扩大商机；建立用户与售后服务部门的联系，说明售后服务的流程和内容，确保售后客户保持率的提升，增加企业盈利能力。

（2）确保与消费者的情绪同步

交车结账后，消费者与营销人员的心理会发生不同的变化。没有远见的销售人员会认为销售已经结束，提着的心可以落地；而优秀的销售人员则认为，交车结账意味着与消费者建立长期关系的开始，因为消费者在接下来用车的过程中，需要自己提供持续的满意服务。

8. 跟踪服务的心理策略

（1）理解跟踪服务的意义

对于购买了车辆的顾客来说，售后维修服务是其亲身体验特约店服务流程的良好机会。售后跟踪的目的是继续促进双方之间的长期关系，发掘更多的商机，增进特约店服务站的效益。其意义具体包括：继续为消费者提供用车咨询，保持与消费者的长期关系；提高客户满意度，营造客户忠诚度，发掘更多商机；吸引用户回厂，降低客户流失率，增进4S店服的经济效益。

（2）预防跟踪不足和跟踪过度

当前4S店的售后跟踪最大的问题是跟踪不足和跟踪过度。跟踪不足表现在，汽车销售后的三天、一周、一月的跟踪，基本都能做到，但在以后的日子里跟踪就没有制度保证；跟踪过度表现在，有些4S店促销短信、电话泛滥，超过了消费者的感觉"阈限"，使消费者感到厌烦甚至反感。这是需要认真改进的。

四、执行汽车服务核心流程的心理策略

1.服务预约的心理策略

（1）明确服务预约的意义

服务预约主要通过电话预约完成。其途径可以分为：经销商主动预约，根据服务提醒系统及用户档案，经销商主动预约消费者进行维修保养；用户主动预约，在交车结帐时就告诉消费者预约的好处，引导用户主动与经销商预约。预约对消费者来讲，可以使其感受到特别的贵宾待遇，减少等待的时间，快速维修，保证接车时间。预约对服务站来讲，可以事先做好备件、专家、工具、资料的充分准备，提高车间利用率，避免工作拥挤，使维修时间削峰填谷，合理分配服务站的服务时间，使接待井然有序，减少修车时间和交车时间，减少消费者抱怨，并保证接待时间和质量。

（2）严格遵守预约的服务承诺

能否兑现承诺是检验4S店是否诚信的重要标志。为了做好预约工作，必须注意以下几点：第一，从保养用户及提醒服务开始，就开展主动预约工作；第二，一定要注意兑现对预约用户的所有承诺，否则将影响以后预约工作的开展；第三，必须提前一小时与用户通电话，确定用户是否能如约维修，如果用户不能来，马上取消这次预约或重新预约；如果因服务站原因，不能执行预约的，应提前通知用户说明原因，并表示歉意，重新预约；为提高维修服务的计划性，要对预约服务的比例及预约服务的执行情况进行分析，查找原因，不断改进。

2.前台接待的心理策略

无论客户是预约还是自己进店，前台接待人员都应立刻热情地问候消费者，迅速了解消费者的需求。规范执行接待流程可以在消费者心目中确立起可信赖的情感倾向。当前在前台接待中存在的问题中最值得注意是：第一，在维修接待过程中，因为接待人员的问诊能力不够，导致维修项目多次增加；第二，预检走过场，不认真；第三，时间与费用预估出现严重误差；第四，客户安顿马马虎虎。这些都容易招致客户的不满，需要切实加以改进。

3.接车制单的心理策略

接车制单时，必须对用户进行细分，准确识别用户需求；遵守预约的接车时间，减少用户等待时间；预约好的服务顾问要在场，告诉消费者自己是谁；耐心倾听用户陈述；接车时间要充足，用足够的时间关照消费者；当着用户的面使用保护罩，全面彻底的进行维修检查，如有必要，应与用户共同试车或利用举升架检查；最后，总结用户需求，与用户

共同核实车辆、用户信息，告知用户汽车的所有故障及需要修理的项目，在征求用户意见后，向用户提供详细价格信息。

4. 修理工作的心理策略

表面上修理工作面对的是车，但实际上面对的是车背后的消费者。修理车间不仅是工厂，而且是汽车营销结构中不可或缺的重要环节，车间维修人员从本质上理解，也是营销人员。为此，修理工作同样必须站在消费者的立场上，从技术和非技术两个方面为消费者提供满意服务。具体来讲，有以下几点需要注意：第一，在情感上必须像消费者本人一样爱护消费者的送修车辆，正确使用专用工具、检测仪器、参考技术资料，避免野蛮操作；第二，尊重消费者，严格遵守接车时间的安排；第三，遵守对消费者的承诺，及时完成车间分配的维修任务，全面确保维修质量，完成定单上的维修项目；第四，保证在规定的时间内完成车辆维修任务，如果因特殊情况需要延期，必须提前通知消费者；第五，让消费者享受阳光消费，如维修定单外的项目需要增加，必须征得用户的同意。

5. 质检与内部交车的心理策略

质量检查就是履行承诺，满足消费者的期望和维修工作的规定技术要求。客户对汽车维修质量的评判是从下列8个维度展开的：第一，是否便利，因为消费者确实认为时间就是效益；第二，承诺是否兑现，因为只有兑现承诺才能赢得消费者的信任；第三，尊重消费者，对消费者进行无歧视的关怀；第四，帮助选择，给消费者选择产品、服务和渠道多样性的权力；第五，传递知识，向消费者传递潜在利益和良好体验；第六，强化认知，为消费者提供个性化的恰当服务；第七，提供有益，避免过时的危险；第八，给消费者回报和荣耀，给客户以肯定和奖励。因此，质检和内部交车，不仅涉及技术和质量控制，更要重视消费者在整个维修过程中对车辆质量和服务质量两个方面的心理感觉。

6. 交车结账的心理策略

交车结账的过程是消费者检查、评价汽车维修部门诚信和质量的重要环节，必须在态度、诚信、质量等各个方面予以高度重视。要预防让不是原来的服务顾问交车；要预防价格超出报价不事先通知消费者；要预防让消费者花很多时间等待交车；要预防不给消费者检查旧件；要预防对消费者的不合理要求含糊其词；要预防不向消费者解释维修发票所包含的内容；更要预防对消费者虚报维修项目等欺诈行为的发生。

7. 跟踪服务的心理策略

售后服务中的跟踪服务与销售工作中的跟踪服务，意义相同，都是最有效的营销过程之一。跟踪服务要征求消费者对维修服务的满意程度；向消费者表达感谢、转达关心；跟踪服务可以得到忠实用户，提高企业形象；跟踪服务可以对消费者的不满意情绪及时疏解，消除分歧，避免消费者将不满意告诉别人或不再惠顾；跟踪服务可以发现经销商未意识到但对于用户非常重要的事情，使经销商引起高度重视，改进自己的工作。做好跟踪服务最重要的心理策略应该是：在情感上关心消费者，尊重消费者；在态度上感谢消费者，为消费者负责。

五、处理客户抱怨与投诉的心理策略

1. 处理客户抱怨的心理策略

（1）及时化解客户异议

客户抱怨的前奏往往是相关异议的长时间得不到解决。仔细聆听客户异议，尊重和体恤客户的心情，及时理清相关异议，作出合理解说，并切实采取行动，改进自己的工作，才能够不使一般的异议演变成抱怨（如图7-12）。

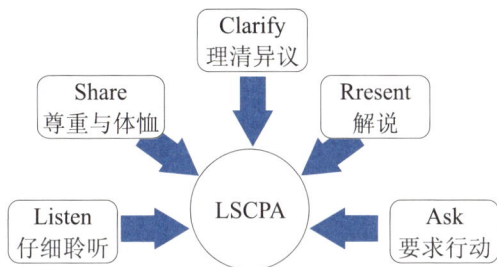

图 7-12 处理顾客异议的LSCPA技巧

（2）正确对待消费抱怨

客户对产品或服务的不满和责难叫做客户抱怨。客户对服务或产品的抱怨，一方面意味着经营者提供的产品或服务没有满足消费者的需求；另一方面，也表示顾客对经营者具有期待，希望其能改善服务水平。对待客户抱怨的正确态度是：将顾客的抱怨看成是企业改进工作、提高顾客满意度的良好机会，并采取积极的态度，对产品、服务或者沟通等原因所带来的失误进行及时补救，帮助企业重建信誉，提高顾客满意度，维持顾客的忠诚度。

（3）了解客户抱怨的背景

应对顾客抱怨，首先要了解顾客抱怨背后的目的是什么：是对车辆的质量有意见，还是对服务流程有意见；是对服务人员的态度有意见，还是对价格的核算方法有意见。只有弄清消费者抱怨的背景，及时发现消费者的不满情绪；认真解决导致消费者不满意的问题；分析导致消费者不满意的原因；消除消费者不满意的潜在诱因，才有助于按照顾客的希望化解抱怨。

（4）降低客户的心理成本

消费者的抱怨，大多是由消费者对买卖之间的价值不平衡的认知造成的。因为消费者的购买的成本不仅包括货币成本，而且包括时间成本、心理成本和行为成本。货币成本是消费者为得到产品和服务而必须支付的货币总量，包括产品和服务的价格，购买后的安装费和维修费，信用购买的利息费以及产品存在问题可能带来的金融风险。时间成本是消费者购买产品和服务所花费的时间，因为时间对大多数人都是有价的。心理成本是指消费者作出重要购买决定时，可能遭受到的产品和服务可能满足或不能满足期望，并带来一定机会或风险的心理压力。行为成本则是消费者购买产品和服务所付出的体力和精力。用行动改善客户服务，降低消费者的购买成本，特别是降低消费者的时间成本、心理成本和行为成本，让消费者体验便利、轻松，减少风险的压力，使消费者获得更大的客户总价值，有利于减少消费者的抱怨。

2. 处理客户投诉的心理策略

（1）正确理解消费者的投诉心理

消费者的投诉心理一般是：期待问题尽快解决，渴望得到尊重，希望得到适当补偿，发泄不满情绪，和他人交流投诉经历。及时发现和理解消费者的投诉心理，才能因应而对地正确处理客户投诉。

（2）处理消费者投诉的心理策略

处理消费者投诉应采取如下心理策略：先解决心情，再解决问题；必须避免对抗性的辩解；用心聆听消费者的意见；询问消费者提出投诉的原因；迅速采取措施解决问题，并感谢消费者的投诉，收集资料吸取教训，既成事实该赔则赔，建立完整的消费者投诉处理机制。

（3）处理客户投诉的"五度二避免"

面对客户投诉，可以采取"五度二避免"的心理策略，即：用温度感染客户，用风度稳定客户，用态度感化客户，用速度感动客户，用力度打动客户；避免与客户发生正面冲突，避免投诉事件公开在媒体上曝光（见图7-13）。

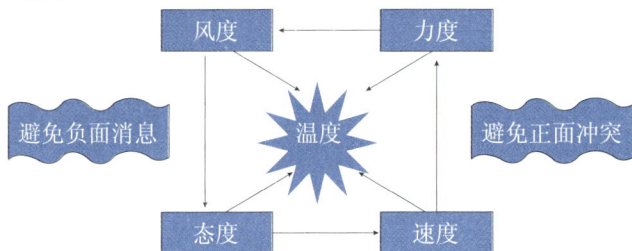

图 7-13 正确处理客户投诉

第二节 汽车营销人员心理素质的修炼

汽车营销人员是汽车销售企业的重要力量，在企业与消费者之间发挥着桥梁和纽带的作用。汽车营销人员一方面要对经销店负责，另一方面也要对顾客负责，这种责任不仅在于深入了解消费者的需求，帮助消费者选择适合的汽车，还在于在消费者用车环节中能提供一系列的售后服务。作为汽车营销人员，心理素质和能力的提高，能直接影响消费者对产品和服务的满意度。

一、汽车营销人员仪表和职业精神

1. 汽车营销人员仪表

（1）仪表

汽车营销人员的仪表应做到：干净、职业、穿戴整齐；头发、胡子、指甲都要及时修剪；过于华丽、暴露、休闲的服装不宜出现在工作时间。

（2）动作

汽车营销人员要做到表情和气、仪态大方、动作端正、举止高雅。

（3）言辞

汽车营销人员在业务活动中，必须做到语调稳重、发音清楚、言辞诚恳、表达易懂。

（4）洽谈

汽车营销人员在业务洽谈过程中，要做到大方、主动、投机、专业、稳重、有序，给客户良好感觉，不随意抽烟、不丢三落四。

2. 汽车营销人员的职业精神

（1）目标关注

汽车营销人员要时刻注意自己工作的目标利益；分析自己在同事中的业绩地位；牢记自己的业务目标；研究自己的工作策略。

（2）客户关系

汽车营销人员在业务活动中必须明确：客户是企业最重要的资源，没有客户就没有企业的生存和发展。为此，汽车营销人员必须做到：了解客户，尽力掌握更多客户资料；注意对客户访问的频度，不断进行销售可能性的分析；要主动预约客户见面，处理好新老客户关系；确切地估计客户的购买动态，并做到在任何条件下不侵害客户利益，不公事私做。

（3）事务处理

汽车营销人员要及时提交业务报告；经常为企业提出合理化建议；及时反映客户对企

业的意见、建议和投诉；与同事保持良好关系；熟悉公司主要业务及产品、服务、价格、工作流程；不拿小事打扰领导和客户；并热心企业和社会的公益工作。

（4）职业精神

汽车营销人员要安心工作，负责敬业；理解公司，了解公司文化和经营方针；坚守职业道德，维护公司利益；善于结合实际地学习；勇于创新；熟悉营销思想，掌握先进的营销工具；勇于革新、不断开拓；服从领导，听从指挥；严守纪律和工作流程。

二、汽车营销人员心理素质

1. 心理素质和个性

（1）心理素质

心理素质是人在先天遗传基础上，通过教育与环境影响，经过主体实践训练所形成的性格品质与心理能力的综合体现。心理能力包括认知能力、心理适应能力与内在动力。心理素质对内制约着主体的心理健康状况，对外与其他素质一起共同影响主体的行为表现。

（2）良好的个性

良好的个性包括自知、自信、自强、自律、乐观、开朗、坚强、冷静、善良、合群、热情、敬业、负责、认真、勤奋等。具有良好的个性的人，往往具有较强的心理适应能力、积极而强烈的内在动力、健康的心态和适当的行为表现。

2. 成功营销人员的心理素质

成功营销人员的心理素质包括：良好的人际关系，悟性与良知，能体察自己的预感、直觉、潜意识提供的信息，既是专家、又是杂家；充分的自信；富于冒险精神，付诸行动，灵活、适应性强，良好的态度倾向，执着、守信、诚实、坦白和光明正大。

3. 汽车营销人员的外在素质

汽车营销人员应当有能力接近顾客，能引起顾客的注意，并保持顾客的注意；有能力将其推销的物品或其讲解的内容有技巧地提供给顾客，以引起顾客的注意；有能力激起顾客对其所推销的物品及物品产生的利益的信心；有能力激起顾客对其所推销的物品的占有欲，可在示范及说明的过程中博得顾客的信任；把握顾客对物品的占有欲，进一步加以促成其购买。

三、警惕导致失败的心理状态

1. 警惕路径依赖

（1）基本表现

路径依赖是指人类社会中的技术演进或制度变迁均存在着的类似于物理学中的惯性，即一旦进入某一路径（无论是"好"还是"坏"）就可能对这种路径产生依赖。路径依赖的表现是：习惯性地遵循以前的经验和思路分析问题，作出判断和决策。这种思维模式会使人缺乏创新能力。

（2）应对策略

克服路径依赖的基本策略是：在做每一件事情前，都要想想是否已经把问题考虑周全了；想想是否还有其他更好的办法；别让自己陷入路径陷阱，不要坚持固有的思路，甚至可以逆向思考一下，产生新的思路。

2. 警惕丧失斗志

（1）基本表现

汽车行业竞争激烈，对营销人员来讲，经常可能遇到挫折和不可控的事件，这会使部分销售人员感到无助，丧失信心，陷入无助的心理状态。心理学将这种现象称为习得性无助。基本表现是个人屡次努力不能获得成功，选择放弃。大多数处于逆境的人有可能出现这种心理状态。习得性无助在群体中具有一定的传染性。

（2）应对策略

认真分析自身的优点与缺点，总结过去有过的成功经历，培养自信心，保持积极的心理状态，在挫折和失败中找出原因，越是遇到困难，越要寻找成功的可能性。

3. 警惕消极预期

（1）基本表现

暗示在推动人的心理动机中具有重大的力量。1968年，美国心理学家罗森塔在一所小学做过一个实验。他将在一个班里随机抽取的几个学生名单交给老师，宣称名单里的学生"有优异发展的可能性"。几个月后，他发现名单里的学生成绩普遍提高，由此提出"罗森塔效应"。如果反过来，给一个人消极的预期，总感到自己不行，这个人就可能被消极的心理所笼罩。这是因为暗示的作用极其强大，会激发人对自己的预期。

（2）应对策略

汽车营销人员要对自己有积极期待，不要被一时的失败和挫折所吓倒。要相信没有人可以天生成功，但只要通过坚持不解的努力，照样可以获得成功。经常用这种思想暗示自己，工作积极性就可能由此提升，各种克服困难的办法也会由此而生。

4. 警惕自暴自弃

（1）基本表现

自暴自弃是指自己瞧不起自己，甘于落后，甚至破罐破摔。这种状况与心理学描述的"破窗效应"类似。破窗效应认为，某个房间的窗户破了，若没有人修理，不久后其他房间的窗户也会被打破，因为人们会认为，已经那么破了，再破一点也无所谓。

（2）应对策略

自暴自弃是汽车营销人员成功的大敌。克服自暴自弃，关键在于培养自己的抗挫折能力和积极进取的精神，相信时间可以改变人的人生轨迹，学会辩证分析自己的长处与不足，在不断改进中找回自信。

5.警惕消极推脱

（1）主要表现

人在群体中生活，营销人员在一个团队中工作，清醒地意识到自己的责任，才会积极工作，在别人遇到困难时伸出援手。相反，如果认为团队中反正有那么多人在工作，自己的责任已在无形中分散，就会造成消极推脱的情况。心理学研究把这种情况总结为"旁观者效应"。

（2）应对策略

消极推脱现象的发生，不仅与人心的冷漠有关，更有复杂的社会心理机制。解决这种消极状态的关键，在于确立主人翁意识，认清自己的岗位责任，严守自己的岗位职责，凡事不推诿，直面困难。从组织上来讲，则应当明确分工，明确职责，是非分明，奖惩到位。

6.警惕自我偏见

（1）基本表现

只有充分认识自己，才能善于扬长避短，从而改进和发展自己。但是，人最难的恰恰是认识自己，认识自己是心智健全的标准。自负、自满、自大、自傲都是成功的羁绊，这是人对自己的自我偏见。

（2）应对策略

汽车营销人员获取成功的第一要义是充满自信。但自信不等于自负、自满、自大、自傲，人要真正获得进步，必须警惕自我偏见，经常反省自我，虚心听取别人的意见，用更高的目标要求自己。

7.警惕以偏概全

（1）基本表现

心理学将人们在人际相互作用过程中形成的一种夸大的社会印象称为晕轮效应，又称光环效应、成见效应，常常表现为一个人对某个人或某个事物的最初印象，决定了对某个人或某个事物的总体看法，因而无法准确地认识对方的真实品质，形成一种好的或坏的"成见"。这种以点概面的心理是主观推断的泛化和心理定势的结果。

（2）应对策略

面对消费者，不能以貌取人，不要仅凭一两次简单的接触去判断一个人。从认知角度讲，不能满足于对事物的个别特征的认识，要用全面的、发展的、辩证的眼光看待人和事物的本质。在人际交往中，不被别人的晕轮效应所影响。特别是在对消费者的需求分析过程中，要认真研究消费者深层的、隐蔽的真实需求。

8.警惕误判事实

（1）基本表现

汽车营销人员，包括某些教科书，总是把消费者进行机械的归类，或把某个具体的人看作是某类人的典型代表。例如：认为老年人是保守的，年轻人是爱冲动的，北方人是豪爽的，南方人是精明的，商人是奸诈的等等，其实并不科学。心理学把这种现象叫做刻板效应或定型效应，刻板效应往往会使营销人员误判事实，使其对消费者的个性分析出现偏差。

（2）应对策略

要仔细分析每一个消费者的个性特征，预防对消费个体和群体进行过于简单化的分类。因为所有关于消费者分类的理论和描述，都只是在一般条件下的大致描述，不可能面面俱到，更不可能精准到每一个人。

四、提高营销人员的综合素质

1. 提高营销人员的职业道德素质

职业道德素质是营销人员个体素质的核心部分，其高低程度自然决定了其他素质发挥作用的方向。良好的道德素质表现在文明经商、注重信誉、优质服务等方面。提高职业道德的途径是建立正确的社会评价和集体舆论体系，发挥榜样的作用，利用情感对主体活动的影响力。

2. 培养营销人员良好的个性心理特征

培养营销人员良好的个性心理特征，首先应当提高营销人员对企业经营活动的兴趣，其次要通过宣传教育和团队影响力帮助营销人员树立正确的信念，认识本职工作的社会意义及作用。此外，培养良好个性心理特征的途径还包括：物质与精神奖励；进行工作再设计，激发专业兴趣；锻炼和提高营销人员的企业经营活动能力；明确岗位能力要求；正确估计自己的能力，找出差距；根据能力差距，有针对性地锻炼与培养；根据营销人员的气质，合理安排工作岗位。

3. 全面提高汽车营销人员的综合素质

（1）内在素质

营销人员的内在素质主要包括：为公司竭尽忠诚地服务；具有相关商品的各种知识；具有良好的道德习惯；具有识别别人的能力及独具慧眼的尖锐见解；具有幽默感；具有良好的社会公共关系；具有良好的判断能力和常识；对顾客的要求和兴趣给予满足，并真诚地表示关心；悟性甚优；具有用动听言语说服客人的能力；机警善变；忍耐力强，精力充沛勤勉过人；见人所爱，满足其需要；富于创造性，性格乐观；有记忆客人容貌及名字的能力；富有顺应性。

（2）综合素质

营销人员的综合素质主要包括承担职业任务、获取成果的能力；符合汽车营销活动必要的行为特征和自我管理能力；开展汽车营销活动所必须的技术能力（如图7-14）。

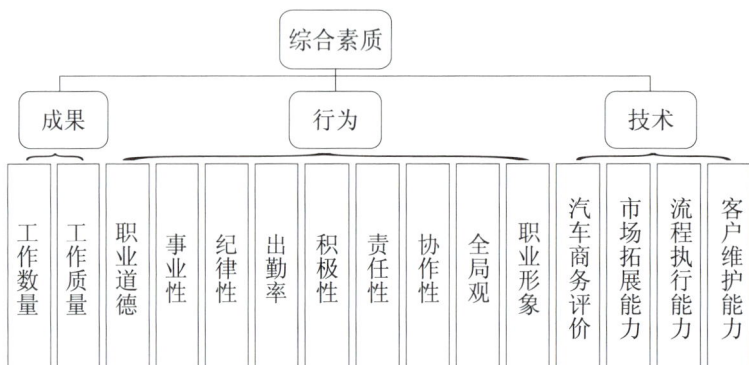

图 7-14 汽车营销人员综合素质图

4. 关键在于加强汽车营销人员的自我修养

汽车营销人员的心理素质的提高需要坚强的意志力，需要经过不断的努力与修炼。

（1）要有强烈的意识

加强汽车营销人员的自我修养，首先要有要有强烈的意识，自觉加强自我修养，这是行业发展的需要，也是个人发展的迫切需要。

（2）判断自己的现状

要了解自己的心理素质，弄清楚哪些是自己的强项，哪些是自己的弱项，以便不断改进自我。

（3）把握自己的情绪

乐业才能敬业，销售人员应热爱汽车行业和自己所从事的工作，与消费者保持良好的关系，面对困境和挫折要敢于承担，勇往直前。

（4）掌握相关的知识

要掌握汽车营销必要的理论和专业知识及技能，例如：汽车构造和新技术的知识、汽车营销的知识、汽车金融的知识、二手车鉴定评估与交易的知识、汽车服务的知识、汽车电子商务的知识、一定的心理学、社会学知识等。艺高胆大，才能完满地完成自己的工作任务。

（5）确立创新的思想

汽车行业发展很快，市场趋势不断发生变化，唯有用创新的思想，不断革新自己的工作，才能适应变化了的市场。创新的对立面是路径依赖。只有不带成见，及时去除已经过时的思想和行为模式，才能跟上时代发展的需要。

（6）修炼完整的技能

汽车营销人员最基本技能和应用技能至少包括：口头与书面表达能力；批判性思考和解决问题的能力；专业水准和职业道德；团队协作与配合能力；在不同团队工作的能力；技术运用能力；领导才能和项目管理能力等。

课后实训

1. 实训课题

拜访优秀汽车营销人员

2. 实训目的

通过拜访优秀汽车营销人员，了解当前汽车市场的激烈竞争和趋势变化，学习优秀汽车营销人员善于学习、敢于实践、全心全意为消费者服务的优秀事迹，对照自己的实际，找出差距，明确加强自我修养的任务，巩固专业思想，提升综合素质。

3. 实训过程

（1）从校企合作单位获取汽车优秀汽车营销人员的事迹材料。

（2）组织学生上门拜访，听取汽车市场趋势分析的报告和优秀汽车营销人员的介绍。

（3）事先设计好《学习报告》

（4）组织学生撰写《学习报告》

（5）组织学生交流并邀请优秀汽车营销人员出席，交流会后，请优秀汽车营销人员对学生的学习成果给予评价和点评。

优秀汽车营销人员事迹学习报告

姓名			
学习时间		学习地点	
报告人			
优秀营销人员主要事迹			
本人主要差距			
提高素质修养的具体措施			

思·考·题

1. 在执行汽车销售核心流程的过程中应当使用哪些心理策略？

2. 在执行汽车服务核心流程的过程中应当使用哪些心理策略？

3. 在汽车报价中应当注意哪些问题？

4. 营销人员为什么要做到与客户情绪同步？

5. 营销人员如何处理客户抱怨和投诉？

6. 营销人员的影响力主要表现在哪里？

7. 举例说明营销人员的仪表、语言、行为举止是如何影响消费者的。

8. 营销人员个人素质对消费者心理的影响有哪些？

9. 营销人员应当如何进行自我修炼？

参 考 文 献

[1]菲力普·科特勒等（美）.科特勒市场营销教程[M].华夏出版社，2004

[2]张积家.普通心理学.广东高等教育出版社[M]，2008.8

[3]刘汝果.心理学专业基础综合辅导全书[M].山东人民出版社，2011

[4]林传鼎等.心理学词典[M].江西科学技术出版社，1998

[5]W.金（韩），勒妮.莫博涅(美).蓝海战略[M].海洋印书馆，2005.5

[6]阿德里安.J.斯莱沃茨基（美）.价值转移[M].中国对外翻译出版公司，2000.4

[7]杜吉泽等.市场分析[M].经济科学出版社，2001

[8]邱媛，张本照.中国汽车消费趋势分析[J].汽车工业研究，2006

[9]原勇.面对新的消费大军你准备好了吗[J].中国调查，2006

[10]叶茂中.关注"80后"消费人群[J].Advertising Pointer，2006

[11]周丽.中国汽车营销现状及创新分析[J].上海汽车，2007

[12]潘浩.新形势下汽车营销的创新思路[J].汽车工业研究，2006

[13]王永锋.汽车营销渠道发展策略研究[J].北京汽车，2005

[14]郭建平.体验营销在汽车行业中的应用[J].内蒙古科技与经济，2007